教育部人文社会科学研究规划基金项目"新常态下高职院校开放办学的机制创新研究（项目批准号：16YJA880044）"的研究成果

教育开放的机制创新研究

王利平 著

东南大学出版社
SOUTHEAST UNIVERSITY PRESS
·南京·

内容提要

教育开放是《中国教育现代化 2035》的发展主题和战略任务。本书阐述了教育开放的内涵外延、现实旨归、历史模式和驱动机制。从学校组织的空间开放出发，介绍了新常态下教育的社会开放议题，包括服务产业发展的协同互惠机制、校园开放与社会招生机制、办学与评价主体开放机制。进而，进入到全球化中的教育对外开放议题，阐述了后疫情时代教育对外开放的观念框架及其相应的人才、产业和"在地国际化"等发展机制，提出了来华留学生教育的质量提升与"一带一路"区域人才流动的促进机制，探索了中外合作办学、境外办学等教育进口与教育输出的优化升级机制，并借鉴国际经验讨论了"一带一路"教育共同体的建设机制。最后，对教育开放问题进行了深入的文化审思。

图书在版编目(CIP)数据

教育开放的机制创新研究 / 王利平著. — 南京：东南大学出版社，2022.11
 ISBN 978-7-5766-0295-1

Ⅰ.①教… Ⅱ.①王… Ⅲ.①教育规则-发展战略-研究-中国 Ⅳ.①G520.1

中国版本图书馆 CIP 数据核字(2022)第 200884 号

责任编辑：曹胜玫　　　　　　　　责任校对：张万莹
封面设计：毕　真　　　　　　　　责任印制：周荣虎

教育开放的机制创新研究
Jiaoyu Kaifang De Jizhi Chuangxin Yanjiu

著　　者	王利平	
出版发行	东南大学出版社	
社　　址	南京市四牌楼 2 号(邮编：210096　电话：025 - 83793330)	
经　　销	全国各地新华书店	
印　　刷	江苏凤凰数码印务有限公司	
开　　本	787 mm×1092 mm　1/16	
印　　张	15.25	
字　　数	307 千	
版　　次	2022 年 11 月第 1 版	
印　　次	2022 年 11 月第 1 次印刷	
书　　号	ISBN 978-7-5766-0295-1	
定　　价	55.00 元	

本社图书若有印装质量问题，请直接与营销部调换。电话(传真)：025 - 83791830

序

收到我的博士研究生王利平副教授的书稿《教育开放的机制创新研究》，我很震惊，也很高兴。我完全没有想到他对这个课题的研究能够形成这样一个视野开阔、论证有力的论著。记得2020年9月他刚博士入学时给我看过这个书稿的提纲，我感到研究的难度与艰巨。一年半的时间过去了，伴随着博士课程的学习，他以极大的精力投入博士课程的学习以及课题的研究中，从其课程作业和投稿的期刊论文看，其学业取得了不少进步。现在阅读书稿，我既震惊于博士课程的"开放教育"给他带来的思维变化，更震惊于他对"教育开放"的深刻洞察、视界拓展；既为他的著作《教育开放的机制创新研究》即将出版而高兴，更为他学术表达的"开放"而高兴。阅读书稿的过程，引发了我更多的思考，我也很高兴能够为利平同志的著作写个序，以表达对他读博士、做课题的支持。

《教育开放的机制创新研究》启发了我对"教育开放"一词的深刻思考。教育开放看似很容易理解，其实是一个非常难解的概念和命题。开放是教育应有的内在品质，也是教育的外在表征。对于一个人来说，接受教育的过程是一个不断打开心灵、放飞梦想的过程，正如世界著名教育学者保罗·弗莱雷（Paulo Freire，1921—1997）所提出的"教育即解放"，教育具有开启智慧、获得自由的价值。这提醒我：博士生的教育应该是开放的教育，既要放得开，需要开阔其视野，具有开拓性；又要放得下，解放学生，释放能量，具有生成性。这也是我长期所秉持的教育观。对于一个国家、一个民族来说，教育则具有"开民智、促交流、强国家"的价值，诚如列宁所言："在一个文盲充斥的国家内，是建成不了共产主义社会的。"也可以说，国家的现代化发展正是教育开放的过程,需要以开放的教育达成国家的使命和责任。开放的教育与封闭的教育只是教育的两种相对的外在表象,其实,教育的本质规定性则在于其开放性。利平同志的著作《教育开放的机制创新研究》虽然立足于对高等院校开放办学的研究,但其对"教育开放"的阐发和理解,已经远远超出了"开放办学"的思考。诚如该书"教育开放的内涵与现实旨归"一章所论述的:开放其实是一个系统为了谋求自身的变革与发展,主动融入外在的其他组织或系统进行发展要素交流的一种机制,开放性是人类的本质性之一,有着清晰的目的指向,具有以自我为中心向外的辐射作用。这的确引发了我们对何为教育开放的持续追问和思考。

《教育开放的机制创新研究》让我学习到很多新知识,获得了许多新的认识。可以说,《教育开放的机制创新研究》是一部具有开放学术视野与开放逻辑结构的著作,能够让读者眼前一亮,具有很多新意,论证颇为有力。其研究设计已经远远超出了"新常态下高职院校开放办学的机制创新研究"课题的边界,也反映了作者的研究和驾驭能力。该著作不仅从教育空间的开放、教育时间的开放、教育关系的开放对教育开放的维度进行恰当的分类和分析,而且对教育开放的机制进行了历史考察;不仅深度分析了新常态下教育的社会开放,讨论与揭示了教育与产业、市场、权力的关系,而且深入研究了全球化中的教育对外开放,对全球教育的对外开放机制、出国留学教育和来华留学教育、中外合作办学、"一带一路"教育共同体建设等重大问题做出了深入的探讨。更为重要的是,著作还对教育开放进行了文化审视,讨论了如何培育教育开放的文化、如何守住市场开放的底线、如何化解教育模式趋同与本土创新的悖论、如何处理对外开放与教育主权的关系等教育开放机制创新的难题。可以说,《教育开放的机制创新研究》是一部勇于创新、敢于直面现实问题的著作,并为深入的探讨和研究留有巨大的空间。

《教育开放的机制创新研究》还让我想到了我们所处的时代。首先,可以说,这是一个开放的时代。始于1978年的改革开放一直是时代的最强音,也是一场思想解放的"伟大觉醒"运动,推动中国社会发生了波澜壮阔的历史巨变。伴随着改革开放的进程,扩大教育开放成为时代的必然选择。没有改革开放,就没有教育的开放,也就没有思想的解放、伟大的觉醒,《教育开放的机制创新研究》正是改革开放的新时代之思。其次,这也是一个全球化的时代。全球化作为一种社会变迁的过程，正在以惊人的速度导致"时空压缩"，使国际教育交流与合作成为常态；全球化作为一种观念和价值选择，不仅存在着迎接全球化的到来与拒斥全球化的不同声音，而且存在着全球一体化与各种价值观的冲突。尽管如此，在全球化的时代里，全球的整体意识正在加强，世界教育的联系也日益密切。教育不仅是全球的共同利益，而且为了重新设计人类的未来，人们更需要一种"新的教育社会契约"精神。《教育开放的机制创新研究》正是基于这种全球化时代的背景来讨论教育开放的机制如何创新的问题，因此也更加具有了开放的、全球化的时代性。

《教育开放的机制创新研究》带给我们的思考是多方面的。可以认为作者对所进行的研究付出了艰巨的劳动，所提出的观点具有现实意义和实际价值，研究具有较好的理论性和学术性。但这项研究又是不容易的。任何的研究都是在局限的视野下对一个问题的局限认识，不可能是完美的。由此，我又联想到 2021 年 11 月联合国教科文组织的报告《共同重新构想我们的未来：一种新的教育社会契约》所提出的两个"呼吁"，包括："呼吁研究和创新。这种对未来的重新构想是一个具有全球性和协作性，并聚焦终身受教育权的研究与创新项目""呼吁全球团结和国际合作。新的重新构想需要对全球合作重新作出承诺，以国家和非国家行动者之间更加公正和公平的合作为前提，支持教育成为一种全球共同利益"。可以说，这两个"呼吁"对于重新思考和设计《教育开放的机制创新研究》都是不无启发的。

我这里所写的只言片语只是点滴的阅读感受，不仅难以周全，也难以直击问题的根本，主要的目的和价值在于对学生的关心、支持和肯定。我非常欣慰，利平同志能够利用攻读博士学位的契机完成这部著作，也期待着他能够有更好的发展。是为序。

程晋宽
于金陵家天下
2022 年 6 月 15 日

目录

教育开放总论

第一章　教育开放的内涵与现实旨归 …………… 006
　　第一节　两个关键词 …………… 006
　　第二节　教育开放的维度探析 …………… 008
　　第三节　服务新常态：教育开放机制创新的现实旨归 …… 016

第二章　教育开放机制的教育史镜鉴 …………… 024
　　第一节　中国高等教育开放办学之路 …………… 024
　　第二节　从西方教育史看教育开放的驱动机制 ………… 034

新常态下教育的社会开放

第三章　服务产业发展的协同互惠机制 …………… 047
　　第一节　高等教育与产业的相互依赖 …………… 047
　　第二节　高等教育与国家战略产业的协同 ………… 048
　　第三节　高等教育与地方产业的区域协同 ………… 052
　　第四节　深度产教融合的知识、利益协同 ………… 056
　　第五节　让渡、开放、打通：我国校企合作立法的框架性构想
　　　　　　…………………………………………………… 069

第四章　新常态下校园开放与社会招生机制 …………… 079
　　第一节　社区融合中的校园开放 …………… 079
　　第二节　面向积极老龄化的开放办学 ………… 087
　　第三节　面向"技术再教育"的社会招生机制 ……… 096

001

第五章　办学与评价主体的开放及教育治理机制 …… 102
- 第一节　高校社会开放中的混合所有制 …… 103
- 第二节　教育企业作为办学主体的尝试 …… 107
- 第三节　理事会、董事会与职业校长制度 …… 110
- 第四节　职业教育的社会资本开放 …… 118
- 第五节　第三方评价与评价主体的开放 …… 121

全球化中的教育对外开放

第六章　教育对外开放的发展机制 …… 137
- 第一节　教育对外开放的观念框架 …… 137
- 第二节　教育对外开放的人才机制 …… 146
- 第三节　教育对外开放的产业机制 …… 150
- 第四节　后疫情时代的"在地国际化"机制 …… 153

第七章　留学生教育与中外合作办学机制 …… 160
- 第一节　"留学赤字"与教育质量优化 …… 160
- 第二节　区域人才流动与教育互通机制 …… 168
- 第三节　中外合作办学的优化升级 …… 174

第八章　对外教育输出机制 …… 184
- 第一节　贡献何种教育公共产品 …… 184
- 第二节　高校境外办学促进机制 …… 191
- 第三节　高职教育输出的江苏样本 …… 195

第九章　"一带一路"教育共同体建设机制 …… 203
- 第一节　教育共同体建设的理念与原则 …… 203
- 第二节　"一带一路"教育共同体的建设 …… 206
- 第三节　"一带一路"教育共同体中的联盟机制 …… 213

尾声：开放办学的文化审思

- 第一节　培育开放文化 …… 221
- 第二节　市场开放的底线 …… 224
- 第三节　教育趋同与个性的悖论 …… 226
- 第四节　对外开放与教育主权 …… 228

后　记 …… 233

教育开放总论

人类从原始山洞走向更广阔的土地、森林、河流、海洋,不断发现、拓展新的生存空间。比如,公元1492年意大利航海家哥伦布发现了美洲大陆,公元1498年葡萄牙航海家达·伽马发现了印度大陆,1522年葡萄牙航海家麦哲伦的船队完成了环球航行,1820年美国人发现了地球上最后一块陆地——南极洲。之后,人类的目光投向地球之外的空间,1960年开始探测火星,1969年人类完成了第一次登月,2009年美国宇宙探索技术公司(SPACEX)甚至在探索火星移民计划。以开放的心态谋求新的空间,是人类发展史的主题之一。与空间开放同时进行的,是人类社会的组织开放。人类从自己的部落走出来,寻求与其他部落的信息交流、男女通婚、资源交换,以壮大自身的发展能力,改善本部落居民的生存条件。国家之间进行外交往来、军事合作、货物贸易、能源利用以及为解决人类共同困境而结成联盟或公共组织。如今,不同国家、组织之间联系日趋紧密,逐渐形成一个人类命运共同体,全球化已经是人类在21世纪不可阻挡的发展趋势。自有人类以来,开放主题始终伴随着人类的发展,开放也是促进人类文明不断演进的重要动力。

　　《2018年全球竞争力报告》表明,"开放程度越高,创新能力和市场竞争力也就越强"[①]。而2019年10月9日发布的《2019年全球竞争力报告》同样强调了开放的重要性[②],认为继续深化开放与一体化程度有利于全球经济健康。任何的自我封闭、贸易保护,只能使自身失去外部资源、信息、机构的支持,失去自身进取与变革的推动力,自我发展要素容易陷入怠惰、停滞的运行状态。

　　改革开放是中国的基本国策,"是决定当代中国命运的关键一招,也是决定实现'两个一百年'奋斗目标、实现中华民族伟大复兴的关键一招"[③]。改革开放40年来,中国经济社会的发展成就举世瞩目,中国社会经历了一场极其广泛极为深刻的伟大变革。如今,改革开放进入了新时代,在各个领域进一步扩大开放,推动形成全面开放新格局,成为我国各个领域发展的主动战略选择。中国政府多次向世界表明:"开放带来进步,封闭必然落后。中国开放的大门不会关闭,只会越开越大"[④],"中国人民将继续扩大开放、加

---

① 朱杰,王曼,王海龙,等.2018年全球竞争力报告[J].互联网经济,2019(5):12-19.
② 央视网.《2019年全球竞争力报告》出炉 中国在多个领域表现突出[EB/OL].(2019-10-09). http://news.cctv.com/2019/10/09/ARTIBJaoCpa9Sb8UV7dqSlkz191009.shtml.
③ 习近平.在庆祝改革开放40周年大会上的讲话(2018年12月18日)[M].北京:人民出版社,2018.
④ 习近平.决胜全面建成小康社会 夺取新时代中国特色社会主义伟大胜利(2017年10月18日)[M].北京:人民出版社,2017.

强合作,坚定不移奉行互利共赢的开放战略"①,并在2019年6月的G20峰会上提出了5项开放举措,向世界展示了中国"进一步扩大开放"的决心。开放"是一个社会、一个群体或单个个体的精神世界的积极呈现方式,或者说是一种现代性的表征"②。我国正走在实现社会主义现代化的道路上,高度开放,全面开放,建设开放型经济、开放型社会、开放型教育,必将促进各个领域的体制机制创新和裂变式发展。

在教育自身以外,是否存在或承认控制、影响教育的外部指令,或者是否要迎合外在社会、王权、国家的发展需要,一直是教育史上的争论焦点之一。美国著名教育学家杜威就激烈抨击外在教育目的,"会剥夺教育过程中的许多意义,并导致我们在处理儿童问题时依赖虚构的和外在的刺激",并直接宣称:"教育过程在它自身以外无目的;它就是自己的目的。"③坚守教育自身的自我循环、内在纯洁与独立,否定外在力量的侵入,代表着教育本体主义的观点。随着现代教育的生产性功能的凸显,教育通过人力资本进而影响经济、社会发展,逐渐成为连接各个领域的枢纽和核心,其绝对的自在自为不仅不可能,而且也是不现实的。有学者从发生学的角度提出,在根本意义上讲,学校是社会的产物,其产生与演变首先是社会需要的结构,而不是相反④。事实上,世界教育强国都把教育开放作为促进教育革新的法门,因此,开放办学也就成为一种世界性的趋势。

具体到高等教育议题,开放同样是高等教育发展的强大动力。从中外历史沿革看,高等教育史是一部开放史。高等教育在毕达哥拉斯社团、苏格拉底学园之后从来就不存在绝对的自组织,始终被王权、教会、行会及工业革命、科学技术革命等外部权力或力量所牵动着。这些外部力量虽然否定了高等教育的绝对独立性,但每一次介入都促成了高等教育自身的剧烈变革。古典的高等教育向近代、现代高等教育的演进过程,也是从自身出发迎合国家需要、行业需求、公民要求而不断加大开放力度的过程。从高等教育改革看,外部要素能够促成高等教育的结构性变革。譬如,高等教育的市场化开放颠覆了大学同学生的关系、教师同学生的关系、大学同企业的关系,带来了大学课程在课程设置、教学方法、评价方法、收费方式等方面的市场化改革,带来了大学治理结构、权力结构的重新组合,带来了大学的生产要素在利用方式、产出能力等方面的效益变革等。从国家的教育竞争力看,开放有助于国内高等教育的规模壮大和质量提升。教育开放能够调动国内和国际的多种资金、人力和教育主体,激活各方力量共同聚力于教育发展,使得高等教育的教育类型更趋多样,教育决策更趋科学,教育发展获得了加速度。教育全球化把高等教育放在国际大平台中,不同教育观念、教育资本、教育框架的相互碰撞,加速了

---

① 习近平.开放共创繁荣 创新引领未来:在博鳌亚洲论坛2018年年会开幕式上的主旨演讲(2018年4月10日)[M].北京:人民出版社,2018.
② 周晓虹.开放:中国人社会心态的现代表征[J].江苏行政学院学报,2014(5):46-49+60.
③ 杜威.杜威教育论著选[M].赵祥麟,王承绪,编译.上海:华东师范大学出版社,1981:8,154.
④ 吴康宁.学校究竟是什么:重申学校的社会属性[J].教育研究,2021(12):14-21.

高等教育自我革新和发展水平的提高。

开放办学是高等教育高质量发展的动力之源,是"教育现代化2035"的教育发展主题,也是《中华人民共和国国民经济和社会发展第十四个五年规划和2035年远景目标纲要》(以下简称《"十四五"规划和2035远景目标纲要》)瞩望的教育强国的重要发展主线。高校的开放办学需要"风向标",更需要"路线图"[①]。本书旨在探讨一系列高校开放办学的机制,力图建立开放办学的"路线图",为开放办学的理论创新与实践创新提供系列建议。

---

① 禾阳.开放办学要"风向标"更需"路线图"[EB/OL].(2021-06-23). http://m.people.cn/n4/2021/0623/c115-15058337.html.

第一章　教育开放的内涵与现实旨归

我们首先需要解决"何谓开放办学"的问题。一般认为,开放办学就是高校的国际化办学。这显然将问题过于简单化了。我们需要从时间、空间、关系几个方面进一步认识"开放办学"的内涵和外延。

第一节　两个关键词

语言承载着意义。从语义学出发,我们试图通过分析词语所使用的语境、内含的目的和关系,来发现"开放"和"机制"两个关键词的含义。

一、开放

《现代汉语词典》(第7版)中"开放"词条其中一项是"解除封锁、禁令、限制等",说明了一个独立的系统因为受到外来势力的影响,暂时性地进行自我封闭,而又因为环境的改变主动解除诸多限制,给予系统内部诸多要素更多宽松的发展条件的发展过程。《辞海》认为"开放"是与"封闭"相对的概念,是"同外界有联系""同环境有物质、能量、信息的交换"[①],更加准确地说明了"开放"其实是一个系统为了谋求自身的变革与发展,主动融入外在的其他组织或系统进行发展要素交流的一种机制。

对于"开放",我们可以从以下几个方面去理解:

1. 人类是开放的主体。根据马克思唯物主义论,自发、主动、有目的的开放性活动不属于动物,而是人类本质力量的体现。开放性否定人类具有僵死的规定性、稳定的本质。开放性是人类的本质性之一,体现了人类扩张活动范围、作用半径或影响力的发展要求,体现了人类不断自我完善、自我创造的能力。

2. 开放有着清晰的目的指向。开放往往着意于消弭不平衡性和差异性,在资源丰富、发展强势一方向资源短缺、发展弱势一方倾斜、互换和融合中,不同国家、区域、族群逐渐走向平均主义、普遍主义。在当下语境中,开放是人类全球化的要义之一。开放有着明显的进步诉求,通过对自身状况的反思制定交流的方向,目标是促进自身的发展。

3. 开放是以自我为中心向外的辐射作用。自我主体是开放发展的参照对象和运动起点。开放的实施者把自我当作一个大发展系统中的自组织,遵循发散、外射的思维,企

---

① 辞海编辑委员会.辞海[M].缩印本.上海:上海辞书出版社,1999:1132.

图从外部组织获得自身发展的新动力、新资源,最终仍然返回到自身。开放者的主体性和主权在开放过程中是不容被侵犯的,这是所有开放活动的基本前提。

二、机制

本书的另一个关键词是"机制"。"机制"(mechanism)一词源于希腊文,原指机器的构造和动作原理,在生物学和医学中表示有机体内发生生理或病理变化时各器官之间的相互联系、作用和调节的方式。《辞海》关于"机制"的解释是:"机器的构造与运作原理,后泛指社会或自然现象的内在组织和运行的变化规律。"浙江大学赵鼎新教授认为,所谓机制就是一组在控制条件下能被持续观察到同样也能通过推理获得的,因此是可以被解释的有着固定互动规律的因果关系[1]。

1. "机制"具有内在的主体性。"机制"发生于一个工作系统的内部,所有的机制都立足于事物本身的发展。其作用的方式和过程必须坚守主体性和自我的完整性,丧失主体的机制变革其实是对事物本身的破坏。

2. "机制"具有应对变化的适应性。引起事物变化的可能来自内在机体的组织结构,也可能来自外部环境。事物的机制就是对这种变化或主动或被动地应答、响应,目标是寻求内在再度回归和谐性。

3. "机制"具有内在的完善性或革命性。事物在适应内在、外在环境中不断进化,不同组织、结构在相互碰撞、融合、适应中调节作用方式,使得事物本身的生存能力、发展能力更趋强大。在特殊情况下,特别是事物面临内外部环境的剧烈变化而引起存亡危机时,事物自发的机制变革往往是带有"痛感"的自我革命。从这个意义上说,机制应当是"新"的,这种机制变化更具有新生的意义,往往为事物发展带来新的发展状态和巨大的自我裂变。

4. "机制"具有科学的规律性。主观随意设置的"机制"不存在。任何机制都遵循事物本身的构造特征、运行过程,符合事物发展的原理,具有坚实的客观依据。其运行路线有着必然性,体现了事物内部与事物之间本质、稳定、反复出现的关系。

三、本书的研究重点

我们此处所讲的"教育开放",主要指的是高等教育系统的向外开放和高校的开放办学。但对于社会联系日益紧密、对外开放程度日益加强的基础教育来说,同样具有借鉴意义。

教育开放就是学校面向外部的社会需求、教育全球化主动建立联系,开展教育教学工作的一种办学形式。开放办学是经济社会发展的现实需求,是高等教育发展的基本规律,也是高校内涵建设的必然选择,其核心在于区域协同和国际合作[2]。开放不是一种

---

[1] 赵鼎新.论机制解释在社会学中的地位及其局限[J].社会学研究,2020,35(2):1-24+242.
[2] 陈德喜.高校开放办学的价值、内涵与策略[J].浙江师范大学学报(社会科学版),2015,40(1):12-16.

"姿态"或"口号",理应是现代大学的一种发展战略和主动选择。高等教育的生存场域从校内走向校外,从国内走向国外,意在扩展活动半径,加深信息、资源的交流,获取新的发展动能和新的增长点。而这个开放办学的过程,最重要的保障不是办学经费、办学条件,而是高等教育大开放系统的内在运行机制。因为教育机制规定了高等教育各要素、各子系统的组织方式,规划了高等教育的方向、模式、方法、制度、路径,设计了高等教育的体系与蓝图,是高等教育运行的中枢和灵魂。因而,机制建设,是高等教育开放办学的关键和重点,其实也是高等教育开放办学的难点问题。

高等教育具有开放属性,开放性是高等教育自身发展的内在要求和生命力所在[1],21世纪高等教育应当面向社会民众需求,走向全球合作。这一观点符合埃里克·阿什比(Eric Ashby)、德里克·博克(Derek Bok)、克拉克·克尔(Clark Kerr)、查尔斯·范海斯(Charles Van Hise)等著名教育家的学术观念,也符合《教育 2030 行动框架》(2015)、《仁川宣言》(2015)、《APEC 教育战略》(2016)、《反思教育:向"全球共同利益"的理念转变?》(2017)等联合国教科文组织及亚太经合组织的重要报告和决议。鼓励高校的社会开放、对外开放,建设开放型的高等教育体系,是我国建设开放型国家的重要组成部分,是实现教育现代化的重要举措。这一点,获得了《高等教育法》(2018)、《国家中长期教育改革和发展规划纲要(2010—2020 年)》(2010)、《关于深化教育体制机制改革的意见》(2017)、《中国教育现代化 2035》(2019)、《关于做好新时期教育对外开放工作的若干意见》(2016)等重要教育文件的政策支持。因此,高校的开放办学获得了广泛的理论共识、实践共识,是一个无须再进一步论证的命题。我们的研究重点早应离开"高校为什么开放"及"高校要不要开放"之类的价值性、必要性阐述,而应通过体制机制探索进入到高校"如何开放办学"的实质性、实践性研究。

学者认为,高校开放办学涵括了办学理念、管理制度、学科建设、人才培养、科学研究、队伍建设、课程体系和校园文化等八个方面的开放内容[2]。而背后的规律、原理、组织、程序、运行、制度、政策、规则等机制问题贯穿了高校开放办学的全过程,理应是本书的研究重点。

第二节 教育开放的维度探析[3]

"厚植开放是我国高等教育强国建设的必由之路"[4],目前已经成为高等教育界的共

---

[1] 马海平.论我国高等教育的开放性[J].安徽师大学报(哲学社会科学版),1992,20(1):34-37.
[2] 蒋静.应用型本科院校开放办学内涵及模式探析[J].江苏高教,2014(1):106-107.
[3] 本节内容曾发表于 2020 年第 8 期的《黑龙江高教研究》55~59 页,原稿名为《高等教育开放办学的维度探析》,收入本书时有所改动。
[4] 林杰,刘国瑞.基于五大发展理念的高等教育强国建设研究[J].现代教育管理,2018(7):8-14.

识。然而,我们首先要厘清何为开放办学、开放办学主要存在哪些维度或面向。而且,我们发现,高等教育开放办学早已经超出了高等教育领域,也超出了一个国家的范围,而是处在一个复杂、宏大的政治、经济、社会、文化系统中,处在一个竞争、交融的世界性语境中。从系统论进行开放办学的内涵、外延的思考,有利于廓清高等教育开放办学机制创新的方向、道路。

一、面向社会与面向世界:教育空间的开放

邓晓春和刘国瑞认为,高等教育系统具有开放属性[①]。高等教育系统是社会大系统中的一个子系统,它每时每刻都在与其外部社会大系统及其他子系统进行人流、物流、信息流的交流。大学,作为高等教育的载体,处于一定的空间之中,既处于一个国家整体发展系统之中,又处于全球发展空间之中。如果把高等教育放置在国家系统范围内,高等教育在开放办学过程中要同一个国家的其他子系统发生交流与碰撞,就是国家范围内的对内开放。如果把高等教育放置在全球范围内,一个国家的高等教育必然同其他国家的经济社会发展系统以及国际教育组织发生交织与融汇,这就是全球范围内的对外开放。

(一)社会开放

高等教育的对内开放主要就是走出大学校园自我空间的社会开放,去服务国家的政治、经济、文化发展。高等教育"置身于社会的政治、经济和文化环境之中,以及与整个社会发展过程的协调同步运行"[②];"大学组织的资源依赖性,决定了大学服务社会的必然性。大学作为一种知识生产型组织,往往处于一种资源短缺状态之中。为维护学术声誉,不得不通过为社会提供相关服务,与社会进行资源交换"[③]。可以看出,高等教育的社会开放性与大学的自身处境相关。

今天,现代大学的角色有着更为显著的社会性倾向。英国高等教育家埃里克·阿什比指出:"如今在所有的社会组织机构中,能胜任人类远大目标的指导任务和人类未来利益的管理任务的,似乎以大学最为适宜。如果这是大学恰如其分的职能,那么,大学为公众服务最需要的工作……是把大学独具的多种学科的多类智慧,用到解决适应社会变化的研究中去。"[④]当代美国著名高等教育家、哈佛大学第25任校长德里克·博克认为,"现代大学已经不再是传统的修道院式的封闭机构,而是已变成沟通生活各界、身兼多种功能的超级复合社会组织。它的规模与威望将同社会对它的需求和干预同步增长"[⑤]。他还进一步指出,"社会服务不过是大学的一个功能,确实是一个最重要的功能"[⑥]。的确,

---

① 邓晓春,刘国瑞. 高等教育管理学[M]. 北京:航空工业出版社,1996:35.
② 马海平. 论我国高等教育的开放性[J]. 安徽师大学报(哲学社会科学版),1992,20(1):34-37.
③ 魏署光. 美国大学社会服务职能的历史变迁及其机制[J]. 高等工程教育研究,2018(6):194-200.
④ 埃里克·阿什比. 科技发达时代的大学教育[M]. 滕大春,滕大生,译. 北京:人民教育出版社,1983:149.
⑤ 德里克·博克. 走出象牙塔:现代大学的社会责任[M]. 徐小洲,陈军,译. 杭州:浙江教育出版社,2001:5.
⑥ BOK. University and the future of America[M]. Durham,NC:Duke University Press,1990:11.

从教育史看，无论古典大学，还是近现代大学，社会开放促成了高等教育的机制改革，为大学的发展提供了显性的价值引导和驱动力。自我隔绝于社会的高等教育不但不现实，而且其实是对大学本质属性的否定。

邓晓春和刘国瑞认为，高等教育具有外部适应性规律[①]，其发展规模、速度、结构与质量必须与外部大系统，即国民经济、社会发展的变化相适应。服务经济社会发展是我国对于高等教育的基本定位。教育被赋予的角色是民族振兴和社会进步的基石，在现代化建设中起先导性、全局性的作用。教育的社会功能，尤其是教育的经济功能被特别突显出来，强调教育在现实劳动力培养、科学技术进步、创造经济效益方面的服务属性。而且，高等教育的招收对象和培养对象都是社会公民，最终还要将人才输送到社会中去接受生产实践的检验，因此，满足社会的人才需求、民众的教育需求作为一种共性认识或基本观念被人们广泛接受。从中外教育史看，无论政府还是民众，对于高等教育的工具主义观点始终没有改变，国家对于高等教育的控制也始终没有改变。

再从我国高等教育面临的困境来看，社会开放是高等教育发展的必然要求。一是大学的教育教学与社会发展脱节。中国特色社会主义进入新时代以来，面临着新旧动能转换、产业转型、高新技术迭代、智能制造崛起、贸易保护主义、消费个性主义凸显等新形势。而大学运行的惯性与惰性，以及改革创新动力不足、迫切性不强等原因，使得大学并不能迅速响应国家的战略要求和社会新形势的变化。专业设置、课程设置不能随着产业发展、社会需求进行动态调整，导致社会急需的专业难以开设。二是人才培养与社会发展需要不相适应。大学的人才培养方案修订滞后，没有及时地、很好地反映新产业、新职业、新工种、新岗位产生的新的职业技术技能、岗位技术要求。如此，大学培养出来的毕业生与社会需要的适合性就被弱化了。企业无法招聘到适用的人才，难以获得源源不断的产业发展的优秀人力资源，对于高新技术企业的可持续发展和我国产业转型是不利的。相对应的是，部分毕业生出现过剩性失业，或者出现就业对口率低，进入职业生涯后岗位适应能力、发展能力弱等问题。控制权的单一，管理方式的封闭，使大学管理缺乏反对机制，重大事务决策的科学性有待提升。同时，缺乏合作机制，社会力量参与高等教育存在着诸多机制困难，使得校企合作总是存在着貌合神离的问题，二者的深度合作不容易推进。

所以，高等教育的社会开放符合中外教育史的发展规律和国家的职能定位，也能够帮助高等教育不断自我修整、完善，走出困境，在同社会的互动碰撞中寻找到新的推动力和新的教育增长点。

（二）对外开放

清代的闭关锁国政策使中国隔离于国际发展潮流之外，无视世界的科技发展、工业革命、文化进步而故步自封导致了与他国的国力差距的迅速拉大，最终沦为被西方列强

---

① 邓晓春，刘国瑞. 高等教育管理学[M]. 北京：航空工业出版社，1996：39.

凌辱的半殖民地半封建社会。对外开放,是我国新时期以来取得伟大成就的宝贵经验。

目前,中国已成为亚洲最大的留学目的国。2018年,共有来自196个国家和地区的49.2万名留学生,在全国1 004所高等院校、科研院所和其他教育机构学习,其中学历生25.8万人,占比52.44%。学习工科、管理、理科、艺术、农学的学生数量增长明显,同比增幅均超过20%。在全球化时代,所有国家和民族在信息、交往和利益方面体现出普遍的相关性。可以肯定的是,中国及其高等教育也处在这样一种"普遍的相关性"之中。

在全球化的语境下,高等教育的全球化趋势已经不可逆转。有的学者甚至断言:"'现代社会的大学丧失了国际性,就没有存在的意义。'只有积极、主动地同国际社会交流人才、信息、学术等,才能不断自我更新、自我完善、自我发展;封闭自囿、作茧自缚,办不成现代化的高等教育,培养不出适应现代社会的人才,更谈不上对人类科学文化做出贡献。"[①]自发发展、封闭发展的古典大学阶段早已过去,现代大学已置身于紧密相连、互相影响、协同联动的世界高等教育体系中。全球性既是当下高等教育发展的语境、环境,也是当下高等教育的主要特征,还是人类高等教育的必然发展阶段,符合人类高等教育的发展规律和趋势。

经过70年的发展,我国已经建成世界规模最大、体系完备的高等教育体系,人才培养质量、国际影响力都有了大幅提升。但是,我国从高等教育大国向高等教育强国迈进,还有很远的路要走。其一,实行对外开放是高等教育自身发展的需要。我国高等教育还存在着治理体系不完善、学术体制不科学、科研创新产出不高、学生的国际适应能力不足、教学标准与人才培养标准国际对接性不强、产学研用的融合性不深入等诸多问题。我们需要认真借鉴世界教育强国的先进经验、理念,引进科学的教育资源,打造国际化的教授团队,改革高等教育的运行机制,释放高等教育更大的发展活力。其二,实行对外开放是我国教育现代化的需要。2019年2月发布的《中国教育现代化2035》应当是我国高等教育相当长一段时间里的战略目标。文件重点部署的十大战略任务之一,就是开创教育对外开放新格局,全面提升国际交流合作水平,教育总体实力和国际影响力显著增强。作为高等教育后发国家,进一步扩大教育对外开放,引进境外高校、国际资本、先进模式,能够在冲击现有高等教育体制机制的同时,引发国内高等教育反思性变革、自发性追赶和教育质量的明显提升,加速教育现代化目标的达成。其三,实行对外开放是承担大国教育责任的需要。教育开放是教育输入与教育输出的统一。总结中国教育模式,输出高等教育领域的中国经验、中国方案、中国智慧,在世界高等教育中占据一定的理论创新与实践创新地位,形成一定的国际高等教育话语权,也应当是教育对外开放的方向。这有利于输出中国的高等教育体系、模式,铸就世界性的高等教育高地、国际教育中心,担负起负责任的教育大国的教育使命。

---

① 余立.现代教育思想引论[M].上海:华东师范大学出版社,1986:309-310.

二、面向未来：教育时间的开放

在通俗意义上，开放是一个空间的概念，是以自身机体为原点向外在空间延伸和拓展，或者允许外部元素、力量、实体进入自身机体。但是，教育开放不同于实体的空间开放，还存在着面向未来的时间开放维度。

这一点，一直没有得到学术界的重视。高等教育史的研究关注高等教育发展的"过去时间"，试图通过史学追溯，梳理高等教育发展的流变轨迹，探寻被历史证明有效的普遍规律，并通过教育传统的继承、弘扬和现实转换，转化为当下高等教育发展的理论资源。而教育学原理、比较教育学、成人教育学、课程教学论、职业技术教育学的论题主要局限在当前静态发生的教育现实，比如总结历史和当下的教育经验，得出普遍性的教育规律，抑或分析当下教育实践中的问题，为当下教育实践提供理论依据、对策建议。教育研究的"当下关怀"将学者的视野局限在高等教育的"当下时间"，使教育学科缺乏仰望星空、面向未来的超拔气息。

而在教育实践中，高等教育和大学机构陷入极度的现实功利主义之中。近代以来，高等教育承担起了服务社会生产、经济发展的责任，承担起了帮助受教育者谋取生存技能、积累物质财富的责任之后，逐渐将适合顺应现实社会的当前需要作为自身的第一使命。相伴而来的是，政府的政策导向、社会民众的教育选择也都要求高等教育同现实社会建立一种肯定、配合、支持关系。职业技术教育、应用本科教育等教育类型将"适应"放在发展的首要任务，将企业、行业作为服务对象，密切关注行业发展现状和已经出现的新技术、新方法、新工艺、新业态，亦步亦趋、如履薄冰、充满疲惫地跟随着行业企业的行进脚步。不顾自身的师资条件、实验实训设备，无视产业更新迭代的客观性、教育发展的独立性，盲目开发新专业、购买新设备、招聘新老师或强行要求教师专业转型，变身现实经济社会发展的附庸，造成了资源浪费、教师专业困境以及教学质量下降。

眭依凡教授指出："大学的尊严和地位既来自立足社会、满足社会的适应性，更来自它能超越社会，成为社会前进之动力、之向导、之先锋的引领性。"[①]没有超越就不会有发展，所有的发展都具有革新意义，都是对现实存在的否定，包括革除现有模式、方法、体系，提升现有水平、程度、质量，谋求更高发展进而创建一种新的存在。"只注重适应的教育，容易导致教育的短视，降低对未来发展的适应意识和应对能力，必然缺乏对未来发展挑战的充分准备，也难以赋予现实向未来发展的有力导向和巨大的内在发展潜力。"[②]论述至此，我们有必要形成一个结论：高等教育仅仅满足于适应"当下时间"中的教育现实，也是一种封闭。

邓小平同志1983年10月1日为北京景山学校题词中提到了"面向未来"，但并没有引起学界和教育界的深度观照。站在2020年的时间节点上，高等教育需要把握现实社

---

① 眭依凡. 大学的使命与责任[M]. 北京：教育科学出版社，2007：4.
② 全国十二所重点师范大学. 教育学基础[M]. 3版. 北京：教育科学出版社，2014：82.

会发展的未来趋势或可能,表现出对于教育现实的"超越性",发展出独立的、面向"未来时间"的未来教育。

首先,高等教育面向"未来时间"能够回归教育自身。通过教育活动、运用教育内容促进受教育者的发展是教育的本体功能,而教育的社会发展功能只是教育本体功能的派生功能[①]。无论追随"现实之狗",还是被"现实之狗"驱逐,高等教育都充满了适应现实的焦虑,出现了背离教育的自身属性而被异化、被泛化的病症。摆脱了现实社会需求的主宰,摆脱了功利主义、社会价值取向的绝对占据,摆脱了短期的教育验证、考核,高等教育就会重新回到对人类更有根本意义、更有永恒价值、影响更为深远的事情上来,即人文主义、人的价值取向的教育本来属性。

其次,高等教育面向"未来时间"能够更准确地把握未来的教育大势。不能否认,当前高校在政府、行业、市场面前显得弱势而臣服,怠惰沿袭的风气与焦灼追随的心态并存。与纠缠于"当下时间"、陷在当下现实的研究、跟随、摹写上的当下高等教育相比,面向"未来时间"的高等教育将研究重点放在未来人才核心素养、未来学习方式变革、未来社会新需求上,着眼于提高学生的未来适应能力。面向未来的开放办学就可能开发并试行跨学科的大综合项目式教学、个性化定制学习方案、无学校实体的远程教学、广泛的学分互认互授框架、非知识的观念教育、体外知识存储芯片共享等各类教育实验。"面向未来"的思维不关注短期的迎合、短期的效益,而在于深研未来教育走势、未来人才的新要求,各类教育实验因此得以展开,大学教育创新的热情、动能、活力因此得以焕发。

再次,高等教育面向"未来时间"能够引导大学对国家乃至世界肩负起伟大的引领使命。苏联经济学家斯特鲁米林的研究表明,教育程度的提高所产生的价值占国民收入的比例为30%。1979年诺贝尔经济学奖获得者、美国著名人力资本理论学者西奥多·舒尔茨(Theodore W. Schultz)的研究表明,教育水平的提高对国民经济增长的贡献为33%。知识经济、科技革命、人类面临的诸多共性难题对人的素质的要求越来越高,科技发展模式已由传统的"生产→技术→科学"的经验总结型发明转变为"科学→技术→生产"的原始创新型发明,高等教育越来越成为社会发展的核心和枢纽,"教育先行"随之成为世界范围内的普遍现象。通常意义上,"教育先行"指教育投资增长速度应当超过国民经济增长速度,而其更深层的内涵则指的是教育应当超前于当前的社会生产力和政治文化发展程度,在科技、政治、文化中起到促进和引领的作用,包括率先研究新技术、新方法、新文化、新观念等。从"追随者"到"引领者"的转变,体现了高等教育继承保存功能之外,勇于打破人类发展中的稳定结构,不断革新、创造的超越精神。

哈佛大学霍华德·加德纳(Howard Gardner)博士说:"尽管我们看到的未来是不完整的和模糊的,但是我们绝不能回避对儿童和年轻人的教育责任,使他们能够迎接未来,

---

① 全国十二所重点师范大学.教育学基础[M].3版.北京:教育科学出版社,2014:34.

这是今天的教育所要面临的前所未有的挑战。"[1]高等教育不应仅仅思考空间开放的问题，还要思考时间开放的维度，就是发展"未来教育"，以期走在人类社会发展的前面，为人类社会未来的可持续发展提供更多可能性。

三、组织与权力：教育关系的开放

教育关系的开放本质上是高等教育治理结构的多样化和开放化。高等教育不是孤立的存在，而是处在一个网络状的关系结构中，其中的每一个节点、每一个网络都将影响高等教育的组织形式、运行方式。

（一）组织关系的开放

在人类社会中，群体在共同的目标、规则下结成一定结构或形式的协同性的社会集团就是社会组织。不同的社会组织之间是广泛关联的，它们之间存在着丰富的支配、隶属、平等、压制、反抗等组织关系。从教育史看，大学作为一个高等教育自组织，始终受到社会他组织的影响。

开放办学是以大学自组织为参照点的开放。根据自组织理论，自组织是系统在演化过程中，"没有外界的特定干涉"[2]，系统内部各要素协调一致，使得在时间上、空间上或功能上进行联合行动，从而出现有序的活的结构。自组织有着自身的运行规则和稳定的结构，任何他组织同自组织之间的信息交互都不能否定自组织的相对独立性，弥散、分离式的自组织开放只能使自组织走向消亡。同理，开放办学的立足点是推动大学自组织的改革发展和质量提升，维护办学自主权、遵循高等教育发展、保持相对独立性是防止开放办学滑入无边界的非教育情境的基本要求。

在系统论中，自组织又是一个相对概念，因为产生自组织的系统必须是一个开放的系统。不处于开放系统中的自组织是不存在的，它始终同系统内的他组织进行着物质、能量和信息的交换。如此看来，自组织是相对独立与相对开放的统一。大学的开放办学要把握一个开放的尺度，既同他组织进行积极的交流，甚至通过融入企业、社会组织等产生新的高等教育形态，也要坚守大学自身的教育属性、教育规律和核心价值，确保所有的开放办学行为都以提高人才培养质量和办学水平为出发点。

有一点是肯定的，无论古典大学，还是现代大学，都不能是自我封闭的、不同外界产生任何关系的孤立的自我繁衍。相反，大学必须同外界建立广泛的、开放的关系，在同他组织的交流、碰撞中将自组织置于新的不平衡和相对无序的状态中，以此打破大学自组织长期稳定带来的惰性和僵化，催生新的教育组织形式、运行机制、演化路径，使大学在突变和跃迁中进入新的平衡结构和更高级的发展形态。

---

[1] 霍华德·加德纳.未来的教育：教育的科学基础和价值基础[J].教育研究，2005,26(2):12-19.
[2] HAKEN. Information and self-organization: A macroscopic approach to complex systems[M]. Berlin: Springer-Verlag,1988:11.

（二）权力关系的开放

开放办学是以大学自身为原点，将话语权、评价权、控制权等交给大学之外的组织或机构。考察高等教育史，我们可以得出三个显而易见的结论：

第一，高等教育史其实是一部教育权力演变史。大学始终处于权力的场域之中。其中，国家权力一直是主导性的强势权力，通过制定教育发展规划和政策，拨付办学资金，任命校长等核心管理层等方式处于教育权力的中心。满足国家在人才、武器装备、科学研究等方面的需要，一直是中外政党、政权关于高等教育社会职能的普遍认知。政治势力、宗教势力的权力意志表现突出，为国家培养官员、军事人才、工程人才或者是教士、神父等管理人员、教职人员常常被放在首要地位。而独立教育家、行会组织、教授、学生、企业家等都试图参与大学权力的争夺，宣扬各自不同的教育主张和权利，维护自身的教育权力和经济社会利益。在双边、多边的合作与冲突中，大学成为各方权力主体的争夺对象。

第二，教育开放本质上是一种权力开放。现代高等教育之前，维护学术自由、教学自由为主要内容的办学自主权，摆脱政党、宗教的控制乃至社会需要而实现教育独立，在大学演进中经历了一个由隐性到显性、由混沌到觉醒的渐进式发展过程，遂而成为大学锲而不舍的教育情怀。尽管大学的开放办学具有显著的被动性和被迫性，但教育权力向国家政权的开放从一开始就成了事实，比如古罗马的亚历山大大学、中国周代的辟雍。不同时期，国家权力和大学自主权有一定的消长，但向国家权力的开放几乎贯穿高等教育发展的全过程。公元476年西罗马帝国消亡以后至11世纪，中世纪的高等教育一度被基督教教会垄断，修道院学校、大教堂学校、教区学校等是主要的欧洲高等教育机构。教皇及基督教、天主教等神学机构、组织成为重要的权力机构，通过资助办学、任命校长等举办了各类教会学校。此时，欧洲高等教育形成了"二元权力结构"[①]，教权和王权相互竞争、相互制衡。随着近代意大利、西班牙、英国等国家手工业、商业发展和城市化，高等教育开始向行会权力开放，开始为行业组织培养实用型人才。工业革命、现代科技发展使得行业、企业在社会发展中的权力威望越来越高，越来越多的科学家、工程师、企业主捐建学校、亲任校长，助力行业、科技发展。高等教育面向农民、产业工人教育需求和行业、企业发展需求的社会开放逐渐由被动走向主动，开启了现代高等教育的发展之路。实事求是地讲，大学本来就是由以上的权力主体创建的，不存在开放办学的话题，只是服务于创建者的人才需求而已。直到近现代大学把自身看作一个独立的自组织，办学自主权逐渐觉醒，教育开放才开始有了真正的意义。

第三，开放办学是反抗单一权力主体并向多元权力主体开放的过程。通过教育史的考察，大学之外的他组织在高等教育领域表现出明显的权力特性，总是试图进入大学内

---

① 刘海峰，史静寰.高等教育史[M].北京：高等教育出版社，2010：264.

部掌控其运行管理,以至于高等教育开放办学的历史其实也是摆脱他组织控制的相对开放史,是一部掌控与反掌控的教育权力斗争史。从大学自组织出发,完全在自组织内循环是一种教育封闭;同样,完全被某一种权力主体掌控,排斥大学自主权和其他权力主体的教育参与,其实也是一种封闭。所以,开放办学不仅仅指的是走出大学自组织的自循环,也是指走出某一权力集团的控制,走向更为开阔、多元的社会化权力结构。

在新的语境下,当前我国大学开放办学的权力关系主要集中在两个方面:

一个是教育治理权的开放。当前,主要存在着学术主导型、市场主导型和政府主导型的不同治理模式,三种模式处于非平衡的冲突状态。正如博克所说:"当意见分歧真的出现时,有关大学治理的常规描述将会变得毫无用处。真正的权力更多地取决于那些从未见诸白纸黑字的看不见、摸不着的东西,而不是取决于大学的组织结构图。"① "看不见、摸不着的东西"就是每一个权力主体都试图利用组织资源谋求自身利益最大化,这使得建立合理的治理结构变得十分困难。就我国教育治理权的问题来看,开放办学的重点是改变政府主导的单一治理模式,走向多方参与、多元共治的平衡式治理结构。

另一个是维护教育主权前提下的海外开放。在教育全球化背景下,各国都在争夺国际教育市场,建立区域合作联盟,输出自身的教育理念和教育资源。其中,包含着世界范围内的教育话语权、决策权的争夺,包含着文化霸权与反文化霸权之间的斗争。因而,我国大学的对外开放仍然处在一个复杂的权力场中,仍然可以从权力关系的视角来思考高等教育国际化的语境,制定科学的开放机制来参与国际竞争、引进优质教育资源、输出中国教育模式,为建立多元、共赢的全球教育治理结构而贡献中国方案。

第三节 服务新常态:教育开放机制创新的现实旨归

高校开放办学机制创新的现实旨归在哪里?这是本课题研究需要解决的首要问题。学术研究的问题意识,要求我们思考当前我国经济社会发展中的人才需求,人民群众的教育需求问题,我国高等教育发展的瓶颈、局限与更高层次发展的问题,以及我国高等教育在全球化环境中的处境与发展问题。我们认为:高校开放办学的机制创新应当立足于帮助我国高等教育融入教育全球化,提升我国在世界高等教育体系中的话语权;立足于我国当前经济社会发展中的人力资源需求,帮助我国高等教育实现现代化,使我国由高等教育大国成长为高等教育强国,切实服务于我国的社会主义现代化建设和民族复兴使命。

一、满足新常态发展阶段的教育需求

经济发展进入新常态,是我国经济发展阶段性特征的必然反映,是不以人的意志为

---

① 德里克·博克,曲铭峰.大学的治理[J].高等教育研究,2012,33(4):16-25.

转移的。"认识新常态、适应新常态、引领新常态,是当前和今后一个时期我国经济发展的大逻辑。"①作为服务经济社会发展的高等教育,在我国进入"新常态"下该如何作为?解答这个问题,我们应当深入思考新常态下我国现行社会的人口结构、人力资源结构的变化以及由此带来的人民群众的教育需求问题。

(一) 人口老龄化

我国当前生产要素优势丧失的问题,尤其是人口老龄化日趋严重,劳动年龄人口总量下降,给我国经济社会发展带来了巨大挑战。根据国际通行的计算方法,当一个国家或地区60岁以上老年人口占人口总数的10%或65岁以上的老年人口占总人口的7%,即意味着这个国家或地区的人口处于老龄化社会;65岁及以上人口占比达到14%则为深度老龄化,超过20%则进入超老龄化社会。2021年5月公布的"第七次全国人口普查"结果显示,到2020年年末,我国60周岁及以上的老年人口2.64亿,其中65周岁及以上的老年人口1.9亿,分别占人口总数的18.7%和13.5%,我国已经进入深度老龄化社会,呈现"未富先老"的特征。

人口专家认为,过去数十年,"人口红利"是中国经济高速增长的重要推动力,对经济增长的贡献约为25%,而中国将在2020年左右从"人口红利"逐渐变为"人口负债"②。与之相关的是,实际劳动力供给进一步萎缩。根据国家统计局数据,2015年中国劳动人口为9.11亿,而到2021年5月这个数字减少到8.8亿。日本在平成时代的20世纪90年代中期进入"人口负债"时代,由此导致了国内市场萎缩以及汽车等制造业国际竞争力的下降③,为中国在内的世界各国提供了前车之鉴。

与之相映成趣的是,我国老年人接受老年教育热情极高,以至于现有教育资源无法满足老年人口的教育需求。《"十四五"国家老龄事业发展和养老服务体系规划》(2022)提出,把积极老龄观融入经济社会发展全过程,做到"老有所学"。据中国老年大学协会数据,截至2019年,国内有7.6万余所老年学校,学员数在800万人左右,公立老年教育机构入学率只在2%左右。目前,各地都在加大老年教育投入,但仍然不能满足老年群体的教育需求。2021年9月,青岛市老年大学新设77个班招新生3 200个,却仍然出现了连续3年抢不到名额的情况。

鉴于人均寿命的延长,老年人体质的良好状态以及我国有效生产力人口减少的情况,开发老年人力资源,提高老年人对于新科技、新技术的运用能力和新环境的适应能

---

① 习近平.在中央经济工作会议上的讲话(2014年12月9日)[R].北京:中央经济工作会议,2014.
② 高文书.2020年人口红利变人口负债!如何挖潜?[J/OL].(2018-04-10).http://www.banyuetan.org/chcontent/jrt/2018410/248502.shtml.
③ 田中景,高鹤,谷口洋志.人口负债与日本制造业国际竞争力衰退的关系研究[J].现代日本经济,2019,38(4):45-55.

力,使之成为社会建设的再生力量,对于进入深度老龄化社会的中国来说不失为一个有益尝试。实践"积极老龄化",开发老年教育市场,推行银龄教育计划,要求大学扩大招生范围,开展针对老年人口的开放式的社会招生。只是,大学的老年教育不应满足于家政、养生、书画等实用、休闲、健康类课程的教学,而应从产业人才培养、人力资源供给的角度对老年人口进行较为正规的教育和培训。

(二) 新型城镇化

城镇化是伴随工业化发展,非农产业在城镇集聚、农村人口向城镇集中的自然历史过程,是人类社会发展的客观趋势,是国家现代化的重要标志。近年来,我国的城镇化率大幅提高,根据2021年5月公布的"第七次全国人口普查"数据,居住在城镇的人口为90 199万人,占63.89%;城镇人口比重较2010年上升14.21个百分点。而2017年美国、英国、法国、德国、日本的城镇化率分别达到82.06%、83.14%、80.18%、77.26%和91.54%,对照世界发达国家,我国的城镇化率还有较大发展空间。

我国新型城镇化有三个关键特征:一是更注重城镇化中的科技发展。学者在运用空间杜宾模型对30个省份城镇化质量进行分析后认为,科技的引领支撑是影响新型城镇化质量发展水平的现实因素和作用机制之一[①]。以高新技术为依托的新型城镇化才更具有可持续性,才更符合我国建设科技强国、创新型国家的战略。没有科技含量的城镇化,只是农民居住地点的转换,是没有任何意义的。二是更注重城镇化中的新产业新业态培育。研究表明,后工业化以来,新兴产业越来越成为城镇化和市民化的直接动力[②]。由劳动密集型产业向资本密集型、知识密集型产业发展,构筑新型产业结构,在新型城镇化事业中占据重要地位。三是更注重城镇化中的人的专业化、职业化。新型城镇化需要大批优秀的产业工人,这要求新入城的农民掌握先进科学技术,具有良好的职业素养、岗位技能,能够承担城市产业发展的重任。总之,新型城镇化不是简单打破户籍限制,允许非城镇户籍人口在城镇落户就可以完成了,要充分认识到城镇化与产业化之间的联动,要充分认识到新型城镇化在我国经济发展的产业转型、动力变革中的重要使命。

而要满足新型城镇化的本质要求,新入城农民的再教育责任十分艰巨而重大。这些"新市民"大多从劳动密集型产业中脱胎而来,学历不高,没有掌握新技术新工艺,长时间从事低效率、低技术、低附加值的工作,难以满足新型城镇化中新兴技术、新型产业发展的专业知识、岗位技能要求。没有新兴技术、新兴产业的城镇化,背离了新型城镇化的发展初衷,久而久之还将成为我国城市发展和产业转型的负担。这个矛盾是重大的,关系到新型城镇化的成败。问题的解决,最终将落在高等教育的社会化开放上,就是扩大社会招生范围,积极实施农民工、新入城农民的新技术新技能培训。进一步打通机制壁垒,

---

① 张爱华,黄小舟.新型城镇化质量评价与空间聚集效应检验[J].统计与决策,2019,35(17):58-62.
② 方建国,陈廉洁.中国新型城镇化应"新"在哪里?[J].江淮论坛,2015(1):84-92.

赋予大学社会自主招生权,给予大学对社会人员进行学历再教育的自主权,对于实现入城农民从农民向"产业工人"再向"新市民"的转变、助力新型城镇化战略具有重大意义;也能够有效化解大学由于出生率降低、生源减少带来的招生危机,给大学带来新的发展方向、新的增长动力;同时,也能够缓解深度老龄化中有效劳动人口减少的压力,提高我国劳动力人口的技能水平、受教育年限,改善我国人力资源结构。

(三) 产业转型升级

中国经济由高速增长阶段转向高质量发展阶段,突出表现在产业结构的转型升级,由低附加值、低国际竞争力、高消耗、高污染、高排放、人力密集型的夕阳产业转向高附加值、绿色低碳、高新科技为主、技术密集型的朝阳产业。《"十四五"规划和2035年远景目标纲要》产业转型升级的方向是大力发展数字经济和现代服务业。

产业结构调整带来了两大教育要求:一是新技术新业态教育。我国产业转型升级的重点是发展动能转换,实施创新驱动战略,扶持现代信息技术、高端制造、人工智能、物联网、创新医药、无人驾驶、新能源汽车、高端电子元器件、5G现代通信技术等为代表的新兴技术产业,以及电子商务、家庭护理、老年康复等新兴服务业态。专业开发、设置、建设及其教育教学,教师的专业特长、研究方向等,迫切需要向新技术新业态转型。目前,专业更新的速度及教学质量无法满足产业发展的需要,是摆在产业结构调整面前的一大障碍。这要求高等教育进一步扩大社会开放,融入产业发展大局,实行产学研用融合,加速自身的专业转型和成长进程,培养更多掌握现代新技术新工艺的新兴产业储备人才。二是现有产业工人的转型与培训。原有的冶金、钢铁、房地产、建材、玻璃、太阳能、煤炭、炼油、化工等传统产业吸纳了大量劳动力,但2015年以来供给侧结构性改革的实行和"三去一降一补"(即去产能、去库存、去杠杆、降成本、补短板)五大任务的实施,在一定程度上化解了产能过剩、库存严重的同时,也减少了对传统产业劳动力的需求。传统产业的职工既面临机器取代人、产能压缩带来的裁员和失业,也面临着由于不能适应现代新技术新工艺要求所引起的"技术性失业"。这种人力资源的冲突更加尖锐,急需大学参与到产业人才的更迭进程中,帮助产业界对现有传统产业人才进行提升式、转型式的再培训、再教育。

综上,我们可以看到,"新常态"早已超出了经济学的范畴,而兼具了社会学、教育学的蕴含,为高校开放办学的机制创新提供了发展背景、现实思路和延展路径。需要说明的是,高校开放办学在满足"新常态"发展阶段的教育需求的同时,也在推动着自身走向教育开放的"新常态"。

二、融入教育全球化趋势

互联网技术和现代信息技术的高度发达,改变了过去人类数千年相对隔绝、封闭的状态。不同国家、区域之间的政治、经济、文化、教育出现了相互影响、相互渗透的开放融合趋势,尽管不少组织、国家公开反对、抗议,也出现了民粹主义、贸易保护主义等逆全球化的现象,但全球化仍然以不可阻挡之势成为当今世界发展的主潮。"全球化"概念的核心,是"这个世界正在进行一个前所未见的、紧密的联动与互赖过程"①,这个过程的前提是国家、区域的开放,否则,任何的互动、联动、共享都不可能。不夸张地说,全球化的本质其实是开放。

相比经济全球化、文化全球化,教育全球化并没有得到足够的重视。一般认为,教育全球化是一种社会存在,是人类社会的教育不断跨越空间障碍和制度、文化等社会障碍,在全球范围内实现充分沟通(物质与信息的)和达成更多共识和共同行动,同时不断深化现代性的过程②。教育全球化是所有全球化的基础,全球教育治理体系正进入"机制复合体"时代③。教育全球化是人类发展进程中全球化的一个部分,是正在进行中的教育发展过程和态势,其发展丝毫不落后于政治、经济的全球化,突出表现在4个方面:

第一,教育资源的全球流动。他国的教材、教法、课程体系、课程标准等教学资源被广泛翻译引进。优秀教师成为全球高等教育的稀缺资源,以特聘教授、学术顾问、教学顾问等外教身份广泛参与他国高等教育的体系设计和教育实践。全球有实力的金融资本介入高等教育,合作办学、境外分校(院)、独立外资大学等办学形式借助资本流动、智库流动活跃起来。以互通有无、互相借鉴为目的的教育交流和教育开放,是高等教育重要的全球化形态。

第二,留学生教育规模的迅速扩大。美国、英国、法国、德国、日本、澳大利亚等国家将留学生教育视为全球贸易的重要类型,通过完善招生制度,制定奖助学金办法,扩大招生规模,提高学费标准,使之成为本国外贸出口的支柱性产业之一。海外优质教育资源的获得便利性大幅提高,留学生规模迅速扩大,留学生成为全球教育资本、资源自由流动的风向标,也成为全球教育竞争的争夺对象。各国纷纷开发留学生人力资源,吸纳留学生为本国经济、科技发展服务,人才进一步实现全球化流动。

第三,MOOC(慕课)等全球虚拟教育的兴起。互联网技术重塑了人类教育,各类局限、界线随之消失,使高等教育表现出空前的开放性。网络课程、私播课、慕课等基于网络共享的虚拟课堂给予地球上所有的学习者平等的学习平台、学习权利,优良的课程、师资、教法得以在全球范围内被传播、展示。自动译制程序、在线互动空间解决了语言障碍、师生隔绝的问题。如果慕课的学习内容、学分被学习者所在国家高等教育机构认可,学习者可以在全球范围内搜索优质教育资源,在本国人才培养方案指导下定制自己的学习计划、学习清单,真正实现"学习者为中心"和教育民主,互联网技术将催生人类高等教

---

① AXFORD. The global system: Economics, politics and culture[M]. Cambridge: Polity Press,1995:27.
② 杨明.教育全球化对中国意味着什么[J].教育发展研究,2003,23(2):44-47.
③ 央广网.中国与全球化论坛:教育开放需要给学校更多自主权[EB/OL]. (2019-04-15). http://edu.cnr.cn/list/20190415/t20190415_524578547.shtml/.

育的开放性革命。

第四,全球学习中心的形成。英美等国家的高等学校进一步放宽海外特许经营办学,海外迁建浪潮兴起,并且不断在海外开设分校,积极受让课程版权,其影响力早已超出了本国范围,获得了广泛的全球影响力。截至2019年年初,英国私立学校开设了47个海外校区,为大约32 330名学生提供了教育,其中约40%的附属学校位于中国大陆,另有26%位于中东。由此,在全球范围内,形成了几个"国际学习中心",凝聚杰出的学者教授、优质学习课程、先进的教育教学理念和优秀的学习者,对周边区域乃至全球高等教育产生积极的辐射和带动作用。

教育全球化是不可逆转的国际教育发展趋势。面对教育全球化浪潮,我们不是要考虑是否参与的问题,而是如何参与的问题。高校开放办学的机制创新,主要思考我国目前在留学生教育、国际人力资源开发中存在的制度障碍、资金难题,着力思考建设"一带一路"教育行动计划、区域高等教育共同区的机制、方法,研究在国际教育体系中我国教育输出的机制和可资输出的教育体系及话语权的建构问题。教育全球化是高等教育开放办学机制创新的背景,推动我国高等教育的国际化是高等教育开放办学机制创新的工作目标。

三、实现高等教育现代化

邓小平在1983年提出教育要"面向现代化,面向世界,面向未来",较早地发出了教育现代化的号召。2019年2月,中共中央、国务院印发了《中国教育现代化2035》,对原来的规划做了一定的修正,要到2035年,总体实现教育现代化,迈入教育强国行列,推动我国成为学习大国、人力资源强国和人才强国。《"十四五"规划和2035年远景目标纲要》同样提出,要在2035年基本实现社会主义现代化,把我国建成"教育强国"。可以看出,教育现代化一直是党和国家教育事业发展的重要主题,是教育人孜孜不倦努力的远期目标。

第一,开放办学是教育现代化的基本理念。教育现代化的八大基本理念中有两大基本理念涉及开放办学。其中,"更加注重面向人人"的理念倡导面向一切学习者,满足一切学习者的学习需求。在新常态下,高等教育的招生范围进一步扩展,老龄化社会中激增的老年人口、城镇化中的入城农民都将被纳入施教对象,开放式的社会招生势在必行。"更加注重终身学习"的理念把教育看作贯穿人的一生的持续性过程,强调学校教育以后人的生存生活技能提升的重要性。社区教育、社会培训、职工技能升级培训等全民性的泛教育,同样要求高等教育面向社会实施开放化办学。从学校教育向非学校教育,从劳动人口教育向非劳动人口教育的转变,形成了教育现代化的开放要求。

第二,教育开放是教育现代化的总体目标之一。教育现代化2020年的目标之一是"国际影响力显著增强",要求我国高等教育的观念、模式、标准在世界高等教育体系中获得认可,拥有较高的参与世界教育治理的话语权。而2035年目标主要就是社会开放,要求建成服务全民终身学习的现代教育体系,职业教育服务能力显著提升,形成全社会共同参与的教育治理新格局。从中可以看出,教育现代化的总体方向,就是加强教育与社会的紧密性,提高教育对于社会发展的适应能力和服务能力,在引进社会力量中促进教育治理结构的改革。这应该是2020年后高等教育发展的新增长点。

第三,开放办学是促进教育现代化的主要战略任务。《中国教育现代化2035》的十大战略任务中四项涉及开放办学。一是建立全民化的社会学习组织。文件提出构建服务全民的终身学习体系的使命,主要落在高等教育的身上。完善招生入学、弹性学习及继续教育制度,畅通转换渠道,给予社会人员参加高等教育的便利。建立跨部门跨行业的工作机制和专业化支持体系,强化职业学校和高等学校的继续教育与社会培训服务功能,开展多类型多形式的职工继续教育。扩大社区教育资源供给,加快发展城乡社区老年教育,推动各类学习型组织建设。二是提高现代职业教育的社会适应能力。要求推动职业教育与产业发展的有机衔接、深度融合,目标是推动职业教育的社会化改革,提高大学生在产业发展中的岗位技能发展能力。三是开创教育对外开放新格局。文件要求全面提升国际交流合作水平,推动我国同其他国家学历学位互认、标准互通、经验互鉴;扎实推进"一带一路"教育行动,加强与联合国教科文组织等国际组织和多边组织的合作,提升中外合作办学质量。优化出国留学服务;实施留学中国计划,建立并完善来华留学教育质量保障机制,全面提升来华留学质量,加快建设中国特色海外国际学校;积极参与全球教育治理,深度参与国际教育规则、标准、评价体系的研究制定。四是推进高等教育治理结构的开放。文件提出了推进教育治理体系和治理能力现代化的具体方案,推动社会参与教育治理常态化,建立健全社会参与学校管理和教育评价的监管机制。

教育开放始终是中国教育现代化的主线,是教育现代化最重要的要求,也是实现教育现代化的基本手段和方法。离开教育开放,就无法实现教育现代化,这来源于过去半殖民地半封建时代的惨痛教训,也来源于世界教育强国的发展经验。高等教育开放办学的机制创新,要紧紧围绕教育现代化的总体目标进行设计,为中国教育早日实现现代化贡献理论智慧。

四、"新常态"新变化下的新方向

近年来,随着"新常态"意蕴的新变化,开放办学的目标也正在发生新的变化。

第一,终身教育更加受到重视,社会招生规模扩大。职前教育与职后教育结合,学校教育与非学校教育结合,学历教育与非学历教育结合之下,教育越来越开始面向全社会所有的受众,以开放的胸怀接纳所有的学习者。对于教育对象,我们需要从"学生"转化为"学习者",因为后者包含了更为广泛的教育对象。对于高等职业教育来说,接纳高中毕业生,从事学历教育的传统教育形态,也许仅仅是职业院校一个方面的教育使命,其更重要的教育使命是面向成年人、老年人的社会招生与教育。教育正在面向人生的整个历程,伴随人生的各个阶段,因此,开放办学是教育的必然要求。

第二，在疫情之下，开放办学还意味着"空中大学"的建立。2021年8月，联合国教科文组织在北京举办的2021全球智慧教育大会，以"智慧学习与教育的未来"为主题，关注疫情中的"互联网＋教育"新常态[①]。有学者指出，疫情改变了教育的常态，后疫情时代改变了学校间封闭、孤立的状态，需要建立学校间的虚拟联合体，在教学方法上实行线下线上混合、融合的教学模式[②]。再进一步，"无接触学习"在后疫情时代将更多地出现，而且，"空中大学"也将大量出现。这反而打破了传统校园的封闭，使知识走出校园，借助"互联网＋教育"走向了高度的社会开放，更加方便老年学习者、职场学习者等的学习。由此可以说，教育在更大范围内实现了社会化开放，而且疫情加速了这种社会化开放。

第三，大学与社区将真正进入融合的阶段。我们一直在谈论大学要服务区域经济发展，把省域、市域的产业发展和经济社会发展视为大学协同发展与服务的对象。如果把范围进一步缩小，我们会发现，大学处在居民区、技术开发区、社区等更具体的社会环境中，大学正同它周围的社区环境进行着交换与分享。大学的服务属性，除了服务区域经济社会发展，其实更应该服务于周边社区的发展，包括周围的居民、企事业单位，甚至包括小区、幼儿园、中小学、社区服务站、小微企业、商业区等。向社区开放，是更为细部的开放办学，突出表现在操场、图书馆、报告厅，也包括课堂，向周边社区居民、企事业职工、中小学生的开放。只有这样，才真正履行了高等教育的社会服务职责。

总之，开放办学的机制创新作为一个系统性、全局性的高等教育发展议题，处在国内和国际两个大发展系统之中。回应并服务于国内国际的现实教育需求，是其根本使命所在，也是其最终的落脚点。中国经济社会发展的新常态、教育全球化、教育现代化是其发展环境和现实依据，也是高等教育在新时代的发展主题和新的增长点。

---

① 发展智慧学习，重塑教育未来：2021全球智慧教育大会在京召开[J].电化教育研究，2021，42(9)：1.
② 冯建军.后疫情时期重构教育新常态[J].中国电化教育，2020(9)：1—6.

第二章 教育开放机制的教育史镜鉴

没有横空出世的创新,所有的创新都是历史的延续和突破。鉴古而知今,彰往而察来。我们试图通过梳理中外的教育开放史,了解先人走过的教育开放之路以及对教育开放的不倦探索。期待由此烛照当今教育开放的前行之路。

第一节 中国高等教育开放办学之路

数千年以来,我国高等教育发展出了不同于西方的开放办学风貌,不同力量、不同机制对开放办学产生了促进或阻碍作用。在绵延的教育史中形成的教育传统构成了现阶段开放办学机制创新的历史参照,因为横空出世、完全抛开历史传统的创新是不存在的。

一、古代的高校开放办学机制

一般认为,中国古代的高等教育起源于黄帝时代的"成均",《周礼·春官宗伯》记载曰:"大司乐掌成均之法,以治建国之学政,而合国之弟子焉。"夏商周时期出现了教育机构,"夏曰校,殷曰序,周曰庠;学则三代共之"(《孟子·滕文公上》)。商代"殷人养国老于右学",在西郊设立了大学,教育形态开始出现分化,出现了高等教育性质的"右学"。西周的高等教育机构有周天子设立的"辟雍"、诸侯设立的"泮宫"、王宫中学习各项技术的"畴学","王大子、王子、群后之大子、卿大夫、元士之嫡子、国之俊选,皆造焉"[①](《礼记·王制第五》),教授"六艺"等科目。另外,还设立了"乡学",招生对象主要面向周王朝和诸侯国的近郊六乡的平民阶层的子弟。

春秋战国时期士阶层的"私学"兴起,打破了"学在官府"的教育垄断,教育创办权开始向民间开放。春秋战国时期具有代表性的包括郑国邓析私学、鲁国少正卯私学、鲁国孔丘的孔家私学、荀况的儒家私学、墨翟的墨家私学、子夏的西河私学、李悝的法家私学、老庄的道家私学等。私学开始从政治机构、政治活动中分离出来,走出了"政教合一"的混沌状态,开始走向社会化开放;以自由受教为原则,向平民开放,使文化知识向下移输到民间;打破了"官师合一"的状态,教师成为独立的、专业化的脑力劳动者,其聘任、评价都来自社会公众;学术思想摆脱了官方支配,呈现出自由的学术开放状态;教学内容突破

---

① 此引条据杨天宇著《礼记译注》(上册),上海古籍出版社,2016年11月版第200-201页。该书版本来自中华书局1980年影印院校《十三经注疏体》。

了"六艺"教育,开始开放性地接受各学派政治观点、道德思想和新知识、新技能,密切联系大变革时代的社会现实生活。以节俭自律、实用尚简著称的墨翟私学,从基层平民获得生存技能出发,提倡教学内容面向社会实际生产,要求学生积极学习生产技术、自然科学知识,并在实际生产中加强实践训练,拓展了数学、机械学、力学、光学、声学、几何学等自然科学教育。齐国的稷下学宫则是官学与私学的完美结合。虽然是田齐政权官办,但稷下学宫却在思想倾向上容纳百家,在思想、学术、教学、学习方面表现出了跨越门派、政治意见的高度自由,社会独立学者荀况担任学宫祭酒,使得学宫表现出开放、包容的私学性质。稷下学宫除了专注人才培养、学术研究之外,还展现出社会开放的积极姿态,"齐稷下先生喜议政事"(刘向《新序》),使之俨然成为一个咨政议政机构,国政干预色彩浓厚。就官学的突破性和办学的开放性来看,私学的出现是"我国教育制度上一次历史性的大变革"①。

秦汉废私学,汉武帝设立太学,国家完全掌握着高等教育最高学府的控制权,授课内容是儒家经学(《五经》),教学上以"大都授"的集体上课形式为主。东汉的鸿都门学、宫邸学具有很强的宫廷学校的性质,授课对象主要是皇室贵族子弟和拥护皇帝的知识分子,教学内容上有一定的开放性,在经学之外重视尺牍、辞赋的学习。地方官学和董仲舒、王充、郑玄等大师级私学基本沿用太学的做法。魏晋私学设置的范围延伸到了酒泉等边陲,授业内容涉及医药、弓弩、卜算、天文、机械等,表现出不同于官学的多元化和开放化。隋唐崇儒的文教政策得以恢复,隋文帝以来设置的科举制度的开放性显而易见:一方面不设考生年龄、地域、出身限制,是"一种开放性考试",扩大了民间人才招揽的范围;另一方面"将参政权向大多数人开放"②,使下层贫寒子弟也获得了公平的晋升机会。但从宏观来看,科举考试高度统一了全国知识分子的学习内容、评价方式、教育进路,进一步将高等教育控制权收归中央,使高等教育进一步封闭。政府更加鼓励私学发展,以扩大施行礼教的范围。公元627年,唐代国子学改称国子监,成为与太常寺平行的独立的教育机构,直接对皇帝负责,政府的教育控制权更加明显。当然,这个时期的开放性还是比较明显的。一是招生对象进一步平民化,例如唐代太常寺太医署、太仆寺兽医学、少府监工艺学等面向庶人、工匠教学,科举制度最大的意义也是给予了民间贫士通过教育突破阶层局限的机会。地方官学"有条件的开放"③,招生本地化鼓励了庶族子弟成为附读生。二是学科进一步开放。隋唐开设医科教育,唐代太医署的太医学校设立了医科、针科、按摩科、咒禁科、药科,实行分科分专业教学。三是教学内容进一步开放,唐代国子学、太学、四门学这些中央官学在学习《五经》之外,也开设了律学、算学、书学,广文馆还开设了杂文、时务策等学习内容。宋代发起了庆历兴学、熙宁兴学、崇宁兴学三次复兴文

---

① 孙培青.中国教育史[M].3版.上海:华东师范大学出版社,2009:28.
② 刘海峰,史静寰.高等教育史[M].北京:高等教育出版社,2010:50,40.
③ 同①169.

教运动，国子学、太学、辟雍等高等教育机构官位等级意识强，中央、地方官学规模较大。元代国子学、蒙古国子学、回回国子学除汉族以外，更面向蒙古人、色目人等民族子弟，除经学外开始学习蒙古文《通鉴节要》，专门开设了亦思替非文字（即波斯文字）的专门学校，开始培养本民族人才。

宋元时代，始于唐朝的书院成为高等教育开放办学的教育组织，以学术领袖为代表的私人讲学得到进一步强化，对流派学者展开开放式交流的教学方式开阔了学生的学术眼界，促进了学术繁荣。但宋代随着"以学舍入官"现象的出现，书院改为官办或地方官学，成为准备科举考试的场所，"书院逐渐被纳入官学体系"[①]。元代对书院的控制和官学化更加明显，开始任命书院教师，控制书院招生、考试及生徒去向，通过设置书院学田掌握了书院的经济命脉，从而取得了书院的控制权。明清书院同样以理学讲经、八股文制艺、经史辞章为主要教学内容，也涉及了水学、火学、工学、象数等经世致用之学。科举考试确立了"三年一贡举"和殿试的定制，教育权进一步收归中央。明清科举考试钦定程朱理学为基本学习内容的学校教科书，删节《孟子》，实施思想专制。"童试—乡试—会试—殿试"的考试制度定型，八股文为固定考试文体，学校教育被纳入科举体系，"完全成为科举的附庸"[②]。公元1394年，朝廷将揭帖抗议的国子监监生赵麟处以极刑，在国子监立竿悬首示众，并设立国子监"绳愆厅"，震慑师生不得妄议朝政，大兴文字狱，制定了严禁"立盟结社""不许生员上书陈言"[③]等苛刻学规，实施文化专制。明代洪武五年（公元1372年），国子监推行"历事制"（拨历），规定监生学完六堂业后必须分拨到在京各政府部门实习吏事三个月、半年或一年，通过教育实习和考核，对监生分类分流。清朝还为清王室子弟、八旗子弟设立了宗学、觉罗学和八旗官学、景山官学、咸安宫官学等旗学。这个教育导向对活泼、多样的高等教育不啻当头一棒，唐朝的开放风气遭到遏制，高等教育的开放办学出现了严重倒退。在入学、教学、考核、奖惩等高等教育制度方面，自隋唐至清代变化并不大，我国高等教育具有绵延的沿袭特征和集权特征。

除此之外，教育经费在教育开放中也扮演着重要角色。例如，中国古代书院制度"相当的开放特征"[④]就表明，办学经费的多元化是高等教育开放办学的突破口。书院筹集经费的渠道，大致有个人和富有家族的提供、地方士绅捐资、官府拨给等。除此之外，书院的办学经费还通过多种渠道筹措。宋代乾兴元年（公元1022年）开始实行的学田制度，允许书院招徕佃农种植学田，收取租额，作为祭祀、教师薪俸及补助读书人士等的开支。学田制这一经费开放制度经历宋、元、明、清四代，解决了高等教育对于政府财政的高度依赖难题，有力地支持了学院实行开放的教育教学模式。书院也会把多余的银两放在钱

---

① 孙培青.中国教育史[M].3版.上海：华东师范大学出版社，2009：217-218.
② 同①277.
③ 乾隆官修.清朝文献通考·学校考七[M].杭州：浙江古籍出版社，1988.
④ 李伟明.古代书院开放特征的沉寂及其当代启示[J].前沿，2011(18)：192-194.

庄等金融机构获取息银,或者购买门面、店铺出租以获取租金。办学经费的相对自主,使书院免受政府的直接控制,能够在教学内容、教学方法、管理方式上保持较高的开放度,保持较为明显的独立、自治和非官方的开放。

二、近现代高校的开放办学机制

正如孙培青先生所言:"明末清初的'西学东渐',是一种缺乏自觉的被动输入。"[①]鸦片战争、太平天国的内忧外患迫使清代道光之后高等教育实行开放性改革。龚自珍、魏源从社会分工出发提出了相、史、将、士、民、工、商的多样态的人才结构形态,改变学用脱节的困局,倡导经世致用。主张"师夷长技以制夷"的魏源建议福建、广东的科举武试增设水师一科,使得借鉴西方经验的封建教育改革走向实践。第二次鸦片战争后,清政府不断丧失教育主权,主修基督教、外文、数学、天文、地理的教会学校迅速发展起来,高等教育在帝国主义坚船利炮、不平等条约的开道下被迫开放。

形势所迫,奕䜣等洋务派开始了高等教育主动开放的道路,兴办了大量新式学堂,培养一批翻译、外交、工程技术、水陆军事等专门人才。开设了京师同文馆、上海广方言馆、广州同文馆等7所外语学校,设立了福建船政学堂、天津武备学堂、江南水师学堂等军事学校14所,设立了福州电报学堂、天津电报学堂、湖北矿务局工程学堂等7所技术实业学堂。京师同文馆延请50多名外籍教师负责外语、天文、化学、格致、医学、万国公法等课程的教学,先后聘任美国基督教长老会传教士丁韪良、英国人欧礼斐为首任总教习。福建船政学堂的前学堂在英文之外,还学习法国航行理论、解析几何、微积分、机械学等造船技术课程和船体建造、机器制造操作等实践课程,以及英国驾驶和轮机技术。1868年设立的"绘事院"配备有150匹马力的轮机,用于轮机结构分析课程。同年设立的"艺圃""实开我国近代职工在职教育的先声"[②],其招收对象则为船政局生产部门的青年工人,以半工半读的方式有计划地培养生产和技术骨干工人,学制3年。在面向社会招生的教学对象上、紧贴社会需求与近代技术革新且中西结合的教学内容上、理实一体的教学方式、中外结合的教师队伍上,洋务学堂的开放性达到了较高的水平。

在改良派、维新派的推动下,光绪皇帝颁布的《明定国是诏》宣示了教育的中西兼收意图:"以圣贤义理之学,植其根本,又须博采西学之切于时务者,实力讲求,以救空疏迂谬之弊。"教育思想上,王韬、郑观应等主张西学不应当停留在洋务运动的器物技术层面,更要深化学习层次,将西方的政教法度和"器艺学术"[③]一并作为学习内容和科举考试科目,主张学校教育向女子开放。教育实践上,万木草堂(康有为,广州)、湖南时务学堂(谭嗣同,长沙)中西兼修,推动了维新变法;北洋西学堂、南洋公学、经正女学等采用西方近

---

① 孙培青.中国教育史[M].3版.上海:华东师范大学出版社,2009:295.
② 同①318.
③ 璩鑫圭,童富勇.中国近代教育史资料汇编·教育思想[M].2版.上海:上海教育出版社,2007:49.

代学校体制,教授英文、算术、地理、体操等西学知识,构建了新式学堂的雏形。1905年,延续了1 300多年的以经学和八股文取士的科举制度被废除,以西学为核心的教育开放解除了一道枷锁。

1912年9月,中华民国首任教育总长蔡元培公布了民国教育方针——"注重道德教育,以实利教育、军国民教育辅之,更以美感教育完成其道德"[1],一改封建人才培养中忠君尊孔的倾向,表现出明显的社会的开放性、时代的开放性、世界的开放性。1912年公布的壬子学制,则是参考了邻国日本的学制体制,结合中国实际状况而形成的,体现了近代高等教育典型的效仿国外的教育输入姿态。蔡元培主持的北京大学定位研究高深学问,在学术上"循思想自由原则,取兼容并包主义",完全跳出了封建时代《五经》教育的封闭状态,展现了积极的开放姿态。在教育治理上首倡教授治校,建立了11个学科的教授会,在教授中选举评议员,评议员和校长组成最高的立法和权力机构评议会。评议会主管学科废立、章程制定、法令修订、教师学衔审核、办学经费预决算,这在一定程度上放开了高等教育的控制权。效仿美国的选科制,学生可以根据自己的兴趣和需要跨系、跨专业学习,教学机制上更加开放、灵活。北京大学"有力地促进了我国大学的开放性和平民化程度"[2],开始招收女生,实行旁听生制度,开办了不少平民学校和夜校,践行了现代大学服务社会的重要职能。1922年,蔡元培发表的《教育独立议》[3]一文,提倡高等教育要脱离政党、教会,实现教育经费独立、教育行政独立、教育学术和内容独立、教育脱离宗教而独立,看似是一种封闭行为,实则是对北洋政府挟制教育的反抗和对大学教育权的争夺,是将教育控制权从政府脱离的开放性教育探索。管理体制的民主化释放了北京大学的办学活力。

新文化运动时期进一步延续、发展了高等教育的民主化、开放化倾向。第一,教育对象上的开放。资产阶级知识分子批判传统的贵族主义等级教育,提倡使平民百姓享有平等的教育权利的"庶民教育"。早期共产主义者将平民教育发展成革命的工农教育,如毛泽东在湖南第一师范创办的工人夜校、邓中夏创办的长辛店劳动补习学校。第二,学习方法上采用开放式的工读主义。1919年北京高师工学会、王光圻的北京工读互助团把社会工作与学校读书结合起来,以实现工人和学生的自决、自由。李大钊号召知识青年到工农中去进行工读互助实验。1920—1922年,秉持学生中心思想的选科制、学分制相继在湖南第一师范学校、南京高等师范学校推行,学生可以在文、理、商三科中自由选择。第三,面向产业发展的开放。民族工业的发展产生了对技术工人的迫切需求,陈独秀、蔡元培等抨击传统教育脱离社会和生产实际,提倡实用主义和职业教育。黄炎培于1917年组织发起了中华职业教育社,并于次年在上海创办了中华职业学校。此后,职业教育

---

[1] 陈学恂.中国近代教育史教学参考资料:中册[M].北京:人民教育出版社,1987:178.
[2] 孙培青.中国教育史[M].3版.上海:华东师范大学出版社,2009:374.
[3] 高平叔.蔡元培教育论集[M].长沙:湖南教育出版社,1987:334-336.

迅速发展,1926年达到1 695所①。1921年湖南自修大学由毛泽东、何叔衡等创建,实行开放的董事会制度,采取专家治校和学员自治的形式,教学中以个人研究为主,是现代大学模式的一种探索。

1931年9月,国民政府公布的《三民主义教育实施原则》规定,高等教育"课程应视国家建设之需要为依归,以收为国储才之效",强调了高等教育的社会服务功能。黄炎培认为职业教育有三个要旨,即"为个人谋生之准备""为个人服务社会之准备""为世界、国家增进生产力之准备"②,其后提出的"大职业教育主义"思想,提倡通过职业教育与工商农等产业界、职业界的沟通来提高教育的社会适应能力,具有鲜明的开放办学倾向。

1921年,中国共产党甫一诞生就致力于教育的社会化开放,中共一大决定在工矿成立"劳工补习学校""劳动组织讲习所",1922年中国社会主义青年团第一次全国大会(简称"团一大")通过的《关于教育运动的决议案》把教育对象定位为社会青年、无产阶级青年、贫苦青年。邓中夏创办的长辛店劳动补习学校,刘少奇主办的沪西小沙渡劳动补习学校、安源路矿工人俱乐部,以及大批农民补习学校(1926年单湖南省就有乡农会6 867个,夜校6 000多个)发展起来,高等教育向职业教育、社会教育、革命教育发展,越来越走向社会化、普及化和民主化。中国共产党领导下的革命根据地的教育以工农成年补习教育、在职干部培训为主,倡导教育与生产劳动的紧密结合,二十世纪三四十年代设立的中共中央党校、陕北公学、鲁迅艺术文学院、延安大学、华北联合大学、中国人民抗日军事政治大学在教学方法上注重理论联系实际(学以致用),发扬民主精神,具有一定的开放精神,教育的政治色彩浓厚。

新中国的部分教育措施延续了这种社会开放,甚至把社会开放过度发展了。1964年11月,针对文科教育脱离实际的问题,国务院要求"文科院校附设工厂或者迁到农场,办成半工半读或者半农半读的学校,使文科师生通过生产劳动和阶级斗争逐步锻炼成为无产阶级的革命战士"③,接着,农理工医类院校也开始了半工半读试点。"文化大革命"中,高等教育处于停滞状态。根据1968年的"七·二一"指示,上海机床厂创办了厂办大学,1970年开始招收"工农兵学员",以解决技术工人缺乏的问题。1983年10月,邓小平为北京景山学校题词:"教育要面向现代化,面向世界,面向未来",指明了高等教育的社会开放、对外开放的发展方向,要求高等教育既要培养大批掌握现代科学技术的人才,促进人的现代化和国家的现代化,服务国家社会发展,还要扩大教育开放,勇于吸纳包括资本主义国家在内的优秀的文化成果,积极参与国际交流。

三、高等教育的海外开放

唐代"三教并行"的开放政策,促进了同东亚、南亚、西亚等20多个国家的文化教育

---

① 孙祖基.十年来中国之职业教育[J].教育与职业,1927(5):199-205.
② 黄炎培.黄炎培教育文选[M].上海:上海教育出版社,1985:59.
③ 中央教育科学研究所.中华人民共和国教育大事记(1949—1982)[M].北京:教育科学出版社,1984:367.

交流,边疆的高昌、吐蕃、渤海等少数民族政权也派遣学生入唐留学。根据史书的明确记载,朝鲜半岛的新罗、百济、高丽于唐太宗贞观年间开始派遣留学生进入唐朝的国子监习业。留学生大多是王族子弟和学业优秀的六头品官子弟,学习年限在 10 年左右,每 1~2 年由新罗遣唐使送来或接回新罗,10 年间在唐留学生达到一二百人。留学生的服装、粮食、住宿、书籍等费用由唐朝鸿胪寺供给,学习则由国子监负责。留学生学成后大多数回到本国,为国家发展服务,也有少部分通过科举考试在唐朝做官,如新罗宣慰副使、兖州都督府司马金云卿,诗人、幕府都统巡官崔致远。随着留学生教育的成果显现,新罗也仿照唐代的教育制度,特别是国子监官学制度,形成了自己的高等教育体系。新罗官学通过礼部管理教育机构,设置了经学科、算学科,并分设博士、助教,而且仿照唐朝附设了医学、律令学、天文学、通文学等专科学校,"大大缩短了与唐文化的差距"[1]。

日本朝廷自公元 607 年开始向隋唐派遣留学生和留学僧。据记载,公元 600—894 年,日本共向中国派出 4 次遣隋使、19 次遣唐使,第 9 次遣唐使的使船达到 4 艘,人员增至 500 人左右。南渊请安、高向玄理在中国留学 32 年,藤原刷雄留学 20 多年,吉备真备留学 18 年,大和长冈留学 18 年,这些长期留学中国的留学生往往系统学习经史、律法、算术、音韵、籀篆及各种技艺,回国后担任日本朝廷的重要职务,参与了日本学制改革、礼典修订、历史撰修,推动日本政治、经济、文化、教育改革,或成为著名学者、医生等专业人才。阿倍仲麻吕(晁衡)则参加唐朝科举考试,获得进士及第,做了唐朝官吏,并结交李白、王维等文化教育名流,为遣唐使提供向导、咨询,积极推动中日两国的文化教育交流。中国人也东渡日本进行教育交流。其中,公元 735 年护送使袁晋卿被日本朝廷任命为大学音博士,后升任大学头(大学寮首长,最高教职),还曾担任过接待外国使臣及佛寺僧尼等事务的玄蕃头。扬州大明寺住持鉴真和尚在日本建造戒坛院、唐招提寺,传授佛学戒律、医学、建筑、雕塑等知识,被日本人民誉为"文化之父""律宗之祖"。隋唐政府也以优待政策、积极的官方姿态支持教育交流,来访使节的饮食、住宿一律免费接待,公元 717 年唐玄宗亲命国子监"四门助教"赵玄默到遣唐使节住处传授经书。在隋唐学习的日本留学生回国后制定了《养老律令·学令》,建设日本官学大学寮,仿照唐朝建立起了日本的高等教育制度和机构[2]。

明清时期,琉球国于 1392—1579 年派遣留学生 23 批 80 余人,1688—1873 年派出留学生 9 批 49 人[3]。由于与俄罗斯的贸易往来需要,公元 1757 年(乾隆二十二年),清朝设立了俄罗斯文馆,从事俄文的学习、翻译工作。该学馆选拔八旗官学生 24 人入馆学习,并教习俄国留学生学习满汉语言文字,额设助教 2 人,满汉各 1 人。管理体制上,设立提

---

[1] 高明士.东亚教育圈形成史论[M].上海:上海古籍出版社,2003.
[2] 孙培青.中国教育史[M].3 版.上海:华东师范大学出版社,2009:184-187.
[3] 鲁宝元.琉球国第四批派遣留学生北京学习生活调查[M]//任继愈.国际汉学:第十一辑.郑州:大象出版社,2004.

调官1人,委派理藩院郎中或员外郎作为兼管1人。

　　古代教育开放推进了东亚国家及其他地区国家的教育发展进程。科举制度是产生国际影响的第一个重要教育遗产。4~6世纪,高丽、百济仿照东晋、南朝学制创设太学,然后建立博士制度,设立五经博士,后增设医学、易学、历法诸专业博士①。682年,新罗创立国学制度。1070年,越南创建国子监,1156年建孔子庙。科举制度的海外影响也极大,日本于8~10世纪仿照实行科举制,韩国(朝鲜)、越南也长期实行科举制度②。书院制度是第二个产生国际影响的重要教育遗产。书院在朝鲜是奉祀先贤先师的"祠"和教育子弟的"斋"的结合体③,大多仿照朱熹的白鹿洞书院的规制,以朱熹学说为主要教学内容。日本江户时代(1603—1868年)的书院模仿中国书院,施行祀孔典礼,按照朱熹《白鹿洞书院揭示》规训弟子,教学内容主要是朱子学派、阳明学派等汉学。《白鹿洞书院揭示》也成为日本官学、私学普遍用以规训生徒的规则④。海外华裔对书院制度的传播起到了显著的作用。1854年福建侨商陈金声在新加坡创办萃英书院。1886年美国旧金山华裔筹建了中西学堂,教授四书五经、《左传》等中国传统文化课程。通过华侨移民、国家教育制度移植,中国传统教育制度一度传播到了吕宋、爪哇、新加坡、吉隆坡等东南亚地区和更远的区域,东亚教育圈基本形成,其他教育圈也受到了中国的影响。

　　1847年,容闳、黄宽、黄胜在教会资助下赴美国留学,成为中国第一批留美学生。1872年,陈兰彬、容闳任留学监督正副委员,带领詹天佑等第一期30人在上海预备学校培训后赴美留学,并于1873、1874、1875年各委派留学生30名,共计120名留学生。虽然因守旧派在留学生管理上不满学生对于西方文化的接受,在几经"中体西用"争论后,1881年清廷做出了撤回留学生的决定,但仍然可以认为,这开启了中国留学生教育的伟大篇章。船政大臣沈葆桢多次建议福建船政学堂学生赴英美学习,直至1875年魏瀚、陈兆翱、陈季同、刘步蟾、林泰曾5人随同船政局正监督法国工程师日意格前往法国,其中魏瀚、陈兆翱直至1879年11月才回国。1876年李鸿章奏请卞长胜、王得胜等7人随德国军官李劢协赴德国学习军事知识。1877年李鸿章奏请福建船政学堂学生留欧获批,带队监督为李凤苞、日意格,赴法国学习造船技术的是郑清濂、罗臻禄等前学堂学生12人,裴国安等艺徒4人,赴英国、西班牙学习驾驶技术的是刘步蟾、林泰曾、严宗光等12人,加上此前未归学生共计35人为第一届留欧生。1881年陈伯璋、黄庭等8名前学堂学生,李鼎新、李兆艺等10名后学堂学生从香港赴英法德学习营造、枪炮、火药、轮机、驾驶等知识,为第二届留欧生。1886年选取福建船政前学堂学生14名、后学堂学生10名、北洋水师学堂10名共计34名赴欧学习制造、驾驶技术,为第三届留欧生。洋务派发起的留

---

① 高明士.东亚教育圈形成史论[M].上海:上海古籍出版社:164-171.
② 刘海峰.中国对日、韩、越三国科举的影响[J].学术月刊,2006,38(12):136-142.
③ 朱汉民,李弘祺.中国书院[M].长沙:湖南教育出版社,1997:310.
④ 刘海峰,史静寰.高等教育史[M].北京:高等教育出版社,2010:91.

学教育"是中国教育走向世界过程中最名副其实的一步""对中国教育近代化的推进之功不可磨灭"①，留美、留欧学生不仅成为中国近代科技、交通、制造、外交、实业、教育，尤其是海军发展事业的中坚力量，而且主动面向世界教育高地打开胸怀，吸纳先进科技和教育理念，革新封建教育模式，在我国高等教育开放办学史上写下辉煌的一页。

甲午海战引起了国内知识分子对于日本崛起历程的反思，1903年清廷颁布了《约束鼓励游学毕业生章程》，给予留学毕业生相应的科名奖励，推动了留日高潮的形成。1901年留日学生约280人，1904年约3 000名，1906年则达到了8 000名。1909年，美国对《辛丑条约》中所得的一部分庚子赔款以"先赔后退"的方式退还给中国，要求以此庚款发展留美教育。为此，中国在华盛顿和北京分别设立了"留美学生监督处""游美学务处"，负责留美学生的考选派遣和管理事务。1909—1911年分别派出留学生47名、70名、63名，之后留美学生不断增加。1911年筹建了留美学生预备学校清华学堂，其西学教师来自美国，课程设置、教学方法、教材选用、学生日常生活规程仿效美国，教科书及日常上课、会议、演讲等皆用英文，是较早的纯粹由外国兴办的高等教育机构。

从基督教传教事业发展起来的教会学校在20世纪初迅速发展起来，到1926年全国已有基督教在校学生30万人，其中大学16所；天主教、神学学生50万人，其中大学3所，二者在校学生总人数达到了惊人的80万人②。著名的教会大学有燕京大学（1919年）、圣约翰大学（1879年）、金陵大学（1888年）、华中大学（1871年），学校内部管理由外国教会控制，实行西式教育、外语教学，拓展了物理、化学、医学、生物、农学、林学等新兴学科，教学方法实行更加开放的实验法、讨论法、研究法，"是中国新教育的先驱"③。但教会大学的文化侵略、文化殖民本质是不能改变的。为此，余家菊于1923年9月在《少年中国》月刊上撰文《教会教育问题》称"教会在中国取得了传教权与教育权，实为中国历史上之千古痛心事"，提出了"收回教育权"的主张。1924年6月，收回教育权运动从广州迅速蔓延至全国。广大学者纷纷站起来发表自己的鲜明立场，1924年7月，中华教育改进社会议（南京）讨论外国人在华设立学校和收回教育权的问题。10月，全国教育会联合会年会（开封）通过了《教育实行与宗教分离》《取缔外人在国内办理教育事业》议案。全国各地的学生掀起了反教会教育的游行示威高潮，教会学校学生纷纷退学。迫于压力，1925年11月，北洋政府颁布《外人捐资设立学校请求认可办法》，反对校内常常传布宗教和宗教科目学习，对董事会、副校长中的中国人比例作了明确规定。我们可以看到，教会学校的繁荣是半殖民地半封建社会里中国教育主权丧失的结果。这些国内学校由教会出资、办学，不向中国政府备案注册，排斥中文和中国文化教育，主要办学目的是"坚心竭力谋导

---

① 孙培青.中国教育史[M].3版.上海：华东师范大学出版社，2009：324.
② 顾长声.传教士与近代中国[M].上海：上海人民出版社，1981：336.
③ 董宝良.中国近现代高等教育史[M].武汉：华中科技大学出版社，2007：108.

学生信奉基督为大主宰"①,教育控制权完全旁落。"收回教育权"运动不是中国高等教育海外开放的倒退,而是维护正当教育主权的举措。高等教育开放办学是以拥有教育主权为前提的,是基于自身发展需要的主动开放,而不是迫于外在压力的被动开放。

新中国成立后,1952年中国高等教育开始移植苏联教育模式。中国人民大学、哈尔滨工业大学聘请了大批苏联专家,按照他们的指导设置内部机构,建立学校规章制度,设置专业和教学计划,编写教材讲义和建立实验室,全面按照苏联经验开展教学科研工作。至1954年,新中国的各类大学、学院都聘请了苏联专家,有的专家担任教育部顾问,直接参与了新中国成立初期的学制改革、院系调整等。并且,凯洛夫、马卡连柯、加里宁等教育家的教育理论被引入,1952年建立了留苏预备制度,开始成批地向苏联派遣留学生,至1959年共7 891人,占当时留学生总数的91%②。到20世纪末,我国高等教育国际合作和交流的规模和质量不断提升,已经与154个国家和地区建立了教育交流合作关系,向103个国家和地区派遣留学生近30万人,接受了来自152个国家和地区的留学生25万多人③。

就开放办学的机制创新议题,透过对中国高等教育史的梳理,我们可以得出一些基本结论。

第一,书院、私学在我国高等教育开放过程中起到了关键作用。私学的办学形式、教师选聘、经费筹集、课程内容保持办学主体高度的自治权和适当的开放性,是封建教育中与官学并列的教育类型。教学上已经使用书信往来函授、短期游学、多教师共同授业等多种形式,始业与结业制度灵活,学制根据学习者的学习情况和教师的评估灵活改变,教师的来源多样而开放。开放、松散而有活力的教育形态,使人才培养、文化传承呈现丰富、多元和积极的状态。

第二,国家力量是高等教育开放办学的主要推动力。在封建教育集权的前提下,开放性的教育举措更多的是适应国家发展需要的被动性开放。选拔出来参与社会治理的中央和地方官吏,要能够分析社会发展中的问题,运用政府法律条款解决社会民事纠纷、判断刑事案件,要对现实问题进行理性深入分析、汇报,提出建设性的解决措施。正是基于这些现实需要,科举取士的学习内容在儒家经典外,增加了尺牍、时务策、律学等内容。而私学已经成为官学的有益补充,所以"政府对私学的管理相当放松,只要是不触犯禁令,就听任私学自由发展"④。书院等私学大大扩展了地方官学之外的施教范围和受众人群,提供了更为灵活、丰富的教育形式,有效地解决了中央和地方财政的教育投入不足的问题。白鹿洞书院、岳麓书院、应天府书院、嵩阳书院等均获得朝廷赐匾额、书籍、学田等褒奖认可,而且大致保持了中央教育政策的协同性,政府是乐见其成的。

---

① 李楚材.帝国主义侵华教育史资料:教会教育[M].北京:教育科学出版社,1987:137.
② 董宝良.中国近现代高等教育史[M].武汉:华中科技大学出版社,2007:284.
③ 陈至立.千秋基业壮丽诗篇:共和国教育50年[J].教育研究,1999,20(9):3-15.
④ 孙培青.中国教育史[M].3版.上海:华东师范大学出版社,2009:169.

第二节　从西方教育史看教育开放的驱动机制

大学的主动开放，在西方近代教育史中并不明显。1859年，伦敦大学在高度自治之下，将招生对象扩展到了英国的海外殖民地，在毛里求斯举行了第一次海外学位考试，这是教育史可查的资料中欧洲高等教育较早开展对外开放办学的案例。俄罗斯彼得一世也是西方高等教育对外开放的较早支持者。1697年，他派出庞大使团向德国、法国、英国等学习先进技术、制度和文化，从西方聘请了大批专家到俄罗斯，并支持俄罗斯学生到西方大学、工厂学习，俄罗斯规则的海外传统形成。1724年，俄罗斯借鉴德国、法国大学办学经验，建立了圣彼得堡科学院。这些教育实践表明，近代大学已经具备了开放办学的朦胧意识，但国家意志在推动大学开放中起到决定作用，大学还没有谋取教育与社会的一体化发展，教育要素的开放力度不足，没有建立起开放的教育关系。大学真正主动地开放办学要从19世纪中期以后考察。

一、西方教育开放的历史模式考察

（一）社会开放

摆脱了母国统治的美国迅速走出了对于英国、德国等欧陆古典高等教育的模仿，开始了"扎根美国"的高等教育开放模式探索。1862年通过的《莫里尔法案》以赠送土地的方式支持开办农工学院，鼓励大学对农民、工人等劳动阶级进行农业、机械、矿业、军工等实用技艺的教育，"把有用的知识传播到农场、企业和家庭中去"，更有效地为所在州的经济建设服务。赠地学院旗帜鲜明地将社会服务列为大学的三大职能之一，根据各州的地理、经济条件和技术人才需求办学，科学研究紧密结合当地的工农业生产，注重理论联系实践，组织学生到农场参观、参加生产，为农民工人解决生产中的问题。威斯康星大学、康奈尔大学、加利福尼亚大学等赠地学院学费低廉，招生对象广泛而开放，除了招收当地农民、工人之外，也招收遭受种族隔离的黑人，甚至也面向社会招生开展函授、成人教育。

威斯康星大学第10任校长查尔斯·范海斯是大学社会化开放的最重要的倡导者。19世纪末，威斯康星州的产业发展正从小麦种植业向以奶制品为中心的种植、养殖、加工的综合经济发展，大学的培训与服务项目、教学课程、科研项目都围绕着这一产业而进行，巴布科克（Babcock）教授运用牛奶乳脂化技术为牧场主们研制出了脱脂器。大学成立了"知识推广部"，发行通俗的农场主读物，举办巡回的园艺讲习班，开办了流动图书馆，把有用的知识送到农场、企业和家庭。该校设立了函授、学术讲座、辩论与公共研讨、提供一般信息和福利四个知识服务项目。据1912年的统计，该校共开办了57个社会函授班，接受了5 000名函授生，98名教授和讲师定期到社会函授班讲课和答疑；举办了约500场讲座，并将约8万篇文章寄送到全州各地；大学为市政府提供咨询的常设机构，回答了来自城乡各地近 1 500 个问题。威斯康星大学的 46 名教授直接参与州议会的法律起草工作,为政府决策提供咨询意见或到农场、车间提供技术支持。向社区居民、企业提供技术咨询,对失业工人进行再培训,开设了丰富的地方性课程供居民学习,还开放了大学的公共设施,面向当地居民举办戏剧、舞蹈、篮球、足球、艺术展览等活动,设立面向社会的非营利性电台、电视台。威斯康星大学把为全州服务和帮助把知识传递给广大人民作为自己的宗旨[①],和产业部门共同成立了"大学-产业关系办公室"(University-Industry Relationship,UIR),为产业提供新技术研究与市场化开发,并为企业匹配合适的专家、实验室和设备。威斯康星思想提供了大学社会化开放的模板,一直到今天,美国大学都仍然是沿着这样一条道路不断拓展、深化下去的。波士顿 128 号公路高技术园区、斯坦福—硅谷便是实例。美国研究型大学也开始走向开放。1900 年 14 所著名研究型大学成立了美国大学协会(Association of American Universities,AAU),除了设立永久性的论坛和两年一次的例会来讨论大学发展中的问题,以及结成一体化发展联盟之外,还试图主动影响国家公共教育政策的制定和实施,赠地学院的社会服务使命在研究型大学中也得到了难得的延伸和继承。

英国牛津、剑桥大学加强了与社会工商企业的联系,同企业进行科研合作,通过改革课程,努力为企业培养适用的人才,同时,也"从工商业界获得更多经费支持"[②]。城市大学不断壮大,其办学理念、学科结构、人才培养模式都以服务当地工商业发展为宗旨,及时回应工商业发展过程中的技术需求和人才需求,具有相当的灵活性。正如英国大学校长委员会报告所说,"为国家和企业提供政策建议,并贯彻实施这些政策"[③],已经成为现代英国大学的共识。

不独英美,众多国家都在推动高等教育的社会化开放。19 世纪 60 年代,俄罗斯新自由主义盛行,大学教授组建的各种学术团体试图"把大学的影响力扩展到社会,对俄罗斯市民社会的形成和政治运动的发展产生了很大影响"[④]。1987 年通过的《苏联高等和中等专业教育改革的基本方针》中第一条就是:"改革的方针和基本动力是实现教育生产和科学一体"[⑤]。1960 年 12 月,日本池田内阁制定的"国民收入倍增计划"确立了产学合作体制,把产学合作作为人的能力培养和科技振兴的重要渠道[⑥]。

显然,现代高等教育的主题是大学的社会化开放。在这个开放过程中,大学一改萎弱、被动的存在状态,重新确认了自我的存在价值,办学的主体性、主动性、积极性都得到了焕发。

---

① 康健."威斯康星思想"与高等教育的社会职能[J].高等教育学报,1989(4):36-37.
② 刘海峰,史静寰.高等教育史[M].北京:高等教育出版社,2010:456.
③ Committee of Vice-Chancellors and Principals:A Note on University Policy and Finance in the Decennium 1947:56.
④ 同②420.
⑤ 杨德广,王一鸣.世界教育兴邦与教育改革[M].上海:同济大学出版社,1990:16.
⑥ 梁忠义.日本教育发展战略[M].长春:吉林教育出版社,1993:336-339.

(二) 大学治理权的开放

美国于 1973 年设立了克拉克·克尔领导的卡内基高等教育委员会,进一步开放了高等教育的评价权。本机构对美国高等教育机构的多样性进行描述和比较性研究,制定测量标准,评估大学、私人教育、中等职业教育的特性和教育效能,以及教育经费筹措、课程设置的科学性、本科教育的冲突、教学质量、学生受益情况、对于本州公众的教育贡献、解决社会问题的能力等。其他大学间第三方机构在美国高等教育改革中也掌握着重要的评价权,卡内基教学促进基金会发表的《学院——美国本科生教育的经验》(1986 年)、"研究型大学本科教学全国委员会"(博耶委员会)发表的《重建本科教育:美国研究型大学发展蓝图》(1998 年)等系统提出了本科教学的改进措施,对大学教学和办学成效进行"绩效指标"的测评,发起了"问责制"和"绩效评估"的教育运动。教育教学质量走向第三方评价,是美国教育开放的重要举措。

英国 20 世纪 80 年代发布的《雷弗休姆报告》(1983 年)、《高等教育:迎接新的挑战》(1987 年)等教育改革文件,要求推行大学内部管理体制的民主化改革,减少政府对大学的干预,通过全国性咨询机构和政策研究机构来评估大学的教学和科研绩效。1988 年颁布的《教育改革法》则赋予了多科技术学院独立法人地位,使其不再受地方政府管理。撒切尔夫人上台后,大幅削减教育经费,废除大学教师终身制,把大学推向市场,要求大学通过为社会、企业服务而获得办学经费,为推进办学经费多元化和控制权多元化打开了空间。把高等教育的评价权交给非官方的评估机构,它们对大学的教学和科研质量进行评估,评估结果是政府拨款的重要依据。而评估委员会既包括大学基金委员会人员,也包括学术界教授、专业人士、产业界人士,教育评价主体的分散化带来了大学多元治理的可能性。

1968 年的德国,推动高等教育管理由"教授治校"转变为教授和师生员工 4 个方面主体共同治理的"集体治校"①。1976 年德国颁布的《高等教育总法》确认了大学最高权力机构是校务委员会,由教授和师生员工 4 个方面的代表组成,职能是选举校长、副校长和负责学校宏观决策,师生员工在其他决策机构同样享有合理的参与权。此法确定了起决策职能的理事会、起立法职能的评议会、起行政职能的校长办公会的治理结构,其成员都包含了校外人员。因为大学是社会公益机构,需要校外人员的监督与审查,也需要校外人员充当大学与社会的联系中介,以更好地促进大学与社会需求的契合。1968 年法国的"五月风暴"引起了反抗旧式高等教育体制的全国性学潮,同年,法国政府颁布的《高等教育方向指导法》就确认了多组织、多主体参与高校治理的合法性,即学生、教职员工及相关社会人士可以以一定的方式参与高校管理。1984 年密特朗政府的《高等教育法案》也把"民主化"视为高等教育发展的目标。

---

① 许庆豫,葛学敏.国别高等教育制度研究[M].徐州:中国矿业大学出版社,2004:104.

(三) 教学模式与招生对象的开放

"学术界、工业界、政府三位一体是今日科学的组织形式"[①]，美国大学走出了封闭的象牙塔，跨过了社会组织之间的界限，形成了三位一体的"开放式办学形式"[②]。20 世纪初，美国首创两年制社区学院，学习期限缩短，学习方式灵活，学生能够获得副学士学位。它"为美国高校普及化、开放化做出了重要贡献"[③]，主要提供职业技术教育、成人教育、转学教育，开设课程与中小城镇的社区需求更加接近。20 世纪 60 年代后，社区学院全面实行开放式招生，打破了学生年龄、资格等各方面的限制，面向社区的普通居民、下岗工人，非全日制学生的人数越来越多，函授、夜校、远程教学等开放式教学模式成为连接继续教育、终身教育、成人教育的重要教育类型。

现代英国的古典大学也转变为人文、科学并举的现代大学，扩展了生物学、化学、物理学、动物学、医学、农学、经济学等新兴学科，增设了采矿等工程技术学科，并且开始招收女生入学。法国各大学都增设了实用的新型技术类学科，自 1920 年以来设立了一批应用科学技术学院，为企业培养熟练的技术工人。德国向来重视职业技术教育，继续扩大对农民、工人子女的招生，1870 年高等技术学院在校人数达到 5 万人，有力地支持了德国的工业扩张。

二战后，英国大学在开放办学的道路上做出了很多有益探索。在招生方面，放宽高校招生条件，进一步提高成人、女性、少数民族和贫困家庭子女的入学比例，1999 年毛入学率达到了 55%。1971 年成立了首所开放大学，以函授、广播电视等方式提供远程教育，教育类型进一步丰富。法国《巴鲁法》(1997 年) 对学生的学习模式进行了开放化的设计，允许第一学期结束后学生重新选择专业，增加了专业教育阶段到企业实习的"职业实习组"。

(四) 有意识的国际化开放

建立在欧洲煤钢联营、欧洲原子能联营和欧洲经济共同体基础上的欧共体(1993 年后为欧洲联盟)在欧洲统一思想下，在经济一体化、政治一体化之外也在谋求教育领域的区域整合。自 20 世纪 50 年代以来，欧洲地区国家间签订了一系列关于教育资格等值或认可的公约，主要有：《欧洲大学入学文凭等值公约》(1953 年)、《欧洲大学学习期限等值公约》(1956 年)、《欧洲大学学业资格认可公约》(1959 年)、《关于欧洲大学入学文凭等值公约的议定书》(1964 年)、《地中海沿岸阿拉伯国家和欧洲国家间关于高等教育学习、文凭和学位认可的国际公约》(1976 年)、《欧洲地区国家高等教育学习、文凭和学位认可公

---

① 詹姆斯·W. 鲍特金，等. 全球竞争及对策：美国高技术的未来[M]. 李进，黄北雁，等译. 北京：电子工业出版社，1987：156.
② 刘海峰，史静寰. 高等教育史[M]. 北京：高等教育出版社，2010：436.
③ 同②439.

约》(1979年)、《欧洲大学学习期限一般等值公约》(1990年),以实现欧洲地区高等教育资格等值为宗旨,试图建立欧盟成员国之间高等教育资格的共通性,进而促进欧盟各国教师、学生之间的跨国流动和国家间的教育交流合作,建立欧盟高等教育一体化。1976年,公约还试图建立欧洲与地中海沿岸阿拉伯国家之间的资格认可,较早地显示了国际化开放的决心。1997年4月,欧洲理事会与联合国教科文组织签订了著名的《欧洲地区高等教育资格承认公约》(即《里斯本公约》)。该公约对其他公约进行了兼收并蓄的更新,包括欧盟成员国内部学生入学资格、学习期限、高等教育资格、难民或类似人员的教育资格的认可方法,资格评估的方法、机构、义务和保障,资格认可的流程、办理办法,对教育资格持有人的非歧视原则,"欧洲国家信息中心网"等公约授权与执行机制等。另外,该公约还是一个"内向型的开放公约"[1],欢迎世界其他地区的国家在一定条件下加入公约,显示出公约的开放性和建立更大范围内的开放式高等教育资格等值区的意图。为了打通高等教育机制壁垒,响应高等教育等值或认可公约,欧盟成员国也制定或重新修订了国内的高等教育法案。其中,法国的《巴鲁法》(1997年)虽然因为政党斗争而没能很好地执行,却在学习计划中专设了到欧盟其他国家学习的"欧洲大学学期",用以培养青年的欧洲意识,提出了国家教育开放与欧洲教育一体化的思路。

1998年英德法意四国在巴黎签署了《索邦宣言》,指出高等教育在形成欧洲共同文化意识和商业、经济和金融市场发展中起着关键的支撑作用。宣言建议各国建立相同的高等教育三级学位体制(学士、硕士、博士),清除学位和学历相互承认的障碍。宣言认为,促进教师和学生的流动和就业能力及欧洲整体发展的关键途径就是建立"和谐整合欧洲高等教育体系框架",创建理念与体制较为统一的"欧洲高等教育共同区"。1999年欧洲29国教育部部长签署的《博洛尼亚宣言》,致力于推进欧洲高校拥有和谐一致的学制、学位、学分体系、质量保证体系、资格认证和高校合作体系,启动在2010年建成统一的欧洲高等教育体系的"博洛尼亚进程"。宣言特别提出了统一的学分制度,也就是欧洲学分互认体系(European Credit Transfer and Accumulation System,ECTS),扫除了学生跨国课程学习、跨国流动中学分积累与认证的机制难题。在全球化语境下,2006年,博洛尼亚进程覆盖了欧洲45个国家队5 600所大学和2 900万学生,多元化、共通性与可比较性兼具的高等教育区域融合和国际开放是比较成功的。

二、从教育史看开放办学的驱动机制

今天,高校开放办学的机制创新,离不开对于历史经验的镜鉴。考察开放办学史,我们会发现,许多外部的显性或隐性机制改变了高等教育的运行轨迹,打开了高校的外部面向,改变了高校原有的结构关系和组织方式。

---

[1] 胡焰初.《欧洲地区高等教育相关资格认可公约》述评[J].武汉大学学报(哲学社会科学版),2007,60(1):129-134.

(一) 利益驱动机制

一切生物和集团都存在着基于自身欲求的某种期待有所得的愿望,既有为了自身生存发展和更优裕生活的物质需求,也有获得发展空间、尊重、权利、权力的精神需求。在社会关系中,基于效益、分配、激励的利益机制以强大的牵动力,赋予了包括大学在内的各类社会组织以生生不息、永远前进、生动活泼、相互依赖而又相互斗争不止的状态。同样,在高等教育史上,利益机制构成了大学开放办学的不竭动力。

第一,与利益机制相关的首先是国家利益或统治阶级的利益。

"满足谁的利益诉求"是高等教育的根本方向问题。在高等教育史上,驱动各国政府、政权不断投入高等教育,制定各类高等教育管理政策制度,乃至直接创办大学、任命校长、派驻官员,其无穷动力就来自维护本政权所代表阶级的利益,努力使本阶级、阶层的利益最大化。相对而言,古希腊柏拉图的阿加德米学园、亚里士多德的吕克昂学园、中世纪查理曼大帝的宫廷学校及博洛尼亚大学、巴黎大学等主要的使命是传承人类优良的文化传统,进行知识生产和科学、学术训练,造就学术精英,保持了古典大学在文化方面的相对纯粹性。而中世纪罗马教会开办教会学校,传播基督教、诵读圣经、宣扬教义的主要目的则在于培养神职人员,谋求基督教和罗马教会在民众思想体系中的统治地位,维护神学、教会的权威和对于大众的宗教控制。拿破仑时期的法国学院、19世纪初期的美国西点军事专业学院等,都在于满足新生国家战时战备时期相关行业的生产制造需要,帮助新政权提升军事装备能力,为新政权消灭反对派、巩固统治服务。至于10~12世纪,意大利、英国、法国、德国城市手工业、商业崛起的行会建立起来的职业技术学校,主要的驱动力也在于培养更多掌握熟练技术工艺的艺徒,生产更多的产品,使本阶层在城市贸易中获取更多的利润。近代英国城市大学、法国高等专科学校、美国专门技术学校等,是为了满足城市资产阶级等创办者所属行业发展的需要,是为了赚取更高额的工业利润,扩大资产阶级的社会统治地位。

第二,与利益机制相关的是办学经费的分配。

从教育史看,谁支付高等教育经费,往往就具有高等教育的控制权。经费配置将为高等教育开放办学提供明确的导向。二战后,美国联邦政府对研究型大学的科研资助持续增长。截至2017年,美国联邦政府资助的大学在内的研发中心42个。联邦政府投入196.68亿美元,占总投入的98.2%[1],用以支持科学和工程领域的基础性科学研究,对博士研究生、优秀教授等高层次人才进行经费倾斜。项目式科研管理采取了大学、政府、企业、市场的多元经费配置,为科学研究提供了多方面的资助经费。美国之所以迅速实现了高等教育大众化,是因为州和地方政府对社区学院给予了充足的经费保障,其中大多

---

[1] 李霞,董易,梁月. 美国依托大学建设的世界级实验室管理运行机制研究:以国家实验室为例[J]. 实验技术与管理,2020,37(7):278-284.

为公立，学费低廉，允许所有愿意学习的美国人进入社区学院学习。1980年，社区学院已经发展到1 230所，在校生占全美大学生总数的36%。这些措施帮助美国建立起了开放导向的高等教育体系和学术体系，也帮助美国快速占据了世界教育和科技制高点。

办学经费的多元化是推动高等教育多元治理的有益处方。1919—1945年，英国改变了全额拨款的高等教育投入方式，政府拨款只占大学总收入的三分之一，鼓励大学自筹经费。这不仅防止了大学对政府的过度依赖，也让办学经费存在多元化的可能性，进而也就让大学存在着通过经费多元化而实现社会化开放的可能性。二战以来，欧美鼓励大学为企业提供技术咨询和共同的技术研发、产品的市场推广，推进教育与产业之间的融合，大学因此获得了政府之外的企业、社会团体资助以及利润分成等社会化办学经费，社会化开放进入到全面深化阶段。

第三，与利益驱动机制相关的还有高等教育的市场化开放。

20世纪70年代以来，欧美兴起的高等教育市场化是世界范围内的教育改革潮流。1997年，经济合作与发展组织（Organization for Economic Co-operation and Development，OECD）对高等教育市场化下的定义是："把市场机制引入高等教育中，使高等教育运营至少具有如下一个显著的市场特征：竞争、选择、价格、分散决策、金钱刺激等。它排除绝对的传统公有化和绝对的私有化。"[①]所谓的"金钱刺激"，就是在大学与其他组织进行外部合作时着眼于共同的利益和发展前景，进行合理的收益分割；在内部的管理中，以更优厚的薪酬、更具有激励性和差异性的分配办法引起同行之间的竞争，激发教师更为热烈的教学科研热情、动力。以利益联结、利益驱动为原则的高等教育的社会开放在20世纪后半期被广泛采纳，使高等教育衍生出教育供给与需求、知识消费者（学生）、知识零售商等开放性的新概念，以及依据市场法则和经济规律运行的新组织形式、开放的治理结构、多元的教育控制主体。更重要的是，大学和教育外组织改变了过去松散的联系，使得每一个组织都成为高等教育的利益相关者，因共同的利益诉求而结成了密不可分的利益共同体。

（二）行政权力及其法制机制

从历史上看，欧美国家从未停止过对高等教育发展的主动管控，从未放弃过高等教育的控制权。由于大学掌握的可调配资源、拥有的教育权力有限，所以其整体的社会影响力有限，在整个社会系统中还显得弱小。社会组织不是高等教育的直接利益相关者，主动介入、参与高等教育发展的热情还不高，不能很好地配合大学的开放办学工作。完全依靠大学自身去开展开放办学战略，难以迫使大学走出自身的"舒适圈"，也超出了大学的"能力圈"，开放办学难以达到预期效果。作为一种社会公共事业，高等教育负有培育高级专门人才、职业人才的职能，是国民教育序列中的高层次阶段，是关系到国民素质

---

① 李盛兵. 高等教育市场化：欧洲观点[J]. 高等教育研究，2000，21(4)：108-111.

提升、社会发展建设的大事。各国因而都从国家发展需要出发,运用行政权干预高等教育的发展,包括开放办学。

政府是高等教育开放办学进程的主导者。虽然大学自治权不可或缺,但从高等教育史看,政府主导了高等教育的发展,基本上每一次大的教育变革都来自政府的教育干预。高等教育的阶级性特征是显而易见的,其国家化历程也是顺理成章的事情。凭借着国家力量,行政权力带有的相当的权威性、公信力和强制性,在高等教育开放办学中发挥着举足轻重的影响力。中世纪大学就从罗马法、教皇训谕、国王敕令、大学特许状中获得了诸多特权,为后来的大学自治和开放提供了组织制度保障。美国建国后,以国家力量推动了"西进运动",并于1862年颁布了《莫里尔法案》(Morrill Act),促进西部地区的农业技术教育,为各州培养农业技术人才。通过赠地运动,直接促成了美国高等教育走向社会服务的转型,促进了威斯康星思想的诞生。南北战争和二战后,美国社区学院、综合大学、研究型大学的多层结构高等教育体系的建立,使得高等教育入学率迅速攀升至51%,高等教育走向开放化、大众化,都得益于美国政府经济手段与法律手段的引导。

再向前追溯,行政权力对于高等教育摆脱教会控制,引导大学走向世俗化开放起到了重要作用。中世纪到17世纪,欧洲高等教育仍然陷入耶稣会及教皇的掌控中,"教会完全控制着贵族和中等阶级的教育。几乎所有的学校都掌握在教会团体中,其成员皆献身于为上帝和教会服务,并恪守共同的教规",在17、18世纪,耶稣会学院等宗教学校甚至成为法国教育的"绝对优势力量"[①]。1789年法国大革命爆发,新政权立刻宣称"彻底清除旧的学院,将它们完全废除,从最基础的东西重新开始,打造一套全新的教育体系,能够切合时代的需求"[②],对待高等教育表现出鲜明的开放性。这个教育体系是"世俗的、国家控制的、平等自由的和科学的"[③],传播数学、物理、化学等科学和制图技术,以满足炮兵、军工、路桥、民用建筑、开矿造船、地形测量等行政部门人才需要为目的,开办了一流的综合理工学校和高等师范学校,在教学内容的开放、教学方法的开放、招生对象的开放、办学目标的开放诸方面推出了众多举措,推动了欧洲高等教育的近代化。

(三) 科技革新机制

人类文明的发展,是科学技术不断进化、更替的过程。科技革新带动了新的人才需求,也带来了高等教育新的开放式发展。在高等教育开放史上,由于与个人、企业的利益紧密相关,科技革新表现出超常的驱动力,其所到之处往往能够迅速破除种种体制机制壁垒,无视宗教、王权的干涉,乃至自我衍生出了一种国家意识、宗教观念淡薄的价值观中性的实用技术类高等教育类型。也因此,在近代高等教育之前,这类高等教育较少受

---

① 博伊德,金.西方教育史[M].任宝祥,吴元训,译.北京:人民教育出版社,1985:252.
② 涂尔干.教育思想的演进:法国中等教育的形成与发展讲稿[M].李康,译.北京:商务印书馆,2016:429.
③ 刘海峰,史静寰.高等教育史[M].北京:高等教育出版社,2010:341.

到教会、王权的钳制，而其亲近产业、亲近普通民众的特点使得此类大学迅速发展。近现代以来，工业革命、科学进步对于经济社会发展的推动作用愈加明显，科学研究和技术应用型大学愈益得到国家的重视。

人类经历的三次工业革命，在高等教育领域产生了三大开放办学的推动力量。18世纪中后期，水力纺纱机、蒸汽机的发明带来了煤炭、钢铁、冶金等能源产业的发展，又进而带来了公路、铁路、汽船等交通运输技术和电报等通信技术的发展。一系列新产品新技术的出现，引发了相关产业的飞速发展和巨大的人才需求。人文主义传统浓厚的英国高等教育在伦敦大学开始招收中产阶级之后，更是产生了以培养大批技术工人、高层次技术人员为目标的城市学院，如欧文斯学院、马森学院、布里斯托尔学院等。大学表现出明显的社会化开放趋势，教学内容主要是适应当时产业发展的科学技术教学，开设实用性课程，排斥文学、经院哲学、神学、修辞学等传统学科；培养对象不再是官员、牧师和律师，而是面向城市平民、中产阶级子女招生，培养职业技术人才。这些工业家、商人捐建的城市大学"使英国高等教育开始适应社会、经济和地方发展的需要"[1]，为企业主供应了大量实用人才，为工业城市的繁荣做出了贡献。

同样的情况，在近代工业迅速扩展的美国、日本也出现了。19世纪初，建国不久的美国经济快速增长的同时，对技术人才的需要也十分迫切。1824年伦斯勒理工学院成立，主要面向本地的农民、技工的子女传授应用性的科学知识，后来又增设了市政工程、铁路技术等专业。在它们的影响下，传统大学也开始世俗化，神学院逐渐专业化为一个独立的学院，不再具有全校性的影响力。哈佛、耶鲁、马里兰、弗吉尼亚等大学发展出适应知识进步和社会职业需要的专业学院，如法学院、医学院。耶鲁大学的谢菲尔德理学院、哈佛大学的劳伦斯学院开始从事铁路建造技术专业的招生，理工教育、科技教育的地位逐渐上升。日本明治维新期间学习西方的技术教育，颁布了《学制令》(1872)、《专门学校令》(1903)，规定专门学校是教授高等的学术和技艺的。日本取消了武士制度，实行皇族、华族、士族、平民的"四民平等"，扩大招生范围，面向平民阶层开办了专门学校，包括1874年内务省的东京驹场农学校、东京山林学校，1876年北海道开拓厅的札幌农学校、大藏省的商业学校等[2]，推动日本成为亚洲第一个走上工业化道路的国家。

如果考察大学教学内容的开放，我们可以发现，近现代大学始终是向新技术、新科技开放的。即使固守古典大学传统的英国，在20世纪初也向化学、物理学、医学、农业、生物、动物学等新学科和采矿等工程技术学科敞开了大门，招生对象进一步向女性、工人阶级开放。高等教育的创办权向地方城市的工商业组织或个人开放，向当地工人教授现代技术、工业技术，服务当地工业发展。

---

[1] 刘海峰，史静寰. 高等教育史[M]. 北京：高等教育出版社，2010：391.
[2] 同[1]430.

综合上述阐述，有两点值得深思：其一，技术革新与职业教育的关系是一体的、直接的。产业发展、技术革新并不依靠中介力量推动职业教育，而是产业需要何种技术人才直接在职业学校中进行训练、培养，是一体化而不是分轨道发展的。职业教育的产生虽然也有国家力量的推动，但主要直接受命于技术革新和产业发展。一方面，技术革新和产业发展催生了职业教育，是职业教育赖以生存的母体，甚至可以用"宿主"来形容技术革新和产业发展对于职业教育的命运攸关的地位；另一方面，职业教育诞生以后又具有一定的独立性，是技术革新、产业发展的追随者、服务者，其服务属性与使命是天然的、无可辩驳的。考察二者关系时，任何分而治之的做法都是不恰当的，而应是将其作为一个整体去考察。其二，由于技术革新的要求，有产阶级和无产阶级产生了共同利益，在职业教育中实现了高度的一致。在工业革命中成长起来的企业主、制造商等资产阶级为了解决产业工人的短缺、促进经营利润的积累，通过捐资助学等方式主动开办高等职业技术学校。这既标示着高等教育新生控制力量的崛起，大学治理结构实现了新的开放，同时，又诞生了区别于宗教教育、精英教育之外的职业技术教育。资产阶级对教育国家化、宗教化进行了有力的对抗，支持建立大学董事会，努力保持大学自治，积极招收非宗教人士、穷苦的下层百姓的孩子入读大学，作为一股世俗力量、民间力量创造了宗教大学、国家大学之外的教育类型。工业革命又催生了新技术、新工艺的发展，推动了大学逐渐淡化语言、逻辑、宗教、法学等学科，开始主动回应行业发展的技术需求。随之，教学内容、学科设置走向开放，医科、土木工程、道路桥梁、铁道技术等新学科走进大学。工业革命还产生了无产阶级这一劳动阶层，他们是被教育者，缴纳学费，运用所学技术获得工作岗位。他们秉持教育公平、教育民主思想，希望高等教育的控制权向无产阶级开放。这应当是高等教育开放办学的一个新的阶段。

对教育史的考察使我们认识到，职业教育具有面向行业、面向社会开放的相当的自觉性，而高等教育的开放办学整体上需要外部机制的推动，大学自觉自发的开放是《莫里尔法案》之后的事情，但是仍然需要外界给予持续不断的推动力。就"中国教育现代化2035"的远期目标来说，实现高等教育的开放化、现代化必须注重教育机制的改革。

新常态下教育的社会开放

第三章　服务产业发展的协同互惠机制

教育并非天然与行业产业相关的,其工具性最初并没有被认识。在追求真理与精神操练的古希腊学园中,教育不负责为国家、行业培养人才,其娴雅宁静的精神气质、恪守真理的科学品格、超脱现实的课程内容,都使它远离实用主义教育价值观。古希腊学园因此保持了相当的思想自由、办学自主。从中世纪开始,教育的服务属性开始显现,突出表现在:国家和地方教会开始开办学校,为国家和地方培养神职人才;英国、法国、意大利等国出现了手工业者自发组成的行会,为了扩大生产规模、提高利润率而建立学校,培养专门的手工业劳动者。而1862年美国《莫里尔法案》的颁布,则大大地发展了教育——特别是高等教育、职业教育——的社会服务职能,着手为当地农场、牛奶生产企业解决技术难题。在威斯康星大学等,学校成立专门的社会服务部门,发放宣传手册,开展专题讲座,对当地农民和农场主开展科普教育;教授承担企业委托的科技项目,企业聘请教师作为生产的科技顾问。可以说,《莫里尔法案》之后的160年里,高等教育的发展主线就是社会服务。

第一节　高等教育与产业的相互依赖

今天,大学与行业产生了更加紧密的相互依赖关系。尽管我国教育进入了后4%时代[1],但国家的财政投入不可能完全满足大学在基础设施建设、实验设备场地的建设、师生教学科研经费方面的需求。完全自给自足的经费供给方式,不能解决大学日益庞大的办学开支,必须向外寻求更加多样的办学经费供给方式。事实上,教育自诞生之日起,就存在着办学经费的社会依赖问题。各国往往要求国内的高等教育机构寻找非政府的资金来源,并从事各种创业活动,许多高校已经切实有效地实现资金来源、研究基地的多样化[2]。

自1999年中国高等教育大扩招以来,人才就业方式也从计划式的分配走向了市场化的自主就业。就业方式的改变,将大学及其毕业生推向市场选择机制,开始接受市场的评价。同时,也改变了大学同行业之间的关系,借助毕业生就业通道,大学的人才培养

---

[1] 姚继军,马林琳."后4%时代"财政性教育投入总量与结构分析[J].教育发展研究,2016,36(5):17-21+78.
[2] 弗兰斯·F.范富格特.国际高等教育政策比较研究[M].杭州:浙江教育出版社,2002:92-93.

质量,包括教育教学质量、师资水平等,一同受行业企业所评价。大学教育质量的评价权,从过去的政府转变到行业企业的手中。评价权的转变使得大学对于行业企业的依赖进一步加剧,因为只有企业认可大学培养的毕业生,有良好的就业率、专业对口率,政府才能利用这一数据,给予大学合理的招生规模、办学经费。其中,发生中介作用的仍然是教育主管部门。

事实上,企业对于大学的依赖丝毫不逊于大学对企业的依赖,尤其在技术、人才方面。企业身处激烈的市场竞争、科技竞争之中,其创新动力、创新能力明显强于国家体制机制保护中的大学。今天,企业对于新技术、新材料、新工艺方法以及掌握先进科学技术的优秀人才的渴望,比历史上任何时代都更为迫切。自2018年中美贸易争端开始的芯片断货,使中国企业进一步感受到原创技术、科技研发的重要性。要想解决科学技术的"卡脖子"的困局,中国企业必须加大研发力度,加强原创性基础研究,占领国际科学技术前沿。这一切都需要大量优秀科技人才为人力资源保障,而人才培养只能依赖于大学。与此同时,我国制造业面临着严重的用工短缺,优秀技术工人短缺制约着制造业生产效率的提高。优秀蓝领工人高薪难聘,已经成为我国用工市场的"新常态"。对于企业来说,大学培养的人才数量并不具有绝对意义,它们更关注的是人才培养质量,包括人才的岗位适应能力、熟练掌握工作流程和生产技术的能力、良好的合作能力和职业道德等。对于企业来说,大学培养的人才能否满足企业的生产需求,是用来衡量大学人才培养质量的基本标准。

校企之间的相互依赖不限于上述内容。大学还需要借助企业平台培养产业型、双师型师资队伍,为学生创造良好的顶岗实习平台。随着产业转型升级,企业也需要大学承担生产工人的在职培训,实现职工的技术升级。

高等教育与产业的一体化、协同化发展迫在眉睫。但是,二者在价值诉求上有着巨大的差异。大学的价值追求具有公益性,注重人才培养、学术研究、文化传承,促进人的全面发展、现代文明素质提高是大学的办学宗旨;而企业的价值追求具有营利性,注重通过提供可供消费的产品或服务,为企业客户创造价值和良好的消费体验,最终的价值追求在于获得丰厚利润,为公司和员工发展创造条件。这使得校企合作困难重重,一直处于"大学热、企业冷"的尴尬状态。当前,貌合神离的合作、表面敷衍的合作、字面数据的合作大量存在,注重签协议的"形式合作",而不注重相互的利益勾连、人员互通的"嵌入式"的"实质合作"导致校企合作效率低。尽管政府屡屡发文、社会媒体频频推动,教育与行业的合作发展问题仍然未能解决。

第二节 高等教育与国家战略产业的协同

破解校企合作困局,必须推动校企合作的机制创新,大胆打破现有的各种体制机制壁垒,发展共赢式合作,甚至发展独特的"分立式合作"。我们可以将高等教育与行业的协同发展放入更为宽广的视域中去思考,形成诸多"大协同""小协同"。只有在"大协同"之下,二者的"小协同"才有可能取得真正的成效。教育服务社会主义建设,教育服务国家战略,在产业层面上就落实于教育对国家产业发展的支持上。

一、我国战略产业发展的未来方向

大学如何实现与国家产业战略的"大协同",首先需要了解我国产业发展的方向。《"十四五"规划和2035年远景目标纲要》提出了"产业基础高级化、产业链现代化明显提高"的产业发展目标,其核心就是提高我国产业的核心创新能力和竞争能力。为此,《"十四五"规划和2035年远景目标纲要》提出了"十四五"和2035年产业发展重点任务:

基础性科技创新产业方面,在未来的15年中将适度超前布局国家重大科技基础设施。如空间环境地基监测网、高精度地基授时系统、高能同步辐射光源实验装置、超重力离心模拟与试验装置、硬X射线自由电子激光装置、多模态跨尺度生物医学成像设施等高科技产业,重点扶持专利密集型产业。

现代制造业方面将向着绿色、智能化发展,走自主可控、安全高效的制造业发展道路。主要是加快补齐基础零部件及元器件、基础软件、基础材料、基础工艺和产业技术基础等瓶颈短板;巩固提升高铁、电力装备、新能源、船舶等领域全产业链竞争力;培育集成电路、航空航天、船舶与海洋工程装备、机器人、先进轨道交通装备、先进电力装备、工程机械、高端数控机床、医药及医疗设备等先进制造业集群。

战略新兴产业方面,主要聚焦新一代信息技术、生物技术、新能源、新材料、高端装备、新能源汽车、绿色环保以及航空航天、海洋装备,以及类脑智能、量子信息、基因技术、未来网络、深海空天开发、氢能与储能等前沿技术产业。

二、高等教育与国家战略产业的协同发展

上述战略新兴产业关系到我国现代产业体系建设,关系到我国能否占领国际科学技术制高点,在中华民族复兴道路上实现科学技术大超越。国家关键性战略产业的协同使命落在"双一流"大学的肩上。高校要增强服务国家战略产业的自觉意识,从政治站位、历史使命的高度认识产业协同发展的重要意义。

(一)政策主导

被纳入国家产业发展战略的重要产业类型,关系到一个国家产业结构的高级化目标,标志着未来经济技术发展的可预见性的方向,往往已经是或者可能成长为未来经济发展中的主导产业和支柱产业。它具有高技术、高附加值的特点,其市场前景、成长潜力深远,往往关系到国家的主权安全、科技安全。因此,要弱化这类产业的市场运作机制,强调发展的国家主导性。对大学的战略产业协同发展,国家需要出台引导政策,遴选有良好研究基础、学术水平的"双一流"大学及其科研团队承担战略产业攻关任务。牢牢把

握战略性产业的政策主导权，充分发挥评价、考核的指挥棒作用，在"双一流"大学发展指标、学科评估、目标任务考核等方面加入大学的"战略性产业贡献度"指标。宏观把握战略性产业研发布局，分解重大攻关研发任务，充分调研全国"双一流"大学的国家级实验室、科研团队、学术带头人的研发条件、研发能力、研发基础、研发队伍情况，合理匹配研发任务。这种看似落后的"计划式研发"，能够高效地匹配有限的学术资源，高效地推进战略性产业研发进程。

（二）分类激励

我国实施高校分类制度。教育部分别于2017、2022年公布了"双一流"高校：2017年137所、2022年147所；于2019年发布了高水平高职学校56所、高职院校高水平专业群141个。又因1952年的院系调整，我国高校80%以上都具有鲜明的行业特征，分类发展、错位发展应当是行业院校的发展出路。因此，可以对照高校的行业属性、优势学科，尤其是A+学科，进行不同类型产业的高校布局。依据高校类型，"双一流"大学可以承担重大攻关技术和原始创新性研发，应用型本科院校可以从事应用技术研发与产业运用，高职院校可以负责技术转化、产品开发与市场拓展。各司其职、各展所长的产业协同机制，尊重高校的实验室、科研人员等研发基础，避免重复建设，能够高效利用现有各类学术资源。

对于国家战略产业的发展，不应当循规蹈矩地使用惯常的激励措施。可以采用国家战略产业重大攻关招标项目、国家战略产业科研团队遴选项目、国家战略产业学术带头人遴选项目等方式，引导优秀科研人才和团队聚集到国家战略产业发展。在科研成果评价、职称晋升等方面，可以专设"国家战略产业贡献度"指标。实行国家战略产业贡献绿色晋升通道，对在战略产业研发中做出原创性成果的教师，经过同行评审可以直接晋升教授职称。建立"国家战略产业荣誉制度"，每1~2年遴选一批有突出贡献专家。在国家科学技术奖评选中，专设国家战略产业或倾向性地设立"国家战略产业贡献奖"。奖励制度、晋升制度的设置，能够迅速集合高校内的最优学术力量，从事国家战略产业推进工作。

（三）专业动态调整

至今，基于国家战略产业协同的全国性专业动态调整机制还没有建立起来。虽然教育主管部门和高校的专业调整有着就业率、报考率等数据支持，但放在全国范围内，仍然有着极大的盲目性，亟待依据国家产业战略，推出全国性专业设置预警机制和全国性专业设置规划机制。

国家战略产业协同的专业动态调整机制应当注重长周期的调整，一旦调整则保持10年及以上的较长时间的稳定性。而且，在专业设置规划之前，我国必须制定战略产业长期规划。由于专业调整会带来严重的教育资源浪费和人才浪费，基于国家战略产业协同的专业设置就要更加谨慎。在产业发展日新月异的今天,长周期的专业判断、行业分析十分困难。在专业设置之前,需要教育主管部门、高校综合考虑未来10年及以上的产业走向,充分论证专业背后产业发展的可能方向。

(四)多研究主体的混编

从我国战略产业发展的角度看,我们需要集合政府、"双一流"高校、研究机构、企业协同开展战略产业的技术研发与应用。国家战略产业的高技术性,要求将技术研发、学术产出作为产业"大协同"的核心指标。国家科技部、发改委等应当作为主发起人,成立国家战略产业发展小组,针对分解任务,成立由科技主管部门、高校科研团队、研究机构科学家、企业工程师共同组成的国家战略产业攻关团队。政府部门负责协调研发过程中的人力、物力资源,科研团队负责基础研究、原创技术开发和发明专利申请,企业及高校工程师负责科学技术转化、实用新型专利、应用技术研发、产品开发与市场推广等。

可喜的是,我国战略产业已经形成了"双一流"高校与企业联合攻关的良好态势。从2020年10月科技部公布的国家重点研发计划重点专项(见表3-1)看,245个专项中,企业、高校作为牵头单位的分别达到62.86%、37.14%。

表3-1 2020年科技部公布的国家重点研发计划重点专项立项情况

序号	专项名称	立项数量	高校牵头数量及占比	企业牵头数量(含医院、研究院)及占比
1	网络协同制造和智能工厂	64个	13个	51个
2	现代服务业共性关键技术研发及应用示范	3个	2个	1个
3	智能电网技术与装备	2个	0个	2个
4	制造基础技术与关键部件	42个	2个	40个
5	场地土壤污染成因与治理技术	22个	12个	10个
6	重大自然灾害监测预警与防范	11个	9个	2个
7	固废资源化	10个	8个	2个
8	合成生物学	23个	14个	9个
9	干细胞及转化研究	15个	10个	5个
10	科技冬奥	22个	8个	14个
11	公共安全风险防控与应急技术装备	12个	5个	7个
12	创新方法工作专项	19个	8个	11个
	合计	245个	91个,37.14%	154个,62.86%

注:本表根据科技部2020年10月公布的国家重点研发计划重点专项立项通知整理而成。

多研究主体的参与,带来了战略产业协同发展中研究主体的身份问题。要想真正实现协同发展,必须打通人事关系壁垒,让人才可以在高校、企业中同时具有教师、工程师身份。教师和研究机构人员可以在高校中承担人才培养、课程教学、学术研究工作,也可以同时参与社会企业的运营、研发。企业高管、工程师可以进入高校课堂,从事课程教学、专业建设、毕业论文指导等教育教学工作,拥有高校教师身份,享受高校教师的正常待遇。在原身份不改变的情况下,在人社厅备案而拥有新的身份,享受高校、科技企业的"双重待遇"。各类发展主体趋于一体化,作为共同体共赴战略产业攻关。

第三节 高等教育与地方产业的区域协同

省部共建、市厅共建的地方性应用本科院校、职业院校的区域服务属性更加明显。即使是教育部直属的"世界一流大学",近年来也越来越把支持区域经济社会发展作为大学发展的头等目标,特别是地方性"双一流"大学。地方财政仍然是大学办学经费的主要来源,地方经济社会和教育政策仍然对大学发展起到重要的导向作用,地方政府的办学质量评估对大学办学起到重要的评价作用,地方政府或教育主管部门仍直接任命地方大学的行政领导。省域、市域政府对大学的经济把控、行政把控,构成了一系列的"地方权力体系",自然造就了具有区域服务性质的大学。反过来,地方大学除了依赖地方财政支持以外,也需要地方教育主管部门在专业规划、教学指导、招生就业、科研管理、人事制度、学校改革等方面给予指导,更需要地方企事业单位在学生毕业实习、科学技术研发与产品开发、双师型教师队伍建设、招生就业等方面给予支持。以资源的交流与互换,促进地方大学、政府、企业、公共事业单位等多方主体的共赢式发展,是各方主体相互依赖的结果,也是各方主体自身发展的需要。古典式的封闭式大学,在今天已经不可能存在,因为高等教育早已进入教育与社会的一体化时代。

一、区域产业集群的发展

因为区域产业的历史基础、地方政府的产业引导等缘故,不少地方产生了产业属性相近、相关产业集聚的产业集群化特征。在这些地方,同产业企业或相近产业的企业不断汇聚,地方政府大力扶持,地方人民群众高度认可,产业人才不断集聚,产业效益不断提升,从而形成了鲜明的"产业高地"。制度设计、财政支持、人力资源、专业教育、创新创业等形成产业发展合力,促进了产业集群规模的扩大。

苏州的苏绣产业群、景德镇的陶瓷产业群、安徽的文房四宝产业群、福建的茶叶产业群,经过数千年的发展,至今仍延续着辉煌。现代产业集群(industry cluster)又叫"产业簇群""波特集群",往往能够集合技术研发机构(大学、科研院所)、生产商、供应商、服务商,构筑完整而协同的产业链条,促进各类机构的互动、合作,整体上提高产业竞争力。现代产业集群的发展,其实与区域发展定位相互嵌入,既有历史原因,又有地方政府产业统筹、产业规划的因素。

2020年下半年,国家发改委公布了66个战略性新兴产业集群名单,科技部发布了

108个创新型产业集群试点名单。据统计,全国31个省区市已经有781个国家认定的产业集群,主要涉及集成电路、创新生物医药、智能传感、光电技术、新能源汽车、新型功能材料、信息技术、新型显示器件、现代装备、轨道交通、智能制造、节能环保、智能电网、传感技术等领域。其中有大名鼎鼎的海淀区中国IT产业集群、亦庄数字电视和数字内容产业集群、张江生物医药产业集群、武汉市集成电路产业集群、武汉下一代信息网络产业集群、深圳市中国通信电子产业集群、广州市中国汽车制造产业集群等现代产业集群。从全国各地的"十四五"产业发展规划来看,各地政府培育新型产业的自觉性强,但也显示出产业规划与布局能力有待改善,有产能过剩的可能。

同时,我们也应该从更为广阔的视野去考察产业布局,除了新型技术以外,已经产生了产业集中、产业集聚的产业区域同样应当给予考虑,包括一些具有历史遗留特征的产业。如上海宝山钢铁产业群、陆家嘴浦东金融产业群、沈阳机床产业群、丹东仪器仪表产业群、北大荒现代农业产业群、扬州杭集牙刷产业集群、义乌市中国小商品产业集群、横店影视产业集群、景德镇市中国瓷器产业集群、山东寿光蔬菜产业集群、山东烟台苹果产业集群、中山市中国灯具及灯饰产业集群、海南天然橡胶产业集群、玉溪市中国烟草加工产业集群、青海牦牛产业集群、广西三黄鸡产业集群、呼和浩特中国乳业产业集群、新疆薄皮核桃产业集群等。包括煤炭、钢铁、玻璃、水泥、建材等传统产业集群以及乡村振兴中的养殖业、种植业、加工业集群,虽然这些周期性产业看起来毛利率不高、盈利能力不佳,但却正进入到高质量发展和产业集中度增强的阶段,同样需要高校的产业响应。

二、区域产业的高校响应与协同

高校对于国家现代新兴产业政策的响应积极而迅速。大量的现代信息技术、大数据、智能交通、现代医药、环保工程、光电技术类专业迅速设立。推动原有专业的撤并与转型,聘请高新技术企业的工程师,引导高校教师下企业实践,更新知识储备,学习现代新技术新工艺;更新实验室、实训室的设备,加大了新兴产业相关新材料、新设备、新技术的引入力度。除此之外,高校融入产业集群还应该做到:

(一)扩大产业服务范围,服务传统产业的转型升级

高校对于新兴产业政策的响应过于集中,新兴专业的设置高度雷同,这能够迅速为我国新兴产业提供人才支持,但同时也可能带来相关产业人才的过剩。新兴产业的产生,不意味着传统产业的消亡。煤炭、石化等传统产业,种植业、养殖业等农业,养老、家政、社会工作等服务业同样需要人才支持。高校财力、物力纷纷聚集于新兴产业,在这些产业方面的建设相对滞后。高校需要明白的是,中国产业发展的方向不仅仅是新兴产业的更迭与诞生,更有传统产业的转型升级、提质增效。《中共中央 国务院关于全面推进乡村振兴加快农业农村现代化的意见》(2021年1月)把推进乡村产业振兴放在首位,要求提升粮食和重要农产品的供给保障能力,打好种业翻身仗,强化现代农业科技和物质装

备支撑。其中的农作物种植技术、种业研发、农业机械、生猪养殖技术、白羽鸡养殖技术、现代灌溉技术、农产品加工技术、乡村物流技术等都亟须高校的专业响应。包括原本的农业院校,紧贴农村需要的乡村振兴的高校作为,也许还没有真正开始。

（二）加强高校与产业集群的耦合式发展,引导高校入驻产业发展区

教育界强调高校的分类发展,多从技术链的角度将高校分为研究型大学、应用型本科院校、高职院校,倡导他们科学定位自身在技术链中的位置,走差异化发展道路。从国家发改委、科技部公布的产业集群看,地方高校的专业响应远远不够。区域产业集群在规模、效益方面已经优势显露,而高校的专业建设、科研方向还没有聚焦到响应的产业上来。也就是说,高校对不少地方的产业集群发展并没有给予有效的智力支持、学术支持,产业集群的发展还属于产业界自身的事情,产教融合在产业集群发展中还没有充分发挥效力。

我们认为,高校应当从产业出发进行分类,除少数综合性大学以外,绝大多数高校应当归属于行业型、产业型大学,如交通类、能源类、信息技术类、现代服务业类、农业类、现代智能制造业类、纺织类、航天航空类、医学类、药学类、人文社科类等。这些行业产业院校动不动就立志发展成学科齐全的综合性大学的做法,显然是重复建设的错误做法。而从产业集群的空间布局上,要把高校分成城市产业集群类和乡村产业集群类。让上海高校专注现代金融业、国际贸易、现代交通、先进生物医药技术、新能源汽车制造等产业,让新疆高校专注核桃、葡萄、棉花种植加工技术、风能技术和清洁能源技术,让景德镇的高校专注陶瓷的现代制作工艺与文创产业发展,让烟台的高校专注葡萄酒酿造、苹果产业链,让四川、贵州的高校专注于酿酒技术与中国酒业现代化、国际化,只有这样才能真正发挥教育服务区域经济的功能,才能真正实现教育与产业集群的耦合式发展。如此,能够实现高校的差异化发展,而不是盲目地向综合性、全学科型发展,不至于使越来越多的高校变成缺乏办学特色、缺乏明晰办学定位、缺乏专业依托的"虚空学校"。

要引导优秀的工业类高校入驻城市的产业集群和产业园区办学,使高校成为产业集群的联结中心、服务中心、科技研发中心,促进校企的深度产业合作。要引导优秀的农业类高校入驻乡村办学,兴办为农业集群服务的人才学校,在乡镇兴办学做一体、任务驱动的职业教育类校办企业。而那种多元的、综合式的教育发展思路,实质上脱离了产业,导致高校将自身游离于区域产业发展之外。从这个意义上,我国目前的产业发展、教育发展仍然走在各自的道路上,二者的交集、融合十分有限。目前,全国范围内的高校专业规划与产业协同规划机制还没有建立起来。这要求教育部门做好专业规划,有意识地根据地方产业发展需求设置专业和高校,适当限制非地方产业集群范围内的专业和高校的数量。

（三）关注总部经济、自贸区等新产业形态,开拓协同服务机制

高校服务地方战略发展,要充分分析地方产业发展特征,做到"随时跟进",甚至"走

在前面"。自2013年上海自由贸易试验区成立以来,截至2020年年底,我国已有21个自贸区。自贸区作为我国进一步扩大对外开放、探索改革开放新机制的尝试,早已是国家战略。此时,恰恰应当成立自贸区大学,紧贴自贸区产业发展需求,设置国家贸易、国际法、国际物流、国际金融服务、企业管理与公共管理、贸易共同区与一体化等专业,培养服务自贸区的专业人才。

还需要我们关注的是"总部经济"的崛起。20世纪下半叶,世界著名的纽约CBD集结了全球46家跨国公司总部,引发了纽约配套性的新型服务业的大发展。其中,法律服务机构5 346个,管理和公共机构4 297个,计算机数据加工机构3 120个,财会机构1 874个,广告服务机构1 351个,研究机构757个,总部经济对纽约经济贡献度达到了25%~30%[1]。另有英国曼彻斯特CBD、法国拉德芳斯CBD、日本东京新宿CBD、德国法兰克福CBD等世界级经济总部。而在我国的上海、深圳、北京等一线城市,也吸引了众多国际跨国企业和中国优秀企业将公司总部、中国区总部、中国区办事处设立在这里,这种企业总部聚集的经济即所谓的"总部经济"。

总部经济归属区域经济学。根据约翰·弗里德曼(John Friedmann)1966年的"核心-外围理论",区域经济的发展不可能是均衡的,具有区位优势、地理优势或历史传统的城市将首先发展起来。经济组织、机构的相对集聚,产生了税收贡献、技术溢出、资本集中效应,带动了区域消费和就业,尤其产生了产业乘数效应,形成了总部服务的知识型服务业产业链[2]。如同城市发展从中心城市到卫星城市一样,产业也从中心城市产业群向外围的卫星城市产业群流动,形成了以公司总部为核心向外不断辐射、扩张的配套性产业群。而南京、杭州、武汉、重庆、苏州、成都等二线城市主要聚集的是跨国公司的分支机构(生产基地)、本地上市公司总部、国内大型集团区域总部。高校要紧贴"总部经济"的产业集群特征,发展金融、保险、会展、商贸、航运、物流、旅游、法律、公关、电子信息网络技术、广告设计等专业,设立总部经济服务大学,促进"总部经济"所在城市的教育与产业的协同发展。

(四)依据产业集群,实施高职院校专业协同机制

从19世纪开始,世界高等教育都进入了高等教育区域化发展的阶段。美国19世纪兴起的州立大学、市立大学、赠地学院、社区学院,英国19世纪60年代创立的城市大学都紧贴地方产业发展需求办学。德国20世纪60年代的地方分权,使得国家不再为高校规定统一的专业与课程设置。日本设立的短期大学,也下放专业设置的审批权限。其目的就在于促进高等教育与区域发展的共生融合,培养适销对路的人才。

产业集群本质上是一个创造、扩散和应用知识的系统,是一个"区域创新系统"、学习

---

[1] 姚奇富.高等职业教育办学模式创新研究[M].杭州:浙江大学出版社,2009:23.
[2] 同[1]10-12.

型区域。一个基本的事实是:在科学技术迅速发展的今天,创新变化的主流已经不再主要取决于或依赖于正式的研究与开发;包括学习在内的非正式研究与开发活动,构成了创新变化的重要内容或活动[1]。专业群对应产业群、岗位群,实行专业大类建设、类型化建设,以适应实际工作岗位的综合性和宽度。高职教育与区域经济发展具有高相关性,人才结构必须适应区域经济发展的产业结构,高素质技能人才能够参与具有高附加值的复杂劳动。高职教育与区域经济的协调性表现在:高职教育的发展规模要与区域经济的发展速度相协调、专业设置要与区域经济的产业结构相协调、人才培养要与区域经济的用人标准相协调[2]。也就是说,高职院校毕业生的能力结构要与产业人才的能力结构相匹配或超前配备。

反观之,在本科院校专业设置的惯性思维下,作为服务区域经济发展主力军的高职院校的专业设置常常背离区域产业实际,呈现趋同化、全科化、封闭化、静态化的特征。服务区域产业集群,高职院校显然需要更科学的专业规划能力,以使专业设置与产业趋势相协同。

第四节 深度产教融合的知识、利益协同

如何促进校企的协同合作一直是高校区域产业协同中的难点。教育主管部门的政策不断推动,舆论不断造势,高校建立了职教集团,等等,但校企合作的"学校式"[3]没有改变,学校热、企业冷的状态没有改变,浅层次、低动力参与是校企合作停滞不前的主要特征。

2020—2021年,教育部公布了299个全国示范性职业教育集团(联盟),作为全国职教集团标杆,从中可以看出我国当前职教集团的基本情况(见图3-1)。从中我们可以看到,职教集团的牵头单位比较单一,93.96%的职教集团由院校独立发起。而企业作为独立牵头单位的仅为0.67%,只有联想集团、浙江机电集团有限公司。行业协会独立牵头的仅有1家,占比0.33%。职业院校与企业共同牵头的是17个,占比5.68%。区域的产教融合必须尽快走出各说各话、各走各路的所谓的"形式融合",尽快进入你中有我、我中有你的"深度融合",我们似乎可以称之为"实质融合"或"灵魂融合"。

如何才能实现所谓的"灵魂融合",我们认为,产教融合应当向着如下三个方向努力:

在联结基础上,让高校与企业成为互相需要的实体的可以是知识、利益上的彼此满足,也可以是管理、人才上的彼此满足。在校企合作中,一方不被另一方所需要,反而因为校企合作为某一方带来了麻烦、混乱,降低了生产效率或教学效率,降低了企业发展质

---

[1] 姚奇富.高等职业教育办学模式创新研究[M].杭州:浙江大学出版社,2009:35-39.
[2] 同[1]63.
[3] 刘育锋.面向世界的职业教育新探索[M].北京:北京理工大学出版社,2009:9.

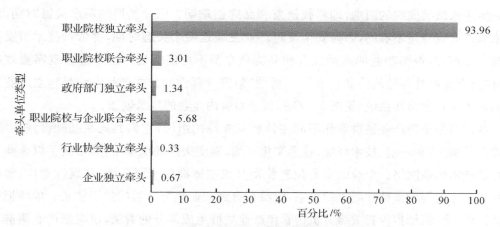

图 3-1　两批国家示范性职教集团不同牵头单位的占比

量或学校人才培养质量,这样的合作最终就会走向"神散形也散"的"形式合作"。因此,这就需要在校企合作中深入分析对方的需求点、价值关注点和目前亟待解决的痛点、难点、重点,在为对方服务、满足对方需求中实现深度合作。

在合作效益上,双方能够在产教融合、校企合作中扩大各自优势,提升各自质量与水平。也就是合作之后比合作之前在各自的竞争力上有显著提升,产教融合产生了实质的效益。具体地,企业的科技研发水平、产品的市场竞争力更强,高校的人才培养质量、学生就业的竞争力更强,作为一个产教共同体促进了相关产业的发展,包括产业所需要的人力资源水平的发展。

在融合方式上,校企双方必须在重要因素方面实现深度交流,即做到"你中有我,我中有你"。高校作为"企业的高校",成为企业或产业的一部分,而不是彼此并列的合作者。企业作为"高校的企业",成为高校或教育的一部分,而不是单纯接收毕业生的接收者。这意味着,高校和企业需要放弃彼此的"绝对独立",允许、欢迎对方的资源、知识、场地、管理、人员进入自身的发展体系、管理体系。互不干涉、各自封闭的产教融合是不可能实现的。当然,重要因素的互换、交流不意味着没有原则的"入侵式的"融合,还必须尊重彼此的核心价值、基本诉求。

企业的经济属性更明显,重在发展生产与消费,追求利润最大化。而高校的文化属性更明显,重在知识传授与生产,追求人才培养与人文精神的引领。价值观的不同为校企深度融合带来了极大的难度,因此促进校企深度融合必须以更大的机制创新勇气和胆量,提出更加具有突破性的机制,以破解双方的壁垒限制。

一、双知识主体与知识共创

产业集群的动态演化经历了三个阶段,即初期的数量扩张期、质量提升期、研发与品牌创新期。需要注意的是,产业发展过程中的数量扩张期达到鼎盛时期将陷入内生质量危机,而在质量提升末期则会出现生产利润微薄、生产要素成本不断上涨的问题,此时迫切需要进入微笑曲线的两端,即科技研发和品牌创建期。产业发展的两个关键时期,仅仅依靠产业自身是不够的,因为安全度过产业发展这两个关键时期,都依赖技术研发和科技人才培养,否则产业的质量提升和品牌创立都不可能实现。这个过程就需要政府"提供具有集群外部性的公共产品"[①]。所谓"集群外部性的公共产品",就是建立产业发展的人才与技术协作系统(见图3-2)[②],促进系统内企业的技术创新。

我们习惯于把产业集群看作不同主体相互支持的组织,它们共同在基础设施环境、劳动力环境、市场环境、技术环境、社会文化环境、制度法制环境中工作,形成了以企业为核心的技术创新网络。企业的中心位置使得其他主体都处于服务性、从属性地位,看似解释了产业集群的支持性的组织关系,但没有看到产业集群背后的知识链条。单纯把企业及法律、金融、销售等相关服务机构看作产业集群组成部分的看法,没有把产业集群看作同时是一个"知识协作"的"知识集群",否定了产业集群内在的知识协同性,不利于产业集群内部知识创新质量与水平的提高。我们认为,知识经济时代的产业集群不是企业的"独舞",而是大学研究机构与企业的知识"共舞"。

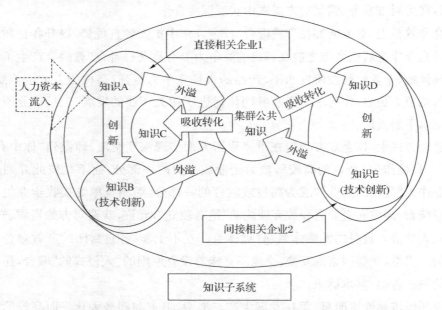

图3-2　人力资本迁移流动对集群创新系统内企业技术创新的作用机制

我们认同如下观点:"根本上说,如何提高知识和技术的可达性,使得知识和技术发挥最大的价值,从而提高知识和技术接收的有效性及转移绩效,是大学和产业合作的宗

---

① 阮建青,石琦,张晓波.产业集群动态演化规律与地方政府政策[J].管理世界,2014(12):79-91.
② 顾婷婷.人力资本流动、知识外溢与技术创新研究:基于产业集群创新系统的视角[J].技术经济与管理研究,2016(10):31-37.

旨。"[①]因此，高校和企业在知识经济社会中，在产业集群中都属于"知识主体"，共同承担着国家产业发展战略和区域产业发展战略中的知识创新、知识共建的使命。"双知识主体"的定位，将为校企合作中的知识生产协作打开空间。

校企作为"双知识主体"，可以在联合申报的科研项目中共同承担科研项目的研究工作，实现知识共建共享。在目前的学术体系中，高校和企业分属不同的学术领域。高校的科研项目主要是纵向的理论性课题，来自国家自然科学基金委员会、科技部、交通部、发改委、教育部及其他省市厅级相关政府科学研究主管部门。教师从事科研项目的动力在于晋升专业技术职务，获取充足的科研经费，在所在学术领域进行基础性、创新性研究。企业的科研项目申报主要来自科技部、发改委，多为科技研发和应用开发项目，往往兼具技术攻关的国家战略属性与良好的国际国内应用前景。企业申报科研项目主要为了提高自身的科技竞争力，从而获取更高的利润。二者的价值追求的巨大差异，使得校企之间的知识共创困难重重。在现实中，企业、高校往往各自固守在自己的应用研究和基础研究中，独立申报，独立研究。即使所谓的合作研究，也是牵头单位为研究的绝对主力，而联合单位只是名义上的，往往并未实质性地参与研究，甚至沦为联合申报的噱头。

为了改变联合申报中的问题，我国科研管理部门需要改变学术申报机制。基础研究与应用研究本不该分离，大学的学术研究与企业的科技研发也不该分离，二者的相互依存、相互支持的知识关系应该得到我国科研管理部门的确认。而产教分离、基础研究与应用研究的分离恰恰应当是我国科研管理部门需要深入反思的。在项目申报中，必须坚持校企联合申报、基础研究与应用研究相结合，否则不予受理。作为课题申报的基本条件，高校纵向课题申报中，课题组成员必须有一半及以上为企业研发人员、工程师；联合申报单位必须有一半及以上为先进技术研发企业；项目完成平台必须包含先进技术研发企业的实验室、工作车间，用以验证技术的可行性与可推广性。同样地，企业向科技部、发改委等申报的科研项目同样应当包含高校合作方的教授、实验师、联合实验室等。

不仅如此，校企知识共创还需要共享科研经费机制。根据产品开发、技术研发贡献和实验室建设、设备采购的经费情况，科学评估校企双方在项目研究与开发中的人力成本、时间成本、财产成本，以此划定不同研究子项目的经费支出。科研经费能够很好地督促对方完成相应的研究任务，发挥经费分配在科研评价、研发驱动中的推动作用。其中，实验室、实训室建设完全可以成为校企深度合作的凭借，场地可以设置在高校和企业内部，但双方共同出资建设，可以共同使用。高校和企业可以共同安排教师、科学家、工程师、学生在此从事科研活动、实验实训活动、职业培训活动等。实验室/实训室产出的产品、效益以及其他在此从事的科研项目的科研经费，都可以进行利益分成。或者以实验

[①] 薛二勇. 我国大学和产业合作的战略选择和制度安排：协同创新中高等教育宏观政策的调整和创新[J]. 教育研究，2013,34(11):44-52.

室/实训室共建基金的方式，采取年度缴纳基金，高校、企业的科研团队实行实验室/实训室有偿租赁，完成收支平衡。

除此之外，校企知识共创还可以采用知识分工或委托研究的方式开展。高校的基础研究扎实，掌握着国际国内学科知识前沿，拥有开阔的理论视野，能够对可观察、可测量的事物的本质、规律、原理进行量化、理论分析，具有良好的原始创新能力，能够为企业的应用研究提供基础性、前瞻性的学术支持。企业则可以利用产品开发团队、生产车间、实验室对高校的基础性科研成果进行现实转化，通过分析产业需求、市场反应、消费者心理等研发新产品、新工艺，实现社会效益和经济效益双丰收。校企合作可以根据科研项目的基础性研究部分和应用研究部分进行知识分工。这种知识分工能够发挥各自在基础研究和应用研究方面的专长，仍然带有产业合作中的分离状态。为此，将科研项目划分成若干子项目或者子模块，每一个子项目或子模块都配备高校和企业的专职人员，并且各方人员全程参与，以人员交叉、互派的方式实现合作。此种合作方式，延伸了高校人员的应用技术研发、产品开发、市场感知能力，也夯实了企业人员的基础研究能力，对于高校培养双师型队伍、企业培养专家型工程师都十分有益。体现双方合作的机制，还可以实行"委托研究制"，即以高校或企业一方作为牵头单位，双方签订"委托研究合同"，或者以人员借调、实验室、实训室、生产车间租赁等方式进行合作，或者要求被委托方承担相应的产业开发任务，并由委托方给付相应的劳务费用。产业合作委托合同可以从技术服务期限、进度、质量要求、工作条件、人事关系、报酬与支付方式、保密责任、违约责任等方面作出规定，同时设定技术服务工作成果的验收时间、标准、方法和验收单位。委托研究的成果验收，可以第三方评价或同行评审的方式进行，以确保公正性。

我们不能仅仅停留在知识共创上面，还要注重开创知识共享机制。高校借助产教融合中的知识共创，将校企共创的知识成果运用于学校的教学与科研，使高校从基础研究进入到技术转化与应用，丰富学科知识，拓展专业建设各课程范围，培养双师型复合型教师队伍和理论联系实际的复合型现代人才，提高教师队伍建设质量和人才培养质量，提高办学质量。企业可以运用校企共创知识成果，拓展自身的创新链、产业链，增强技术研发能力，并将成果快速转化为市场产品，运用于不同的应用场景，发挥共创成果的经济效益和社会效益。这种知识共享既是各取所需，又是互相增强、共赢共进。对于知识产权问题，校企知识共享要求共同作为发明人，共同享有成果，可以根据自身能力和基础进行知识运用与开发。对于知识效益，需要建立利益共享机制。政府资助、产品出售获得的收益、技术转让获得的利润等应该在双方友好协商的基础上进行合理分配。我国也应当制定知识产权权益分割的相关法律法规，确定知识产权合作中的责权利等基本问题。

通过上述相互渗透的知识合作方式，校企确定了产业发展中的"双知识主体"角色，建立起了知识共创、知识共享的产业服务机制，能够促进校企深度产教融合。因为我们坚信，只有校企在知识、研发方面相互依赖才能产生真正的校企合作。更加透彻的说法是,只有企业从高校中获得更多的科学技术支持,且高校帮助企业真正提高了综合竞争力、真正在技术上被企业所需要,才能产生深度的校企合作。

二、双利益主体与利益联结

在教育实践中,高校只能通过各种关系网络同企业主动洽谈、联络,才能获得签订校企合作协议的机会。即使签订了校企合作协议,由于利益关系的松散,最终也沦为一份没有实质合作的纸质协议。在校企合作、产教融合问题上,"高校热、企业冷"的状态没有改变,企业参与产教融合的消极、懈怠、被动状态没有改变,高校努力争取、竭力融合的无力感、无效感没有改变。为什么会出现这种艰难、低效甚至虚假合作的状况呢?

单以毕业实习为例,我们想象一下,企业需要付费才能安排员工到高校参与在职学历或非学历培训,而企业却需要免费接收学生进行毕业顶岗实习。况且,忙于转本、考研的学生并不专注于毕业实习,更难以为企业带来切实的生产技术、生产效率上的改善。我们单单用舆论宣传,对企业进行道德绑架,要求企业尽到社会责任,显然是十分苍白的。甚至我们也可以说,扰乱企业的正常生产秩序,不能为企业带来新的效益是不道德的。且只能安排给学生一些资料整理、机器维护、设计协助、实验助理、前台联络、客户维护等边缘性工作,对学生是不公平的,也没有真正起到毕业实习的作用。一味地对企业提出各种要求,用所谓的"社会责任""企业义务"来要求企业,显然也是一种不公平的苛责,实质上也是不道德的。我们需要走出对企业"社会责任"等的道德绑架和空洞的舆论倡导,转而探寻更有效的互利共赢的校企合作、产教融合的新机制。

以北京市263家企业为例进行实证研究发现:企业参与校企合作教育的首要动因仍是自身经济利益追求,其次是对参与校企合作教育、承担社会责任的价值认同和追求[1]。校企合作的关键点之一,便是利益机制的建立。没有利益关系相互联结,校企合作就难以落到实处,难以调集多方资源进行校企共建。美国教育家迈克尔·A. 伯克(Michael A. Burke)认为,"任何长久的合作必定建立在合作双方地位对等、利益平衡的基础上,如果只强调一方利益,合作关系就不可能持久、长效"[2]。的确如此,我国的现行教育政策在校企合作方面,一直处于倡导阶段,没有建立利益联结的校企合作机制。因此,如何在校企之间建立利益联结机制,就成为横亘在校企之间的关键问题。在此,我们需要在校企合作、产教融合中引入"市场原则"。

(一)以"交叉持股"的股份制方式分享彼此的经济收益

亦即:企业以入股分成的方式享有高校的办学收益,高校以入股的方式享有企业的

---

[1] 马永红,陈丹. 企业参与校企合作教育动力机制研究:基于经济利益与社会责任视角[J]. 高教探索,2018(3):5-13.

[2] BURKE. School-business partnerships: Trojan horse or manna from heaven? [J]. NASSP Bulletin, 1986, 70 (493): 45-49.

经营收益。高校的经济收益大致可以分为生均拨款、学生学费收入、纵向和横向课题收入、校办企业收入、社会服务收入、知识产权转让收益、校友和社会组织捐赠等。而企业的收益主要来自产品销售、专利技术转让、中央政府和地方政府的财政补贴、科研项目经费等。

企业可以实验实训设备、重要技术成果入股高校，或者直接以现金购买高校股份。企业因此可以分享高校的科研成果、经济收益，并参与高校的决策与治理。高校同样可以实验实训设备、重要技术成果或者现金入股企业，分享企业的利润分红，参与企业的经营管理。目前的政策框架对高等教育的产业化持谨慎态度，对校企交叉持股还没有相应的政策支持，也不能允许产业企业通过控股而野蛮收购高校的情况发生。所以，产教融合中的股份制探索还难以进入实操阶段。可是，如果我们把高校的所有权与经营权分离，企业只分享高校的经营收益而不谋求高校的所有权是可能实现的。分享收益不意味着拥有对方的所有权，股份制也未必会出现野蛮收购，关键在于机制方面的制度设计。

（二）建立利益捆绑式的"利益共同体"

校企利益共同体是以利益为纽带的校企关系体，而经济利益又是企业的核心利益，因而具有经济属性。校企合作"一头冷"现象总体上是现行政策对校企利益共同体经济属性的忽视所致[1]。校企合作的教育属性、社会属性、产业属性，如果没有经济属性作支撑，也难以有所发挥。实现校企深度合作，就需要将高校和企业联结成为一个利益捆绑式的"利益共同体"。

为了实现这个目标，笔者认为，校企合作需要完成两个方面的利益捆绑。

1. 共同承担风险

高校发展遇阻，出现招生困难、专业设置不合理、学生就业率下降、政府财政拨款减少、社会服务收入减少等情况，在高等教育的股份制框架内，企业的利益必将受损。因而，促使企业会同高校共同研究人才培养的产业契合性，论证科学的人才培养标准和人才培养方案，提高人才培养质量。而当企业综合竞争力下降、治理结构不善、经营效率低下、技术研发能力不足时，其经济效益、社会效益都会受到影响，从而也影响高校的利润分割。因而，促使高校加大技术研发方面的支持力度，派出优秀管理人才进入企业管理层，输送优秀的毕业生，改善企业的经营状况。风险的到来，将使校企抱团取暖，共同面对危机、主动承担责任与义务。在股份制利益捆绑中，校企可以共同享有股权激励，分享企业经营和高校办学中的经济红利，享受股权的增值收益，同时承担校企发展中的风险。在收益与风险共担中，深度绑定校企共同利益，促进基于"利益一致"的互相促进、互相监督、互相支持的校企合作机制。

---

[1] 聂劲松,万伟平,聂挺,等.校企合作:从利益共同体到治理新格局[J].职教论坛,2018(12):6-11.

2. 在互相需要的基础上实现"利益交叉"

在主体与客体的价值关系中,"需要"是最根本的动因,能够满足主体需要的事物即是有价值的[①]。高校希望企业能够提供生产实习岗位,帮助学生在生产实践中将书本知识转化为"实践知识",提高学生的岗位适应能力和就业竞争力。企业则希望通过高校引入掌握先进生产技术的新生技术力量,提高企业的技术水平和市场竞争力。由此,"学生"可以成为校企的第一个利益交叉点。采用订单式培养、企业兼职导师培养、现代学徒制等培养机制,引入人才培养的企业教育主体,既能解决学校实践教学能力不足、实习岗位缺乏的难题,又能解决企业难以雇用到可用的技术人才、新员工技术与管理磨合困难的问题。第二个利益交叉点是技术上的互相需要。高校希望能够同企业进行技术合作,签订横向项目的合作,进一步丰富自身的科研基金,锻炼教师的科学技术转化能力和响应市场需求的能力。企业需要依靠高校先进的技术研发,丰富自身的研发管线和产品管线,在创新发展中领先其他企业,在产品开发与市场竞争中领先一步。在支出与回报之间,在协同互助发展中,校企形成了"你中有我,我中有你"的彼此难以分离的"利益交叉"关系,结成了具有良性生态的利益共同体。

围绕产业链和人才链构建起来的合作生态,改变了合作主体之间的利益关系,使二者从利益博弈走向了利益共融。它注重满足合作双方的利益诉求,在互惠互利基础上构建了高等教育的新组织形态。这种教育组织形态,其实已经不再是高校或企业的独立形态,而是一种教育共同体与生产共同体兼具的新型形态。虽然目前仍然没有达到此种利益融合,但实现深度产教融合,我们不妨以此为校企合作机制的理想框架。

三、双空间主体与教育空间的共享共建

高校的校园空间,通过空间的独立与封闭明示了教育的独立性,拉开了高校与其他社会组织之间的距离。源自古典大学的傲慢,阻碍了大学服务社会的步伐。高校作为一种教育空间和文化空间,需要同社会经济组织进行信息交流、协同发展。而企业由于商业机密、商业竞争,也固守自己的空间。企业作为一种生产空间和经济空间,其管理制度、组织形式等不同于高校,但产业转型升级与产品附加值的提升要求企业开放自我空间,建立相互交叉、融合的综合生产空间。由于参与了企业空间,高校的教育空间开始具有了生产属性和市场属性;也由于参与了人才培养和共同的技术开发,企业的生产空间开始具有了教育属性和科技属性。二者的紧密融合同样要求催生新的教育形态。

深度产教融合,必须"邀请"对方进入自身的空间或领域,参与自身的治理与发展。我们不能理解为"入侵"或"干扰",而应将之视为促进自我组织革新的手段。

(一)高校空间向企业开放

根据国家或地方产业布局,选择具有良好市场前景、经济价值的产业技术,在高校内

---

① 罗崇敏. 教育的价值[M]. 北京:人民出版社,2012:4.

建设产业实验室、研究院、研究基地。校中"实验室"能够解决高校技术应用开发能力不足的问题，能够带动教师的技术研发能力，有利于高校建设专家型教师、产业型教师队伍。学生也可以在校企共建实验室中参与科研活动，及早接触前沿技术，训练市场感知能力，发展自身的专业竞争力。既然如此，校中"实验室"就需要结合学校专业设置和专业发展方向，要考虑专业建设基础、教师的研究基础。实验室建设要从服务教师和学生出发，而经济利益并非高校考虑的主要问题。

建立新型的"校中厂"，允许企业在校内创建分公司。其功能自然不同于母公司的大型管理、生产、销售功能，而要有所侧重。至于侧重哪个方面，"校中厂"仍然需要从高校的行业定位或专业建设出发。它可以是产业发展的综合性公司，也可以是产业的细分子公司。前者要同高校的行业特色具有一致性，对整个学校的科研工作、教学工作具有支撑作用。后者要同某个学院专业发展具有一致性，使其能够促进专业学院发展。对于高校来说，"校中厂"可以作为学生进行专业学习、参与技术研发、专业实习的校内场所，也可以作为教师同社会协同科技研发的场所。无论是研究型大学，还是实践与就业取向型的职业院校，在新型"校中厂"提升内涵发展、提高教育质量，都具有非常意义。

从校办企业的数十年发展来看，"校中厂"的教育模式并不太成功。校办企业有学校兜底，进取心不足，经营效率低下，管理理念落后。近20年来，大量的校办企业纷纷倒闭、退出，企业员工变身教师或职工。即使勉强经营，大多处于亏损的境地。2020年2月，被誉为中国最牛校企的北大方正因无力偿还3 000多亿元的巨额债务，以及高达80%的负债率，进入了破产重整的阶段。而清华控股在2019年年底总负债也达到了3 394.09亿元。这些校办企业为新型"校中厂"敲响了警钟。鉴于此，新型"校中厂"必须进行机制改革与创新。其一，确立新型"校中厂"的知识属性，而非经济属性。建立的目的是校企联合进行技术攻关、技术转化、产品开发，为高校和企业培养一批年轻的科研工作者，在学生中发现学术新秀。同时，作为专业教学的"新型课堂"，帮助学生了解、掌握前沿技术，组建新型教育共同体。其二，树立科学的成本观念，保持高度的风险意识，提高经营效率。我们同样要把新型"校中厂"视作经济实体，必须在市场经济中遵循经济规律、响应国家产业政策、研究消费心理和国内外产业发展趋势，参与市场搏杀，服务区域经济社会发展。要把效益放在企业经营的重要地位上，建立校企双方构成的企业董事会，科学把握企业发展方向、融资额度、风险管控、成本核算。引进科学的企业管理理念，吸引大学生和教师参与企业管理，使"校中厂"不仅仅是技术开发高地，还是先进管理的高地。其三，建立股权激励与风险共担的校企合作机制。根据注册资本投入的比例，共同分享企业发展的利润，同时也必须共同承担战略决策不当、债务违约带来的亏损。由学校与企业共同出资，建立企业发展基金，同时通过申请地方政府科研项目、地方补贴等筹措资金。深入分析产业发展格局、竞争对手的布局，紧紧围绕学校专业设置、行业定位、企业的主营与能力圈进行发展。通过严格控制"三费"，提高产品的净利润率、周转率,提高企业经营效率,将企业打造为"小而精""小而轻"的轻资产、拥有核心技术的"专精特新"的小巨人企业。2021年7月,中共中央政治局提出发展"专精特新"企业的要求。富有创新精神、高科技含量的新型"校中厂"的方向应当是专精特新。其四,"校中厂"负有教育使命,也通过学校持股、出资而拥有部分国有资产,所以,必须把风险控制放在重要位置。负债率不超过20%,定期进行财务审计,防止因负债率过高而导致的资产流失,也防止资金挪用、资产变卖、股权转让等带来的国有资产流失。

建立校企合作"实训基地"或职业培训基地。实训基地是应用型本科院校和高职院校培养学生专业技能的重要场所。订单式人才培养模式的出现,使实训基地的设备不少来自企业的捐赠。深度校企合作的实训基地建设,应当采用在购买合作企业设备、材料的同时,购买企业工程师的教学服务的"双购买"模式,以买卖契约绑定双方的合作关系。而为了更新企业员工的知识结构,以邀请或购买的方式,鼓励企业在校内建立职业培训基地。高校承担职业培训服务,同时利用培训基地,加强卓越技术技能人才的培养。

(二) 企业空间向高校开放

企业生产车间向大学生开放。生产车间能够引导大学生迅速将书本知识转化为应用知识和生产知识,在生产实践中丰富、发展自己的专业认知,训练自己的专业技能。可以采取工程师导师制,运用现代学徒制模式,将大学生带入实际的生产场景,安排在不同的生产岗位上,参与实际的生产、施工、设计工作。

企业管理空间向大学生开放。企业管理、公共管理、会计、文秘、传媒等专业学生可以纳入企业管理空间,参与企业管理与宣传等。部门主管和优秀的企业员工都可以担任学生管理知识学习的导师,同样运用现代学徒制,将学生带入实际的管理场景。

必须承认的是,大学生的到来未必能够提高生产效率。因为专业知识向实践知识转变不可能一蹴而就,他们的生产性的技能成长需要一个较长的过程。鉴于此,企业应当充分考查学生的专业技能,进行专业能力分级,按照分级情况将他们分配到不同的岗位上,以充分发挥他们的能力。每半年对学生的专业实践能力进行考核,重新核定等级,对学生的创新能力、职业道德进行考查,开通学生职业能力的晋升通道。经过1~2年的专业实践,优秀的毕业生可以被聘任为企业的正式员工。当然,企业也可以直接建设缩微版的或模拟版的生产和管理场景,建设专门的"实习车间"。

还要鼓励企业开放研发空间。企业实验室允许教师参与企业的研发,或者允许企业享有教师科研项目的部分经费,并借助企业实验室开展科研项目研究。

为了鼓励企业向高校开放生产空间和管理空间,必须引入利益机制,让企业从学生顶岗实习中获益。第一种方式是政府或学校购买教育服务。政府可以依据专业目录和高校上报的专业实习要求,向社会企业招标或征集实习岗位,以政府和社会资本合作(Public-Private Partnership,PPP)等方式购买实习岗位。而学校按照中标企业及其教育服务协议,派出指定人数到相应的专业实践或实习岗位。当然,学校也可以从学费中抽取适当经费,用于直接购买企业的教育服务。高校这种让渡部分利益的方式,显然遵循了互利共赢的校企合作原则,有助于打开企业空间。

四、双身份主体与身份的重新定义

这里的"双身份"又有两层含义:(1) 高校和企业作为组织的"双身份";(2) 高校教师和企业员工作为个体的"双身份"。

(一) 组织的双重身份

高校不再是纯粹的教育组织,在服务区域经济社会发展、服务产业转型的大背景之下,它必须兼具生产身份,负有经济发展使命。其一,高校必须以国家产业技术布局与产业发展需求为导向,进行技术研发。高校的学术角色不是为学术而学术的"象牙塔",其学术定位应当具有"生产性"。所谓"生产性",就是其知识创造、科技研发应当契合产业发展需要。具体表现在:工程技术学术研究围绕企业生产、施工中的难题,研发实用技术,开发技术标准、操作流程;理学学术研究虽然距离生产应用较远,但目标仍然是为了解决产业发展中的基础性科学难题,提高企业生产效率;而社会科学,尤其是工商学科的学术研究则注重企业管理机制、消费市场研究。其二,高校的教学也必须具有"生产性"。高校需要考察国内外产业动态,在分析产业发展阶段、产业规模、产业前景的基础上进行专业设置及其动态调整。招生规模、师资配备结构及规模也需要根据产业发展的情况进行灵活处理。因为,高校培养的毕业生最终将落地到产业中去,只有处在上升阶段的产业才能吸纳较大规模的毕业生。课堂教学的"生产性"需要大幅度加强,特别是职业院校的课堂教学,更要注重对学生"生产能力"的培养。在教学中需要减少理论教学课时,大幅增加实验实训课程,大幅增加专业实践或顶岗实习课时。对于高职院校或应用型本科院校来说,它的"生产性"身份使其发展的目的性极其明确。古典大学所奉行的教育独立、学术自由以及历史沉淀的人文主义传统都将被削弱,助益社会生产的服务身份几乎成为其主要身份。由此带来的高校的教育属性、人文属性的式微,当然也应当引起我们的高度警惕。

在今天,国家之间的竞争越来越表现为人才的竞争和教育的竞争;企业的竞争越来越表现为技术的竞争、人才的竞争。也许我们可以说,今天的企业是否有竞争力,取决于对于教育的介入程度。在知识经济时代,奉行独立发展、自我封闭的企业显然毫无前途。它必须积极融入教育场景,甚至直接参与到教育场景中,才能获取人才红利,包括企业职工的人力资源红利和高端人才(教师和学生)带来的科技红利。企业在此应当转变为"教育企业",投身高等教育事业,培育企业发展的新动力。其一,作为专业建设、课程建设的核心专家成员,参与高校的人才培养工作。依据产业发展前沿技术、产业最新需求,对专业设置、课程设置、教学计划提出基于"产业立场"的建设方案,切实为了产业人才的培养贡献来自产业界的教育智慧。其二,派驻优秀的工程师、管理骨干、技术骨干驻校教学。

他们负责学生专业能力的核心课程的教学,并在高校实训室或企业车间进行专业技能训练。他们也可以在企业生产空间,以导师的身份实施学徒制教学,以实际的生产场景培养学生的生产技能。其三,邀请高校共同参与科技攻关和产品研发工作。高校教师大多为硕士、博士,接受过系统的科研训练,具有良好的学术基础。但现有科研机制使教师为学术而学术的现象普遍存在,承担纵向或横向课题的目的主要是为了评职称,完成科研考核任务。这些制度的科研导向过度偏于理论研究、基础研究,而服务产业的实质规定不足。允许高校教师和学生加入企业研发团队,将大大提高企业的研发效率,提供企业研发的理论支持。对于研究型大学的优秀教师来说,甚至可以引领企业的研发团队。其四,承担学生的专业教学工作,建设"实习工厂"。从现在开始,我们应当将具有相当产业实力的企业定义为"教育企业"或实习工厂。其除了要引领产业相关企业大步发展,承担研发与生产责任之外,还应承担起为该产业培育人才的使命。它应当遵循大学生的学习习惯、学习心理,遵循教育规律,建设适合大学生的生产实习场地,从产业人才培养出发制订科学的教育教学计划,包括课程标准、岗位技术标准、产业人才能力标准,以及教学相关的教材、教学计划、课程单元设计、实操考核办法。如此,教育企业实质上分流了高校的专业教学功能,成长为一个具有教育功能的企业。

从现实看,部分高校教师的知识更新迟滞,创新动力不足,跟踪产业技术前沿的热情不够,使用最新工艺、技术、设备的能力较差,所以其专业教学能力和产业人才培养的能力实质上并不高,教学效率低下。这带来了毕业生适应岗位技能的状况不佳,企业普遍反映学生掌握岗位技能的状况不能令人满意。毕业生就业率降低,半年、一年、三年内频繁跳槽甚至改行,都可以从中找到原因。我们认为,发展教育企业,将职业教育、应用技术教育的教育责任分离,建立起校企合作分工的教育格局便顺理成章。即:(1)高校承担基础课教学、思想道德教育、素质教育,为学生进入产业奠定基本的专业知识基础,为学生步入社会搭建价值观体系;(2)行业的领导企业负责产业的人才培养,着重通过实际的生产实践培养学生的技术应用能力、实际工作能力,着力为本行业或本产业输送适用、可用、能用的技术人才。2010年以来,浙江金华职业技术学院就探讨了招生、教学、科研、就业、基地"五位一体"的校企合作模式,为了提高实训质量、教学水平而提出的"校内基地生产化,校外基地教学化"理论[①],值得我们借鉴。

(二) 个体的双重身份

组织的双重身份,如果没有个体身份的重新定义,就难以实现。人是最活跃的生产要素,即使在教育领域中,教师也是最主要的教育主体。只有打通了横亘在高校和企业之间的人的身份壁垒,校企合作的协同机制才能够真正形成。

高校教师目前的主要身份仍然是教师,教育开放之下的教师应当具有多重身份。第

---

① 易鑫. 校企合作的三个追问:高职发展的否定之否定[N]. 中国教育报,2010-04-21(4).

一身份自然是教师，承担专业课程教学、思想道德教育，为学生未来的职业生涯奠定价值观和专业技能基础。在课程思政的要求下，专业课教师的身份需要转变为专业课教师与思想政治教育教师兼备的复合身份。第二身份是学者。在教育开放中，教师的学者身份需要向应用型研究、生产性研究转变，实质上成为产业链中处于上层的研发位置。第三身份是政府等社会公共组织的技术支持者、政策咨询者、制度建议者、道德价值的守护者。我们必须重提教师的公共知识分子身份。当今社会的教师信任危机、社会好感度的下降等与教师的纯粹职业化相关。人们在民国时期看到的公共知识分子形象，在今天极为稀缺。第四身份是企业或产业的服务者，甚至是从业者。目前，强调高校教师的"双师身份"，一般把企业实践、获得教师资格以外的产业资格视为标准。"双师"身份的目的仍然在于更好地履行教师的课堂教学职责，而没有从产业协同发展角度去看待。教育开放要求教师深入企业，同企业的技术服务层、管理层、市场层一道为企业发展共同努力。不应把教师为企业服务看作训练教师专业技能的手段，而应看作教师的当然身份。教师此时不应被看作企业的临时服务者、编外人员，应当被看作纳入企业职工名册的正式职工，享受企业正常的工资待遇。这一步创新性的机制跨越的意义巨大，因为它正式认可了教师的企业职工身份，为教师直接通行于教育界与产业界作了制度开放。教师的四重身份其实仅为两种身份的细化，即教学身份和生产身份。

　　企业职工目前大多以产业教授或兼职教师的身份介入高校的人才培养，人事关系的松散、身份的跨界性都使得校企在人事方面的合作效率低下。产业教授或企业兼职教师，常常只是用来表明高校服务产业、改革教师队伍结构的一种努力，完成考核指标的意义大于实质上的合作。产业教授大多计入高校的兼职教师名册，是一种"数字化的存在"。他们的积极性没有被调动起来，参加专业教学指导委员会工作大多没有实际履责，只是承担极少数的专业课教学。或者由于高校教师无法讲授最新的专业技术、方法，只得延请工程师、设计师等产业界教师。这导致校外兼职教师竟然承担了主要的、最为核心的专业课程。他们除了作为高校兼职教师队伍建设的佐证数字以外，还享有少量的专家费用和正常的课时费。貌合神离的产业教授制度，需要以新的身份和机制破解。其第一身份是企业的员工，承担企业的科技研发、管理、生产和营销工作，享受企业的五险一金和工资、福利。其第二身份应当是产业教师。尽管教师身份中添加了"产业"二字，但不意味着他们是高校中的编外人员，而只是教师的一种类型而已，同样列入高校的正式教师名录，并且在人社厅、教育厅等人事管理部门备案，应享受相应的福利待遇。这意味着，优秀的企业管理层、研发人员、营销人员将转变为教师身份，以丰富的产业经验从事教育教学工作。

　　应该说，校企的双知识主体、双利益主体、双空间主体、双身份主体的机制改革，将带来教育界与产业界在人事上的彻底融合，这必然会带来实质性的校企深度合作，以解决目前校企合作"两张皮"的问题。只是，这种机制创新必须有相应的配套政策来落实、定位。

第五节 让渡、开放、打通：我国校企合作立法的框架性构想[①]

校企合作一直是职业院校人才培养工作的用力点、核心点，在实践和理论上都进行了近二十年的探索。但从实际效能来看，我国职教模式的"学校式"[②]没有改变，一直存在着"校热企冷"、流于表面的弊端，以至于在校企合作方面职业院校花费大量时间，心力交瘁，却陷入了"想作为"而"难作为"的死结。通过对上海、浙江 67 家企业的调研发现，企业参与校企合作总体呈现"低成本、低收益"状态[③]，浅层次、低动力参与成为校企合作停滞不前的制约因素。想要破解这一死结，就不能单单依靠官方的宣传倡导、学术界的理论反思和企业的责任自觉，必须走出高校单方面支撑的局面，进入教育立法、司法、执法的阶段。

放眼职业教育发展史，作为普通高等教育的一个类型，"高职教育发展的驱动力都是来自教育外部，而不是在教育内部"[④]。我们认为，调动外部力量是当前职业教育改革的主方向，整合职业教育发展的外部要素，并将其作为当事方（而不是相关方）纳入职业教育体系是校企合作立法的主要原则。关于高等教育发展的外部整合力量，美国学者伯顿·R. 克拉克提出了著名的"三角协调模式"[⑤]，认为高校的发展受制于政府、市场和学术权威，并各有偏向。除此以外，我们认为，立法还必须确立企业在职业教育中的中心地位，并完善与之相关的教育评价。应该说，这五个面向构成的校企合作立法的主要维度和框架，是完整而有效的。鉴于在校企合作论题中，关于职业院校一方的机制建设及其双方的交互作用学界多有论述，本节更加侧重职业教育外部相关组织的人才培养功能的阐述。

一、政府：校企合作立法的主导者

"高等教育的准公共产品属性意味着政府对高等教育的发展负有不可推卸的职责"[⑥]，尽管西方新自由主义、新公共管理思潮主张公共服务的市场化，但各国并没有把高等职业教育完全交予市场机制。各国政府不断介入校企合作，尤其是立法工作，对于确定高校与企业的职责、推进学生实用技能的训练做出了积极干预。可以说，西方职业教

---

① 本文发表于《现代教育管理》2019 年第 4 期，收入本书时略有修改。
② 刘育锋. 面向世界的职业教育新探索[M]. 北京：北京理工大学出版社，2009：9.
③ 冉云芳，石伟平. 企业参与职业院校校企合作成本、收益构成及差异性分析：基于浙江和上海 67 家企业的调查[J]. 高等教育研究，2015，36(9)：56－66.
④ 姚奇富. 高等职业教育办学模式创新研究[M]. 杭州：浙江大学出版社，2009：73.
⑤ 伯顿·R. 克拉克. 高等教育系统：学术组织的跨国研究[M]. 王承绪，徐辉，殷企平，等译. 杭州：杭州大学出版社，1994：159.
⑥ 潘懋元. 应用型人才培养的理论与实践[M]. 厦门：厦门大学出版社，2011：98.

育的发展史就是一部立法史①。英国近三十年来陆续颁布了《1988 年教育改革法》(1988)、《扩充及高等教育法》(1992)、《教学与高等教育法》(1998)、《迈向 2006 年策略》(2002)等。美国相继制定了《史蒂文森-怀德勒技术创新法》(1980)、《合作训练法案》(1982)、《国家合作研究法》(1984)、《美国 2000 年教育战略》(1991)、《目标 2000 年：美国教育法》(1994)，尤其 1994 年克林顿政府的《学校至职场机会法案》以举国之力推进了美国技能人才的培养。德国的《企业章程》(1869)、《职业培训条例》(1969)、《联邦职业教育法》(1969)等更被称为德国战后崛起的秘密武器，保证了德国应用科技大学的迅速发展。

从国外的校企合作立法来看，欧美国家已经把校企合作上升至国家发展层面，大多由总统、国会以及授权的权威教育主管部门主持立法，打破部门的条块分割，聚合各方力量力促校企合作。政府往往以国家权威身份，以立法的形式明确高校与企业的责、权、利，对校企合作进行宏观的管理、监督，明确奖惩政策，加强教育的违法审查和执法。

我国政府对于校企合作也作了一些基本规定。《中华人民共和国教育法》第 47 条规定：国家鼓励企业事业组织、社会团体同高等学校的教学、科研等合作，或者参与学校管理。《中华人民共和国职业教育法》规定：行业组织、企业和事业单位应当依法履行实施职业教育的义务，可以单独举办或者联合举办职业学校、职业培训机构，国家对在职业教育中做出显著成绩的单位和个人给予奖励。《中华人民共和国就业促进法》第 47 条指出：职业院校、职业技能培训机构与企业应当密切联系，实行产教结合，为经济建设服务，培养实用人才和熟练劳动者。这些关于校企合作的表述，说明我国教育部门对于校企合作是重视的，对企业和职业院校也提出了一定的要求。但是，这些法条没有确立企业在校企合作中的主体地位，多停留在引导、倡导和软性要求的层次，"多为原则性的一般法，其效力层次较低"②，不构成对企业的强制性法律约束，没有教育执法的可操作性。法条主要适用范围为教育领域，解释权主要在教育部门，难以成为工商界、产业界乃至全社会的共同的法律约规，政府对企业承担职业教育责任的管理成为一种无因管理。同时，法条也是分散的，没有形成体系性的表述，更没有制定校企合作专门法，在法制建设上尚处于初级阶段。

在公法范畴内，根据"特别法优于一般法"的法理效力层次规则，政府应当按照国家单行法、配套法、实施细则、地方立法的立法位阶，上位法与下位法互相支持，为校企合作建立健全的法律保障体系。国务院要在全国人大授权下成立由教育部、司法部、财政部、人力资源社会保障部、国家税务总局、工商总局、发改委、行业协会、法学专家组成的校企合作立法工作小组，顺畅立法表达机制和立法程序，平衡各方利益诉求，以为国立法、为国育人的使命感开展工作。从可操作性和有效性出发，政府应该设立跨越部门的工作机

---

① 王伟.关于完善我国高职教育校企合作立法的思考[J].黑龙江高教研究,2011,29(7):99-101.
② 张小蕾.以法律关系为视角的职业教育校企合作立法研究[J].职教论坛,2016(9):41-45.

构和执法机构。例如,美国专门设立协调管理合作教育的机构——国家教育合作委员会,高校均设有自己的合作教育部。澳大利亚设立了国家行业技能委员会和国家质量委员会,英国政府专门成立了国家学徒制培训服务中心。加拿大设立兼顾中介咨询及职业服务的官方机构合作教育协会和高效的 Co-op 教育与职业服务中心,高校设有专门的合作教育理事会、产学合作教育学生理事会。这些机构对校企合作的组织、协调、管制、鉴定发挥着重要职能。我国政府还应当就资质、流程、经费等方面制定罚则,设立教育行政执法机关,能够依照职权和法定程序对不履行义务、未完全履行义务或违反法规、存在资质缺陷的相对人,依法采取教育行政措施、教育行政处罚和教育强制执行。政府主导的立法要建立由权力机关监督、司法监督、行政监督、社会监督[1]组成的法律监察体系,保障校企合作科学、廉洁、高效地运行。

二、教育企业:职业教育的"一元主体"

从国际经验看,行业和雇主驱动的职业教育更能够满足国家工商业对于高技能劳动力的需求[2]。美国的《学校至职场机会法案》《珀金斯法案》,澳大利亚的《用技能武装劳动力 2005 年法案》都规定,行业企业要为学生提供生涯探索和技术应用的机会,帮助学生获得行业经验和行业理解。企业驱动职业教育发展,强调企业的主体责任,是世界各国职业教育法案的共同特征。

我国校企合作立法首先要确定企业在技术技能应用型人才培养中的地位问题。长期以来,企业在校企合作中是被动的、旁观的。究其原因,企业认为:校企之间在社会中是有着明确分工的——学校负责育人,为企业培养适用的人才,属于教育界;企业负责生产,使用高校培育出来的人才,属于产业界——往往将应用型人才的培养视作高校单方面的工作职责,而对于人才培养大多置身事外。我国的相关教育法规在确立了高校人才培养主体地位的同时,将企业的教育责任定义为"应当""参与""配合",企业被放在了次要甚至是可有可无的地位,其主体地位甚至是核心地位未能得到有效确认,其教育行为未能得到有效强化。

基于此种状况,校企合作立法要确立职业院校和教育企业在职业教育中"二元并立"的格局,清晰确认教育企业在职业教育中的"主体性"地位,既要明确企业实践是学生专业学习的必需阶段,又要明确接收学生开展专业实践是企业必须履行的教育义务。职业院校让渡专业教育功能,把技术技能人才培养的主阵地从职业院校(尤其是技术实力相对薄弱的高职高专院校)转移到优秀企业。这样一方面防止高校实训设施、器材的大资金重复投资,解决高校办学资金紧缺的难题;另一方面又是对企业生产设备的多功能的

---

[1] 杨红荃. 职业教育校企合作中的法律制度建设研究[M]. 桂林:广西师范大学出版社,2015:148-150.
[2] THE PARLIAMENT OF AUSTRALIA. Skilling Australia's Workforce Act 2005[Z]. Canberra:The Parliament of Australia.

充分运用,教育拨款和学费也会缓解企业的资金压力,又能帮助企业培养适销对路的岗位技能人才,降低企业的人力成本。

因而,校企合作立法要确立"教育企业"的概念。"教育企业"是指生产技术、管理水平、人力资源在行业内处于领先和标杆地位,在进行产品生产、工程施工的同时,承担为本行业培养适用人才的当然责任的企业,它既是一种教育实体,又代表一种行业荣誉。要组织专家对企业办学的资质、实力进行评估,实行学历性职业教育与培训市场准入制度,颁发职业教育培训许可证、具有法人资格的教育机构证书和具有教育性质的组织机构代码证书,赋予企业"事业法人"资格。立法要确定教育企业的注册、审查、评估、注销、制裁的条件和程序,引入市场竞争机制,促进企业教育资源的不断优化。不同企业有着不同的技术优势、产品优势和管理优势,可以对应高校不同的专业群和专业方向。立法要强制教育企业根据自己的专业优势,在企业或车间内设立多个"学习站"或行业技能培训中心,主动吸纳职业院校学生顶岗实习,将职业培训工作纳入企业发展规划。允许企业借鉴高校办学模式,在经过教育和工商部门核准后收取一定的学费和住宿费,在扣除设备损耗、材料损耗、教师薪酬、基础设施运营费用等办学成本后计入企业当年经营利润。允许企业凭借着自身优秀的技术水平、教学能力和专业教学工程师队伍,加大招生宣传力度,以市场化运作,将职业人才培养产业化、机制化,进一步扩大企业办学收益。

进而,立法应当鼓励极少数优秀的生产企业进一步向教育、科研、生产型企业转型,成立企业大学。引导这类企业制定行业技术标准和人才技能标准,编写技术和人才发展年鉴、报告,组织优秀工程师、专家撰写专业教材,编制和论证专业人才方案、课程设置、课程标准和授课计划。尤其,承担地方行业人才技能考核评价任务,组建以工程师、专家为中心的专业技能鉴定委员会,对学生的专业技能掌握情况进行赋分,并发放企业生产实践毕业证书。

必须突破"教育见习""顶岗实习"等有名无实的专业人才培养模式,改变当前高校、企业、学生被动应付、走过场、重参观、盖章了之的不良局面。立法要明确校企教育职能的分工。一方面,要求职业院校以开放的心态,让渡专业实践教学的教育功能,专攻素质教育、思想政治教育和专业理论知识、基础工作技能的培养,充分发挥其立德树人的育人功能;另一方面,要求企业也要以开放的心态,积极承接学历性职业教育及其实践教学责任,做好学生知识教学、技能培养的衔接工作,向教育与生产双责任主体转变,向教育型生产企业转变。在职业院校师资科学技术水平和实践教学能力不足、实训设备更新相比产业界明显滞后的情况下,教育企业基于真实生产的实践教学,在有效性上远远超越了高校的仿真、模拟教学。这是破解人才供需失衡、能力不对接、职业适切性矛盾的最终方向。这种体制在德国"双元制"的基础上更进一步,确定了企业在教育中的"直接责任"的"一元"主体定位,促进了高校办学向校企共同办学乃至企业办学的发展。

三、双毕业证书：校企合作立法中的教育评价革新

当前的学生实习存在诸多弊端。职业院校安排到某一企业的学生数量往往不确定，不同年度里或者安排或者不安排，企业无法预留一定数量的工作岗位给实习学生。学生实习时间常常变动不居、长短不一，甚至在学程上还出现了"三明治"式的复杂的、短交替的组合。这些极不统一的时间安排大大增加了企业安排学生实习的难度。如果站在企业生产的角度，此等实习必然扰乱正常的生产经营。而且，由于高校无法赶上产业界的技术革新，学生在校学习的知识、技能并不能满足企业生产的需要，无法真正顶岗实习。事实上，由于校企合作的艰难，绝大多数院校没有能力对学生的实习企业给予统一安排，只能由学生自发联系实习企业；学生也没有机会参与实际的企业生产，往往在企业中被闲置，或只从事一些低层次、外围性的协助工作。

针对以上问题，在确定了企业生产与教育的双重责任之后，校企合作立法还需要对职业院校学生及其专业实践作出相应规定，确立受教育者的职业院校学生和企业准员工的双重身份，要求学生必须完成在校学习和在企业生产实践的两个学习阶段。在学习时间上，企业的生产实践应当不少于甚至多于在校学习时间（德国的实践教学与理论教学的比例为7∶3），以确保学生具有扎实的专业实践能力和较强的实际工作能力、岗位适应能力。采取集中实习、大时段实习（每期实习为1~2年）、连续滚动实习的方式，并且在企业实践前学生应当在校内进行0.5~1年的专业知识学习和基础技能的训练，使学生具备专业实践的基础和基本岗位技能，让企业能够给予学生准员工的身份。

校企合作立法还必须对学习评价进行严格规定。正如在校学习需要授课教师命题考试一样，学生的企业实践成绩必须经过企业工程师、行业协会专家组成的企业实践技能鉴定委员会或者第三方考核评价机构现场进行测评，考查学生对于设备运行、性能、维修、生产能力、技术创新、效率计算、配套措施、能耗成本、图纸设计、产品改良等生产技术的掌握情况，检视学生对于市场需求、营销策略、产业趋势、行业精神、团队协作、产业关系、产业发展史等观念层面的了解情况。企业还要全面引入毕业设计这一实践教学环节，要求学生必须从企业技术研发、管理运营中的亟待解决的难题出发，综合运用自己的理论知识和实践技能提出系列解决方案。学生毕业设计所显示出的分析问题、解决问题的能力以及产业认识，将被划分为优秀、良好、中等、及格、不及格5个等次，不及格者不予颁发"企业实践毕业证书"。

截至2017年7月，人社部在推进政府"放管服"改革中保留了151项、取消了434项国家职业资格，削减比例高达70%。考试内容重理论、轻实践和考证培训产业化问题都带来了职业资格证书社会认同度的下降。国内大多数职业院校的职业技能鉴定中心于2013年以后基本停止运行，所谓的"双证制"大多处于停滞状态。鉴于此，除了必需的行业准入证书以外，校企合作立法应当明确实行新的"双证书"制度，就是高校颁发的"大学毕业证书"和具有认证资格的教育企业颁发的"企业实践毕业证书"。双毕业证书制度把

企业认证证书作为学生的毕业资格之一,将企业实践与大学学习并列成为人才招聘的条件,必然成为革新高校办学机制、大学生学习理念和社会人才观的重大引擎,必将激发职业教育各个利益相关方的发展活力,大幅度提升应用型人才培养质量。

四、学术权威:为应用人才培养注入先进技术的因子

在伯顿·R. 克拉克的理论框架中,教授统治、行会权力、专业权力都是基于学科的权力,"专业的和学者的专门知识是一种至关重要的和独特的权力形式,它授予某些人以某种形式支配他人的权力",因而产生权威和情境性的感召力[①]。如果我们把教育企业放入职业教育发展系统,企业中生产和管理的优秀专业人才就是一种学术权威,具有扎根于学科的权力,是应用型人才培养的主要学术力量。再从企业人力资源建设的角度看,我国自古有着悠久的学徒制传统,如今,各类优秀企业都在开展导师带徒技能传承活动、传帮带活动等师徒制职业培训,大力实施"技能升级计划"。在此过程中,一方面,企业的学术权威脱颖而出,成为某一技术领域或管理领域的专业权威,成为新生产技术、新管理理念的发明与传承者,进而成为本行业技术标准、管理标准的制定者,也是应用型技术技能人才培养的核心导师;另一方面,学术权威或企业在对员工进行职业培训时,课程设置、教学内容、教学进度的设计更趋合理,教学经验更趋丰富,教学机构更趋完善,服务教学的能力更趋强大,这为院校技能人才培养提供了先决条件。

"权威就是一种特殊的影响力,即合法的影响力。"[②]校企合作立法必须紧紧抓住师资建设这个牛鼻子,将拥有丰富生产实践经验的企业一线工程师纳入应用型人才培养的教师团队中,这关系到学生专业技能学习的成败。立法要对产业教师的任职资格从道德品行和专业技能上作出必要规定,要求产业教师职业道德高尚,爱岗敬业,廉洁自律,没有发生任何被立案的民事、刑事案件;获得教育主管部门颁发的资格证书或聘书,获得中级及以上工程师职称或二级及以上的职业资格证书,工作满3年及以上,在研发、生产、销售、管理等一线岗位上表现优秀,3年内未出现过重大生产事故。教育主管部门要对产业教师实行认证制度,除了开展基本的教育学、心理学和教学方法知识培训、考试之外,还需要开展思想政治表现、专业技术职务等审核,并组织教育专家进行为期1年的教学水平评估和跟踪,对于合格者颁发产业教师资格证书。

立法要打通机制壁垒。首先,要实现身份转型。不同于当前松散、低效的高校校外兼职教师队伍,立法要确认产业教师的企业工程师和高校专职教师的双重身份,并在教育、人力资源等政府主管部门备案入册,将其完全纳入职业教育教师管理体制。其次,建立高校与企业间教师的"互聘互兼、互培共育"的灵活流动制度。专业技术能力强的高校

---

① 伯顿·R. 克拉克. 高等教育系统:学术组织的跨国研究[M]. 王承绪,徐辉,殷企平,等译. 杭州:杭州大学出版社,1994:120-121.
② 罗伯特·A. 达尔. 现代政治分析[M]. 王沪宁,陈峰,译. 上海:上海译文出版社,1987:77.

教师可以转型为产业教师,进入企业从事生产和人才培养工作;产业教师也可以走出企业,尤其在退休后,转型为单纯的高校教师,从事专业理论和基本生产技能的教学工作。再次,要将产业教师纳入事业编制。同高校教师一样,产业教师的薪酬由政府财政拨款下发,从而使其享受双重薪酬,以提高其参与人才培养的积极性。政府要加强宏观管理和调控,使其职称结构、年龄结构、专业结构逐渐合理。如此,当前高校校外兼职教师难聘、外聘教师教学不够规范、现代学徒制难以有效实行、职业道德在校园内成为空谈的难题,都能够迎刃而解。

作为学术权威,企业中的中高级工程师和高级行政管理、企业管理人员,是应用型人才培养的主要实施者,也是校企合作的具体执行者。他们把握着行业的技术前沿和生产的新工艺、新工法,创新着高效、科学的管理理念和方法,在实践中积累了丰富的经验和案例,能够实施好应用型人才培养的教学工作。校企合作立法要对产业教师的教学工作作出相应规范,在充分尊重其教育创新、教学自由的基础上,强调现场教学、实践教学、案例教学法的充分运用,要组织专家对其教学计划、教学内容、课程设置、教学进度安排、教学组织形式、成绩考核方法、毕业设计指导、产业实践毕业条件等方面进行科学论证并备案。企业要与高校对接,实践岗位要与学生所学专业对接,教学内容要与企业的研发、生产、管理、销售分工对接,要依据大岗位群、大专业群、大教学模块安排教学内容。研发岗位要教授学生技术研发所使用的数据分析、科学原理、设备使用、施工技术、新知识新技术运用、研发团队组建与结构、研发预算经费管理、产品研发的消费者分析、材料与方法创新、科技成果转化方法与过程、专利申请、产品上市程序等系列技能。生产岗位要教授学生生产设备的安装、使用、维修和图纸会审、生产标准与规范、安全生产法、质量监督与成本控制、物料选取、折价与损耗、生产信息化、生产率提高的方法、生产要素的组合与调动、产品检验方法等系列技能。管理岗位要教授学生不同条件、环境下项目管理、经营管理、成本控制、财务管理、工程造价、企业文化培育的策略,并鼓励管理创新,加强廉洁从业教育。销售岗位要教授学生市场调查与数据分析方法、投议标流程、分包策略、市场消费趋势,以及投融资、PPP项目、市场开发方法、促销策略等系列技能。立法要明确规定,产业教师要减少理论依据的分析,着重将多年实践经验进行系统梳理和理论提升,将相对体系化的技能传授给学生。

校企合作立法要引导这些活跃于生产、科研、管理一线的优秀人才,主动转变自身职能和角色,跨越产业界和教育界,并实现互相支持、紧密融合。

五、市场法则:校企合作的利益驱动及其限制

高等教育的市场化已经成为国外教育改革的主趋势。1997年,经合组织对高等教育市场化的定义是:"把市场机制引入高等教育中,使高等教育运营至少具有如下一个显著的市场特征:竞争、选择、价格、分散决策、金钱刺激等。它排除绝对的传统公有化和绝对

的私有化。"①21世纪初以来,世界各国的教育变革正是因为看到了政府干预高等教育的有限性,纷纷开始去官僚化和解除管制,而"以市场力量取代政府干预,赋予高等教育机构更大的管理弹性,让他们在面对变迁及竞争时能够更积极地作出实时响应"②。

关于校企合作,有学者认为社会责任是联系学校与企事业单位合作的纽带,但"任何长久的合作必定建立在合作双方地位对等、利益平衡的基础上,如果只强调一方利益,合作关系就不可能持久、长效"③。我国校企合作的难点也正在于利益问题上未能达成共识、没有形成"利益交换机制"④。以绩效、经济利益、责任主体为要素的市场机制应当是高职教育资源配置的基础性方式。在高等教育大众化的阶段,在承认教育的公益性的同时,也不将教育真空化,否定教育的经济性,而应尊重校企合作中企业、资本的逐利本性,确认教育企业的第一身份首先是"企业"。构建校企专业学习共同体只有撬动市场杠杆,让企业获取生产利润的同时获取教育利润,才能为校企合作注入可持续发展的动力。

扫除了认识误区后,校企合作立法要允许企业拥有一定的利益点和利润空间,将教育所得计入教育企业运营的盈利。教育企业既是企业,又是教育机构,校企合作立法要确立教育企业的经费配置权,确保享受等同于职业院校的教育财政政策。

首先,校企合作立法要确保教育企业依法获得部分生均公用经费。教育部《2016年全国教育经费统计快报》显示,2016年全国普通高等学校生均拨款为30 457元,比2015年增长3.35%。立法要确认教育企业获得的国家公共财政预算、地方政府性基金预算安排的教育经费比例,用来支付职业教育所需的教学费用、教学保障费用、设备材料费用、土建修缮费用等。国务院和地方各级人民政府要合理分配高校和企业的教育经费投向比例,充分保障教育企业在应用型人才培养中的合理支出。

其次,校企合作立法要确保教育企业依法获得学生缴纳的学费。要引导学生、家长转变传统的学校教育观念,把企业办学视为高等教育的一种办学形式,把企业实践学费视为高等教育学费的一部分。立法要允许教育企业独立收取学费,并独立管理和使用。当更多的教育企业被培育出来,要引入市场原则,实行高校学生与教育企业双选制度。行业内具有较强技术优势、较高教育水平的教育企业,可以选择成绩优秀的考生,优先录用优秀毕业生,可以享受学费标准的上限,进一步扩大自身在技术、教育领域的领先地位。处于劣势的教育企业将面临生源缺乏、学费不足的困境,在市场竞争中或者主动自我提升,或者被迫出局。考生也可以根据自己的成绩、专业、实践能力、经济状况,选择适合的教育企业进行专业技能学习。

---

① 李盛兵.高等教育市场化:欧洲观点[J].高等教育研究,2000,21(4):108-111.
② 胡莉芳.市场与高等教育改革文献综述[J].清华大学教育研究,2005,26(6):99-104.
③ BURKE. School-business partnerships: Trojan horse or manna from heaven? [J]. NASSP Bulletin, 1986,70(493):45-49.
④ 王远东.高职教育校企合作促进法中交换制度的建立:"社会交换"理论对校企合作立法的启示[J].职教论坛,2013(5):7-9.

再次，校企合作立法要加大对教育企业的经济激励和政策性优惠。澳大利亚《培训保障法（修正案）》规定，企业如果在职业培训上的开支达到员工工资总额的5%及以上，即可免除该法案中的相应税收。德国政府则设立中央基金，给予培训企业50%～80%的职业培训补助，给予专门扣除款、及时扣除款、固定扣除款、补偿款等税款优惠。21世纪初，美国政府设立2 100万美元的专项基金，加大对学徒项目参与人员的补助。加拿大实行退税制度，安大略省政府规定，开展合作教育的大中型企业可以得到25%、小企业可以得到30%的课税扣除。政府补贴成为世界各国推进校企合作和职业培训的普遍做法。我国的校企合作立法也要设立专项基金、专项补贴，依据学徒数量、培训时间、学生毕业人数发放奖励性费用，减免教育企业部分教育培训利润的所得税、营业税、增值税、城镇土地使用税、车船使用税、房产税，免去全部教育费附加，以降低教育企业人才培养的成本。要求企业推行暂不支付薪酬的顶岗实习，将学生直接放置于生产岗位，鼓励企业发现人才，留任优秀毕业生，发挥人才长远的经济效益，以学生的生产收益抵偿合作成本。

最后，校企合作立法要引入企业办学国家荣誉制度和软性效益理念。为了表彰企业在人才培养中的贡献，澳大利亚国家教育、就业与劳资关系部就设立了部长杰出奖，包括最佳雇主奖、最佳服务支持奖、最佳学徒协议奖，"这些奖项的颁布有利于提高雇主个人名誉和公司的声誉，有利于消费者和同行获知公司的成就，对改善其公共关系有很大的推动作用"[1]。严格的市场准入制度和教育企业资质、国家荣誉的获得，可以共同表明国家和社会对于某企业技术水平、实力的认可，助其固化行业领导地位，改善市场运营环境，获得更多发展资源。立法要引导企业重视办学的无形资产、长远效益，保证教育企业优秀人才的优先选拔权、使用权，助其改善人力资源结构，使其在人力资源竞争中占有优势。

运用市场法则，依靠利益驱动牵引，校企合作能够形成政府投入为主、受教育者合理分担、其他多种渠道筹措经费的机制，有效解决了资金保障问题。然而，尽管我们可以将职业教育视为一种产业，但必须指出的是，这是一种特殊的产业，它具有上层建筑及公益特征[2]，具有准公共产品的性质，市场机制的引入更需要主管部门的法治监管。比如，针对近年来所谓的校企联合办学，山东、甘肃、内蒙古等多省份就收费标准进行了明确和规范，打击自立名目、合约式乱收费，打击专项资金的他用。校企合作立法要推动建立教育经费统计、监测、公告制度，由第三方会计事务机构每年对教育企业获取的生均经费拨款、学费、专项补贴、基金的去向、用途、支出额度及其合理性、科学性进行专项财务社会审计，并向教育、企业主管部门和社会定期信息公开。对教育企业的违法行为，视为对国家、社会和个人的法益侵害，应纳入国家刑事法系。相关责任人若有违法行为，视同职务

---

[1] 潘懋元.应用型人才培养的理论与实践[M].厦门：厦门大学出版社，2011：99-100.
[2] 刘育锋.面向世界的职业教育新探索[M].北京：北京理工大学出版社，2009：10-11.

犯罪、经济犯罪,应将其移送司法机关,以申诫罚、行为罚、财产罚、救济罚不同类型依法追究其法律责任。

综上,社会开放式是人才培养模式适应大众化教育需求的必然选择[①],提升校企协同育人能力、共生能力,激发多层次、多样态的教育相关责任者的办学动能,启动校企合作立法是必经途径。以办学主体的多元化和"教育开放"为改革路径,校企合作的法制建设要力促教育与经济的双向、良性互动,确立行业企业对于技能人才培养的一元主体地位和无可推卸的法律责任。要兼具激励、引导与管制、制裁,对校企合作的方向、限制、过程、处罚进行条件性界定。既要制定校企合作单行法,又要修订现有职业教育基本法,以此明确各方的强迫性权责或一定行为,促成各利益当事方共同肩负起我国职业教育质量提升的使命。

---

① 陈家颐.社会转型视角下的高等职业教育:市场机制对高职教育发展的影响研究[M].南京:南京大学出版社,2006:39.

第四章　新常态下校园开放与社会招生机制[①]

黄炎培先生说:"职业教育是绝对不许关了门干的,也绝对不许在书本里讨生活的。"[②]他还认为职业教育必须与经济社会联合建立开放性的管理体制,实行开门办学,因为职业学校的灵魂"其从本质说来,就是社会性,从起作用来说,就是社会化"[③]。没有社会开放,就没有职业教育。

从教育史看,职业教育的产业亲和性、社会关联性、平民适应性、办学开放性及就业导向的职业性,可以称为职业教育的历史基因,也是职业教育作为一种教育类型的基本性质。因而,职业教育在社会开放中具有突出的优势。

职业教育的开放性突出表现在招生对象的高度开放性上。根据国务院的安排,2019—2021年我国高等职业院校分别扩招100万人、200万人、200万人。高职院校的招生对象,由应届普通高中毕业生、中职毕业生扩展到了社会考生,包括退役军人、下岗失业职工、进城务工人员、新型职业农民等。近年以来,高职院校面向社会人员开展的全日制学历教育(全日制社招)已经在全国各省份、各职业教育院校全面铺开。各省教育厅已经出台高职扩招专项实施方案,职业院校也在探索适应社会招生对象的招生办法、培养方式。在招生条件上,一般要求具有本省户籍或在苏务工(需提供6个月以上劳动合同证明)、具有高中阶段学历或同等学力及以上的企事业单位在职职工、退役军人、进城务工人员及待业人员等。在培养方式上,一般采用线上远程教学和线下教学结合的方式,在现有在校生人才培养方案的基础上对培养目标、教学计划进行了调整。这是高等职业教育面对人口老龄化、新型城镇化和产业转型升级的新常态,为服务终身教育、打造学习型社会而做出的努力。

第一节　社区融合中的校园开放

人类社会发展经历了管制型、管理型和服务型三种政府治理模式。其中,服务型政府应答了公民社会的新趋势,是人类治理文明的新方向[④]。它树立了"民本位、社会本位、

[①] 本章所述的"职业教育"包含了高职院校、高职本科院校、应用技术型本科院校所从事的教育形态。
[②] 黄炎培. 黄炎培教育文选[M]. 上海:上海教育出版社,1985:166.
[③] 黄炎培. 黄炎培教育文选[M]. 上海:上海教育出版社,1985:179-180.
[④] 张康之. 我们为什么要建设服务型政府[J]. 行政论坛,2012,19(1):1-7.

权利本位"的思想,注重建设有限政府、责任政府、法治政府、有效政府①,主要职责是帮助公民表达并实现他们的公共利益,向全社会提供基本而有保障的公共产品和有效的公共服务,以不断满足广大社会成员日益增长的公共需求和公共利益诉求,在此基础上形成政府治理的制度安排。从这个意义上说,国家治理体系和治理能力现代化的过程,也就是提高公共服务能力与水平的过程。

一、中外大学的"围墙"与"破墙"

在西方大学发展史上,大学师生同当地居民曾经发生过激烈冲突。1225年,博洛尼亚大学学生与市民爆发冲突,导致大学短暂关闭。巴黎大学在1200年、1229年也与市民发生了流血事件,1209年牛津大学学生与镇民发生冲突。这说明了大学与社区的紧密联系,最终导致了大学开始走向自治与特权。特别是腓特烈一世于1158年向博洛尼亚大学颁布了《完全居住法案》,那不勒斯大学和巴黎大学分别获得了特许状之后,大学的独立性和封闭性日益明显,变成了传播高深学问、从事纯学术研究而远离社会现实的"象牙塔"。

但这没有阻止大学的社区融合之路。学者分析了中世纪以博洛尼亚大学、巴黎大学和那不勒斯大学为代表的欧洲中世纪大学生成的外部环境、内部治理和利益结构等因素后发现,公共角色才是大学的本质属性,主要表现在"公共功能"、"公共参与"和"公共理性"上②。社区融合是西方大学的传统。"作为现代大学原点的中世纪大学从诞生开始就深深植根于城市的世俗生活中,并与城市的经济、文化、社会生活及各个社会阶层产生持续、频繁、良性的互动。"③早期的博洛尼亚大学、巴黎大学、牛津大学,往往没有固定的校园和校舍,学生和教师一般会向市镇的居民租赁公寓、房舍或教堂作为宿舍和教室。学生们的日常生活用品,如笔墨、纸张、衣服、书籍等和其他生活需求也要依靠城市的市场供应,城市中散落的餐馆、酒肆等娱乐场所也为学者的庆典、宴饮、请客等活动提供方便之所。大学为城市出现的新兴部门、新业态培养人才,"自我调整来满足社会的职业和商业需求",实行"有用目的"的教学④,做到大学教学活动与城市发展的耦合。14世纪后,大学服务城市社区发展的功能得到进一步推进,大学的监管特权逐步扩展以至于延伸至市民生活领域。以牛津大学为例,一开始校长的裁决权只是对校内员工的审判权,后来获得了对校外人员民事行为的审判权,后来又增设对校外人员破坏治安的刑事惩处裁决权,再到后来大学的自主管理权已扩张到"教士的'家庭成员'、仪仗前导、羊皮纸制造者、照明用具制造者、作家、理发师,以及'其他穿制服和长袍的工作人员'"⑤。中世纪大学同

---

① 侯玉兰.论建设服务型政府:内涵及意义[J].理论前沿,2003(23):16-17.
② 陈涛.大学本质属性探源:基于三所欧洲中世纪大学的分析[J].高等教育研究,2016,37(10):1-9.
③ 吴霞,易金生.中世纪大学与城市互动关系的历史探源[J].教书育人(高教论坛),2018(12):14-17.
④ 艾伦·B.科班.中世纪大学:发展与组织[M].周常明,王晓宇,译.济南:山东教育出版社,2013:260.
⑤ 海斯汀·拉斯达尔.中世纪的欧洲大学:第三卷 博雅教育兴起[M].邓磊,译.重庆:重庆大学出版社,2011:49.

社区的蜜月期乃至越权期,较大地影响了西方大学的社区融合传统、校园开放传统的形成。

二战以来,大学校园与社会的联系日益紧密。不管是政府、社会的推动,还是大学的主动转型,大学校园的社会化开放成为一种普遍趋势。一是实现大学场馆资源与社会的共享,允许社会人员、社区居民进入大学从事文体活动,以改善社会资源不足的状况。二是将大学纳入城市整体规划之中,使大学成为社区发展的一部分。而世界顶级名校,如哈佛大学、斯坦福大学、耶鲁大学等都没有围墙,社区居民可以自由出入大学。例如,美国大学的体育资源建设,充分考虑与美国职业篮球联赛(National Basketball Association, NBA)、美国大学生篮球联赛(National Collegiate Athletic Association, NCAA)等职业联赛、体育竞赛相融合,在场馆建设、设计标准、功能实现等方面充分考虑先进性、标准性以及与社会的互通互联互洽,使高校体育场馆有能力承担社会功能。运行过程中,注重商业利益最大化,保障了场馆设施的正常维护运营。美国大学依据社会求同性的建设模式和规格,改进、扩建场馆,引进社会资金,在解决了社会需求的同时,也解决了自身场馆建设运营的资金难题,实现了与社会的融合式发展。

中国大学被称作"围墙里的社会",以厚厚的实体围墙、铁栅和严格的安保将自身与社区隔离开来。社会人员的进出被严格限制,大量学习资源、文化资源不向社区居民开放,大学变成隔离于社区的独立王国。对此,不少学校也从"破墙"开始,试图融入社会。1993年,北京大学推倒了南门外600米的一段围墙,建设了25 000平方米的商业街,是中国大学"破墙"的尝试。湖南大学、武汉大学、宁波高教园也废除了围墙,使公交出入校园,市民可以凭票或身份证出入校园参观学习。成都工业学院在向应用型本科转型的过程中,推倒校墙,同墙外的企业分享科研实践平台,建成了产教融合的郫都电子信息产业学院、电子信息产业园,深度融合进郫都街区发展。湖南化工职业技术学院的化工实训基地面向其他院校、企业开放,从针对校内学生能力培养建设走向全开放共享,最大程度发挥社会效益。而香港中文大学、香港城市大学、香港大学等都是开放式校园,社区居民可以享用免费的校园Wi-Fi,教育教学场馆、报告厅等面向居民开放,居民可以走入课堂听课、观摩学生的科学实验。城市孕育了大学,大学反哺城市,大学与城市相互依赖、相互依存,构成了一种互利互惠的关系。

二、校园开放的必要性与困难

我们可以宏观地讨论大学之于社会的人才培养、服务产业的使命,也应该中观地讨论大学校园对于周边社区乃至整个城市的社会责任。

(一) 校园开放的必需性

大学为一方城市或社区培养人才,为社区居民的孩子创造着良好的成长环境,直接影响着当地的人口素质、经济发展水平。大学同样担负着向社区传播知识、弘扬文明、培育新思想、树立道德标杆的文化使命,担负着提升社区居民整体素质的教育使命,这种社会责任应当称为社区公共服务。

1. 融入社区与一体化发展

2022年的中国大学呈现老校区、新校区、多校区并存的状态。老校区多处于拥挤繁华的市区,被住宅、小区包围;新校区虽然处于大学城、高新园、开发区,但也被新的小区、社区、公园、购物广场、企业等包围,也就是说,大学的社区性特征愈加明显,早已与周边社区融为一体,成为城市综合体的重要组织结构。然而,我们可以看到,大学周边的市民为了健身、学习,往往花钱租赁场地,购买年卡到健身房锻炼,或者前往远离小区的区县图书馆阅读,或者前往较远的文化馆、博物馆进行参观。由于大学校园的封闭,他们只能舍近求远,这本身违背了公民社会的公益性、开放性和公民权利的要求,隔绝于社区的做法也不利于大学的社会融入与和谐发展格局的形成。如今,我国大学校园并非存在于远离市民的荒僻之所,而是被周边小区、商场、公园等环绕,是社区发展中的一个重要成员,无法隔离于社区而存在。特别是,近二十年全国各地普遍建立起了集聚性的大学城,这些大学城已经被地方政府纳入城市规划和社会管理范畴,社会性、开放性色彩逐渐增强,而精英主义的象牙塔色彩逐渐淡去。

如今,全社会都在呼吁高校向社会开放体育馆、操场、图书馆、展览馆、博物馆等设施,对高校封闭校门、阻挡市民进入的高冷姿态,包括寒暑假资源的闲置进行了激烈批判。在全民健身、全民阅读的浪潮之下,在建设学习型社会的浪潮之下,周边市民对于开放高校公共文化体育设施抱有极高的期待。

20世纪50年代,美国学者奥尔森提出:"学校不应该是一个脱离社会的文化孤岛,应该建立各种桥梁,努力解决社区存在的问题。"[①]从西方现代教育发展看,公共服务属性是现代高等教育的一种内在规定性。我国《中国教育现代化2035》着重强调了教育服务人民、服务社会主义现代化、服务全民终身学习体系的重要使命,把社会开放与对外开放作为中国教育现代化的实现路径。所以,融入社会公共服务体系,开放校园,推动资源共享,实现社会效益与经济效益的同步提升,不仅符合现代教育的特性,而且符合我国高等教育现代化的内在要求。

2. 不足与闲置并存

目前,我国存在着社会人均公共服务设施不足与教育用公共设施闲置并存的问题。2018年,国家体育总局群众体育司发布的《中国群众体育发展报告(2018)》显示:截至2017年年底,我国体育场地数量已超过195.7万个,人均体育场地面积达到1.66平方米。虽然这一数字呈现明显的上升趋势,但对比发达国家来看,美国人均体育场地面积达到16平方米,日本甚至高达19平方米,我们还有很大的差距。而教育系统体育场地

---

① 袁媛媛.高校与社区互动的理论与实践[D].上海:上海师范大学,2006:10.

数量多达 66.05 万个,面积占比为 53.01%,占到全国体育场地面积的一半还多。引导高等学校向社会开放体育场地和设施,成为缓解我国人均体育场地不足问题的重要举措。

作为学生的体育课程的学习场地、体育竞赛的训练场地、日常体育的活动场地,也作为教师休闲健身的场所,高校体育场馆并没有满负荷运行。其使用时间往往比较集中,频次也不同,大规模使用集中于体育测试、备赛、运动会期间,而晚间、周末,尤其寒暑假等时间段则大量闲置。在闲置期间,高校体育设施设备仍然发生着老化、折旧以及管理费用,加大了高校的体育设施的运营成本,造成了体育资源的浪费和较大的财务压力。数据显示,我国高校体育场馆及设施使用率不高,大多经营管理不善,有的甚至出现亏损[①]。因此,高校通过相应的经营活动创造必要的经济效益,也有其内在需求。

3. 政策指引

针对开放水平较低的现实,法律层面也做出了规定。《全民健身条例》(2016 年修订)第二十八条规定,公办学校应当积极创造条件向公众开放体育设施,国家鼓励民办学校向公众开放体育设施。《公共文化体育设施条例》(2003 年)第六条要求,国家鼓励机关、学校等单位内部的文化体育设施向公众开放。2017 年教育部、国家体育总局共同发布了《关于推进学校体育场馆向社会开放的实施意见》(教体艺〔2017〕1 号),进一步对学校体育场馆的社会开放做出了详细规定。《中华人民共和国教育法》第四十九条规定,学校及其他教育机构在不影响正常教育教学活动的前提下,应当积极参加当地的社会公益活动。在法律层面上,提出了高校体育场馆、文化场馆以及其他设施参与社会公共服务的要求。《高等职业教育创新发展行动计划(2015—2018 年)》要求专科高等职业院校要发挥场地、设施、师资、教学实训设备、网络及教育资源优势,向社区开放服务;面向社区成员开展与生活密切相关的职业技能培训,以及民主法治、文明礼仪、保健养生、生态文明等方面的教育活动。

(二) 校园开放面临的困境

事实上,高校开放文化体育设施的积极性并不高,多年下来效果不明显。究其原因,主要是大学一旦开放文化体育设施,就面临着校园安全的问题,进入人员的复杂性往往使得大学难以把握。进入校园的市民素质良莠不齐,甚至在校园中遛狗、乱扔垃圾、骚扰女生的现象时有发生,管理难度加大,反而激化了大学同周边社区的矛盾。同时,高校设施的开放需要求高校持续跟踪、完善设施的运行情况,做好民众使用过程管理,需要投入更多的维护成本和人力成本。这大大提高了高校设施的折旧率、损坏率,从而使高校陷入了更大的经费压力之中。

更为严重的是,高校校园的社会开放面临着制度挑战。对于入校社会人员的安全保障,高校没有法律上规定的义务,往往也缺乏疾病、伤害的救治能力。对于入校社会人员

---

① 王茂利.高校体育场馆社会效益与经济效益关系的研究[J].价值工程,2012(25):70-71.

的违法行为,高校没有执法权,只能进行劝诫、阻止,却不能强制执行。如果出现上述问题,高校将面临社会的激烈抨击。高校被赋予要求履行社会开放的义务,却没有被给予相应的制度保障,从而陷入了两难的境地。校园社会开放问题的解决路径,就落在了机制与制度完善上了。

三、大学校园开放的机制探索

2019年年底以来蔓延全球的新冠肺炎疫情,直至2022年初在个别国家依然十分严重。出于疫情防控需要,高校为了阻断社会传染性疾病可能对师生的威胁,纷纷重新筑起了围墙,建起了收缩门,严格设置了"门禁系统",导致近几年的大学校园基本拒绝了周边居民、社区、企业、事业单位的进入,基本阻断了高校同社区的联系。然而,从长期来看,疫情终将过去,大学校园开放的迫切需要依然存在,那么讨论大学校园开放机制就仍然有其必要性。

我们可以把校园开放分为三类:(1)校园场馆开放。这类场馆主要包括图书馆、阅览室、体育馆、操场、健身房、游泳馆、舞蹈房、展览馆、校史馆等文体场馆,用于满足周边居民的文化体育需求。而实验实训室等科技类场馆也可以作为供周边居民、中小学参观的场馆。这类场馆也包括食堂、超市等餐饮消费设施。(2)知识学习场馆的开放。这种开放主要包括教室、报告厅的开放,用于满足周边居民学习新知识、听取高端专家报告的需要。更重要的知识学习开放,在疫情防控常态化的背景下,则是学校精品课程的在线开放。(3)实验实训场所的企业开放。允许校外企业使用学校的实验室、实训室,从事科学研究、产品开发、技能培训,能够深化校企合作关系,促进资源共建共享。对于促进校园三类开放,一方面有着强烈的社会呼声,另一方面又存在着许多困难,迫切需要机制的破解。

(一)教育的社区共治

对此,我们需要重新评估社区对于大学发展的价值。近十多年来,全国兴起了"大学城建设"热潮。经过十多年的发展,由于大学城具有的高人流量、高消费能力、高科技性、良好的人文环境等,围绕大学城兴建的小区、中小学、培训机构、商城、商业街区、居委会、银行、医院、政府机关等迅速发展起来。大学早已同周边社区融为一体,二者相互支持、相互影响、相互促进,共进共荣趋势已然形成。社区形成的"教育意见"与大学产生的"社会意见",需要在相互沟通中形成一种发展合力或"发展共识",在相互沟通合作中促进对方发展及双方共同发展。我们一直将企业、第三方机构、政府等看作多元治理结构中的重要主体,其实我们严重忽略了社区对于大学治理的积极意义。《高等职业教育创新发展行动计划(2015—2018年)》(2015)提出了颇具创新意义的"联席会议制度"。由于大学发展同周边社区利益的高度相关性,我们可以从周边社区的各个单位中聘请部分具有相当的教育理论与实践基础的人员,担任大学的社区教育代表,传达社区居民的教育诉求、愿望以及不满,代表社区居民参与学校发展规划,帮助大学制订社区教育服务计划。同时,向社区传达大学的教育诉求、困难以及需要社区配合的重要事项。制定联席会议制度,每一年召开一次学校与社区建设的联席会议,就重大事项进行磋商。在学校校园建设与规划、专业设置、招生就业、重大人事变动、重大财务支出等方面,听取社区联席会议意见。为了真正发挥社区联席会议的作用,还可以继续借鉴前面所讲的席位制。建立社区委员会,同学生委员会、教师委员会、管理者委员会以及校外的企业委员会、政府机构委员会等联合实施大学发展重大事项表决。每个委员会给予10个席位,即10个表决票,共60个表决票。因为大学的发展更关乎大学内部,因此校内决策主体占据30个席位。如此,既考虑到了大学治理首先是大学内部事务的内部治理的基本认识,又兼顾了大学治理的社会化开放,实现多元主体共同治理的现代治理改革。

(二) 政府购买社会服务与社区教育券

大学之所以消极应对校园开放,主要由于有限的教育设施设备因增加了大量的使用者而导致更大的损耗,却没有配套的经费给予弥补。政府购买社会服务的公共治理模式已经广泛应用于各个领域,包括环境保护、养老服务、公共交通运输等涉及公共利益的领域。同时,后疫情时代,全国各地政府都在发行消费券,以促进社会消费。而美国自20世纪90年代推行的"教育券"制度也可以理解为政府财政投入与分配的另一种方式。结合中外的两种尝试,我们可以向社区居民和单位发放社区教育券,持券人可以根据自身学习、文体需要,结合学校设施、项目、活动、课程情况,持券前往大学进行消费。学校用教育券向政府兑换教育建设经费,用于活动开展、设施建设,以及其他用途。政府可以成立专门的社区教育服务中心负责运营相关事项。官方性质给了项目运营以合法性和行政色彩,也能够保障项目的顺利进行。

(三) 平台建设与共享

政府可以招标的方式引入社会资本进行运营,统筹规划大学资源和社区需求,通过政府的监管,在社会公益与谋求利益最大化中取得平衡。社会资本必须成立专门的运营公司,即一种类似于物业公司的资源托管公司。它们负责统计、维护大学的文体设施,进行消费者与大学资源的匹配,以收取费用、办理消费卡等方式同大学进行利润分成。这样,既增加了社区消费者的选择自由度,也激励了大学为了吸引消费者更好地提高课程、活动、文体场馆、知识学习的质量,本质上也提高了自身的软硬件水平。2015年以来兴起的共享单车、共享充电宝以及美团等平台经济,给了社会各类资源展示和交易的平台。其实,目前教育资源的社会共享就缺乏这样的平台。这启发我们,可以开发"我的社区大学"等app,将大学的文体场馆、文体活动、报告、演出、课程、参观、亲子活动等统统纳入共享平台,供社区消费者通过手机客户端便利查看、下单。如此,大学就以市场化机制,借助平台进入了消费情境,从而实现了市场化、共享化的校园开放。

(四) 法律与政策保障

为了鼓励大学实施校园开放，解决校园开放中的各种冲突，政府必须出台相应的配套政策。其一，大学免责与意外豁免。近代以来，大学担负了越来越多的社会使命。社会不仅期待大学承担人才培养的职责，还要承担科学研究、社会文化批判、社会公益、企事业服务（技术服务、政策咨询等）职责，甚至要求学校必须为学生的自杀、心理疾病、教育不公平、社会阶层固化等负责。大学在种种重压之下，已经不堪重负。在校园开放中，大学的顾虑主要是社区居民的安全问题、违反学校规定乃至打架斗殴、刑事犯罪等的发生。如果学校必须为每一位进入校园的儿童、青少年、成年人、老人的意外事故、意外伤害、食品安全等负责，大学将陷入无休止的社会纠纷和司法纠缠中，恐怕没有一所大学会开放校园。因此，政府要出台法律规定，给予大学完全的意外豁免权，即大学不为进入校园的社会居民的安全、疾病、损伤负任何责任。社区居民一旦持券进入校园，视同认可大学的豁免权。其二，对教育服务进行科学定价。制定大学社区服务的标准，包括时间标准、费用标准、师资标准、质量标准、卫生标准、补贴标准等，必须达到合格线才可以接受社区居民的教育消费。政府部门要对接受社区居民进行教育消费的场所、项目的质量、安全性进行定期评估。不达标者不得接受社会民众进入校园，也不享受政府部门发放的社会服务补贴或教育券。以政府定价的方式，能够帮助大学获得公信力。其三，对社区居民的强制保险和免疫机制。政府要通过政策制定清晰的社区居民校园准入条件。同时，任何具有盗窃、强奸、斗殴、吸毒、诈骗、纵火等民事、刑事犯罪者，癫痫、结核病、艾滋病、中重度肝炎、去过中高风险区等患者不得进入校园。学校要对进入校园的居民的准入申请进行严格审核。法律法规要对社会居民的校园犯罪给予严厉惩罚。其四，要鼓励社会资本参与校园开放。对进入此领域的企业要给予税费减免、经费补贴，以降低初创企业的经营风险。

当前，我国民众对于公共服务的迫切需求与社会公共服务供给不足之间的矛盾，是摆在服务型政府面前的一个亟待解决的难题。对此，《公共文化体育设施条例》（2003年）规定，由各级人民政府举办或者社会力量举办的，向公众开放用于开展文化体育活动的公益性的图书馆、博物馆、纪念馆、美术馆、文化馆（站）、体育场（馆）、青少年宫、工人文化宫等的建筑物、场地和设备应当向公众开放。除此之外，高校推倒围墙、扩大社会开放，向社会市民或社区居民、企业开放校园及校园内的体育馆、操场、图书馆、博物馆、实验实训室、展览馆，也成为扩大公共服务供给的一种呼声。

利用自己的教育资源为社区居民提供力所能及的公共服务，需要推倒围墙、开放校园。大学与社区的融汇互动，有利于大学创造和谐共生的发展环境，形成同步提升、互为拉动、互相融合的发展格局，其实也产生了高等教育发展的新的增长点和新的办学方向，那就是建设学习型社区和学习型城市、构建终身教育体系。未来大学与社会的关系，一定是资源共享、社群融合、共同进步的新型关系。

第二节　面向积极老龄化的开放办学

根据2021年5月发布的第七次全国人口普查数据,我国60岁及以上人口占18.7%,共计约2.64亿人,标志着我国已经进入到深度老龄化阶段。"第三年龄"往往指60～75岁的老年人,时间大约15年[①]。他们拥有基本的健康状况,经验丰富,求知欲强烈,也有较强的公益精神、奉献精神。在终身教育的视域下,老年教育只不过是面对退休人员的一种教育类型而已,是再学习、再教育的一种形式。加之,"老年教育"带有的垂暮色彩,带有让人沮丧的情感,所以,我们更愿意将"老年教育"称为"第三年龄教育",将60～75岁的老年人称为"第三年龄人"。而75岁以后的老人称为"第四年龄人"。不加区分地将60岁以后的人群统称为"老年人"并不合理,不利于我们从生理视角和教育视角审视这个庞大群体。我们还可以看到,不少人在50岁左右遭遇了职业倦怠、进取心缺乏、职业发展瓶颈、组织内被边缘化等现象,而知识更新的加速则使此部分人群在知识有效性上进一步远离社会需求和知识进化潮流。因此,我们甚至有必要将"第三年龄"人群提前到50岁或55岁,如此,第三年龄教育的时间长度就进一步延长了,高校的第三年龄教育责任更为重大。

一、积极老龄化的教育观

在教育学的视野中,第三年龄人其实是学习者,也是新型人力资源。面对老龄化,我们需要以"积极老龄化"的视角来重塑老年教育观念。

（一）第三年龄人是学习者

人们往往把第三年龄人看作人生的完成状态,不再参与工作,也不再参与学习。而事实上,第三年龄人的学习欲望强烈,老年教育已经蓬勃发展。职业教育必须迅速回应我国老龄化趋势和老年教育需求,把推进老年教育作为学校发展战略之一,作为学校内涵发展的教育增长点之一。遗憾的是,目前绝大部分职业院校的老年教育需求的响应较为迟滞,没有将老年教育写入"十四五"发展规划。

（二）第三年龄人是新的人力资源

我们过度强调了老年人失能的一面,假定了其社会照护对象的角色。2021年6月公布的《中共中央国务院关于优化生育政策促进人口长期均衡发展的决定》开始实施的一对夫妻可以生育三个子女政策,是应对老龄化、优化人口结构、增加劳动人口之举。而如果借鉴日本的经验,并结合我国第三年龄人的健康状况,我们完全可以从人力资源开放角度看待老年教育,即第三年龄人是劳动人口之外的新的人力资源,教育就是进行老年人力资源的开发。

---

① 注释:经过对我国各高校老年大学招生情况的调研发现,老年大学的招生对象的年龄多限制在55～80岁,80岁以上一般不作为招生对象。

(三)"老"先于"学"

国际上通用的"第三年龄"(The Third Age)概念,最初来自法国,现已成为讨论西方国家在社会及教育政策制度时的重要名词。我们首先要承认老年教育的教育对象是退休后的第三年龄人,比如记忆力、注意力、反应能力、动作能力等身体机能,以及学习心态、生活态度、人生旨趣等,相比之前都发生了重大变化。因此,老年教育必须在尊重老年学习者的身体状况、学习心理、学习需求的基础上有针对性地研发课程,实施适宜于老年群体的教学方法,在教学设计上尤其是实践任务等方面要充分考虑老年群体的身体条件。在承认他们是"老年人"的基础上再确认他们是"学习者",探索适宜于老年群体的教育教学模式。

(四)实施"老有所用"的"增能型"教育

美国著名心理学家雷蒙德·卡特尔(Raymond Cattell)提出了著名的"流体智力"与"晶体智力"理论。他认为,记忆力、知觉能力、运算速度、推理能力等以生理为基础的认知能力,即流体智力,会随着年龄的增长而衰退;而以后天经验、技能、语言文字能力、判断力、联想力为代表的晶体智力则在人的整个一生中都处于增长状态。随着我国医疗条件、生活水平的持续改善,我国"第三年龄"群体身体健康状况良好,有着积极的心态,凭借自己数十年的行业积累,愿意继续从事本行业或本专业工作。真正的第三年龄教育,意味着是对较为年轻、仍有着进取精神的退休后的人的教育[①]。

此时,"第三年龄"人群就不再是纯粹的消费群体或需要社会照护的群体,反倒是一种新型的劳动人口,是我国人力资源的新来源。在保证"第三年龄人"老有所乐的基础上,进一步挖掘他们的潜力,引导他们运用自己的技术、经验资源推进行业发展,提高社会生产力,将有助于缓解我国低出生率和劳动人口不断减少带来的人力资源困境。

总结起来,职业教育开放办学的价值取向应该包含三个方面:(1)让第三年龄人过有乐趣的晚年生活,丰富第三年龄人的精神生活,提高第三年龄人的晚年生活质量;(2)引导第三年龄人尝试新鲜事物、新鲜技术,挖掘自身的各种潜能,让第三年龄人感受新的"成长",成为社会建设的新生力量;(3)充分发挥美国心理学家雷蒙德·卡特尔提出的"晶体智力",即丰富的经验、精湛的技能、崇高的道德、精准的判断力、良好的文体修养等优势服务社会,创造属于"第三年龄"(退休后的)新的社会价值。

二、国际"第三年龄大学"的办学方式

1972年,法国图卢兹社会大学教授皮埃尔·维拉斯(Pierre Vellas)创办了第一所老年大学,被称为"第三年龄大学"(University of the Third,U3A)。1981年,英国建立了第一所U3A。不同的是,英国U3A属于"自下而上"的自治模式,即由老年人基于自治

---

① 陆剑杰.大学第三年龄教育,准备好了吗?[N].文摘报,2015-12-19(1).

互助的原则,自愿组成学习小组①。经过数十年发展,欧美"第三年龄"教育呈现三种形式:第一种是向第三年龄人开放大学课程,如慕尼黑大学向第三年龄群体开放的课程达到300多门,斯德哥尔摩大学55岁以上的大学生占该校学生总数的20%。在这些大学,人们自由选择,报名注册,按时听课,参加考试,获得学分,积累到一定分值,可拿到毕业证书。第二种形式是在校内设第三年龄老年大学。创建于1990年的斯洛伐克夸美纽斯学院(2001年夸美纽斯大学成立)为学员提供三年制的学习计划,与青年学生分开上课,开设32门课程,每年招生1 900名。西班牙格拉达那大学为50岁以上注册学员开办三年制大专班,三年内参加660课时的听课,学完27门课程,交出论文,可以获得毕业论文。第三种形式是在校内办自治性的学习社团。美国哈佛大学等高校赞助开办了"退休学习学园",实行自治式、会员制,课程、教法、活动方式都须经过会员讨论决定。辛辛那提大学所办退休学习学院主要采取专题讲座与学员讨论相结合的方法来教学,内容涵盖文学、艺术、语言、法律、历史、地理、商贸、伦理等。每讲完一个专题,学员进行讨论,不留作业,不计学分,没有考试②。

三、积极老龄化下的开放办学

《中共中央国务院关于加强新时代老龄工作的意见》(2021)要求,推动部门、行业企业、高校举办的老年大学面向社会开放办学,实现"老有所学",并促进老年人的社会参与,鼓励老年人继续发挥作用。对于我国的第三年龄教育来说,在新常态下如何办好"第三年龄大学",是摆在各级各类大学面前的一个课题。

(一) 课程开发

老年教育的课程内容主要包括:(1)丰富老年精神生活的文化体育课程,包括书画、戏剧戏曲、摄影摄像、手工工艺、非遗传承、器乐声乐、舞蹈类(广场舞、民族舞、交谊舞等)、棋牌类等文化类课程,也包括编织、按摩、心肺复苏、安全逃生、美食厨艺、营养搭配等生活知识,还包括抖空竹、老年足球、老年篮球、老年羽毛球、老年瑜伽、轻型有氧运动等体育类课程。(2)现代信息技术类课程,包括计算机技术、办公软件使用以及抖音、QQ、微信、哔哩哔哩、小红书等现代交流平台的使用、节目录制与剪辑等,还包括直播、直播带货等现代商业模式、交流模式的使用等。(3)社会主义核心价值观和世界最新思潮课程,比如民主法治、文明礼仪、生态文明等方面的课程,包括毛泽东思想、邓小平理论、"三个代表"重要思想、科学发展观、习近平新时代中国特色社会主义思想等意识形态课程,以及我国外交政策、世界军事格局、大国博弈等政治学课程。

老年教育课程的开发依赖开放机制。要根据本地老年群体的身体、文化状况以及本地文化传统,开发因地制宜的地方课程。老年教育不可一劳永逸地使用一套课程体系,

---

① 欧阳忠明,杨亚玉,葛晓彤.全球视野下第三年龄大学发展研究[J].中国远程教育,2018(6):40-49.
② 陆剑杰.大学第三年龄教育,准备好了吗?[N].文摘报,2015-12-19(1).

要时刻注意课程开发的"本地性"。例如,岭南地区的老年课程应当纳入妈祖文化、下午茶文化等,而东北地区的老年课程则不可缺少二人转等传统艺术,安徽的老年课程则必须开设黄梅戏等戏剧,北京的老年课程不可缺少京剧。这需要在特定社区范围内,对第三年龄人的教育需求进行广泛调研,实行"定制式课程"。放眼更为开放的空间,老年课程还可以实施文旅课程,将教育与旅游融合,在城市博物馆、传统街区、古文化景点等进行传统文化、历史的教育教学。除此之外,还可以实施户外课程,结合户外活动,开发老年体育教学,以及地质、土壤、水资源、植物、动物等方面的课程。大学还可以开发高端老年教育课程,包括国内学历课程,比如专科、本科、硕士,甚至还可以放开博士课程,鼓励老年群体获取更高学历,满足他们的学历教育需求;包括与国外大学以及其他机构合作开展老年教育课程,开发大学教育课程、海外文化旅游课程、外国语言课程等。当然,我们还可以开发出国游学课程,将国外旅游与国际课程结合起来。

现代信息技术要求大学开发更多数字课程,即在线学习课程。让第三年龄人足不出户,就能学到优质的课程,聆听优秀教师的授课,尤其在疫情和后疫情时期,显得尤为重要。课程设计要以项目化、小模块为主,重视成果导向的课程评价。这需要打造一批在线开放课程,依据课程内容的类型,形成课程集群或课程菜单,允许"第三年龄"群体进入"课程集市"进行自主选择学习。

(二)养教结合的社区合作教学

大学可以专门设立老年教育学院,建设适合第三年龄人行动、视听的教育教学设施,邀请第三年龄人进入大学校园,在大学校园中进行集中授课、集中技能训练。大学教师必须转变传统的教学模式,深入研究老年教育理论与实践,根据老年生理特征设计教学的时间、环节。

必须注意的是,老年教育应当以实践教学为主,以任务驱动、技能训练为主要教学方法,保证让第三年龄人对所学课程在理解的基础上能用、会用。如此,老年课程教学更遵循成果导向,使第三年龄人在课程学习中能够创作作品、表演节目,或者身体素质、心理调适得到一定的改善。老年知识学习是片段、速成的,应当实施短期训练式的教学模式,不能开展本科学生式的系统性学习。

但是,由于老年群体行动不便,活动范围有限,老年教育要采取更加开放的教育教学模式。

第一,同社区结合,实施"送课上门"。大学可以同社区中的居委会、社区中心、养老院、护理院建立教育合作机制,打造社区教育教学服务团队,实施"养教结合"的教育模式。"送课上门"应当既有社区老年学习需求的"定制",又有大学根据教育规律的科学教学设计。

第二,同上述非课堂教学相关,老年教育要实施开放性的活动课程。比如出国游学、文旅结合的非常规教学。这种教学可以申请政府公益项目,也可以与国内国际旅游公司、文教集团合作,实施教学与旅游的深度结合。这种教学开始与社会资本融合,可以借此成立老年教育集团,由此体现出更大的开放性。

第三,构建后疫情时代的"无接触"的"云课堂"。作为全美最大的私立大学,凤凰城大学的教学模式有校园学习、在线学习和 Flex Net 混合学习三种类型,其中在线学习占比已超过 80%。我国"第三年龄"大学也要借鉴在线教学模式,实施线上教学、提交作业、线上小组讨论等教学方法。大学要开发大量 MOOC,录制 15~20 分钟的微课课程,以微课模块建构整个课程。开设大量关于养生保健、营养搭配等线上专题讲座,以"学分银行"的学分积累方式,引导"第三年龄"群体积极通过在线讲座学习。

(三)资本开放与教育集团的建设

产教融合同样适用于"第三年龄"教育。国家开放大学老年大学已经同文旅企业密切合作,开发了大量教育与旅游融合的游学项目,深受"第三年龄"群体的欢迎。"第三年龄"大学可以同旅游企业、文创企业、交通公司、保险企业、养老机构、房地产企业以及其他养老服务企业密切合作,成立"第三年龄教育集团",开发康养教旅融合的教育项目。社会资本因此可以进入"第三年龄"教育产业,以资本的力量推动产业规模的扩张和质量的提升。

国内企业如泰康保险集团就同老年大学建立了密切合作关系,设立了泰康乐学奖学金,在服务长者之"医"食住行之外,将目光转向了满足长者的精神需求,投入到了教育产业中。社会资本的加入,使得"第三年龄"教育进入到集团化办学阶段,有助于丰富服务形式,全面满足"第三年龄"群体的物质和精神文化需求。

(四)"第三年龄"人力资源开发

惯常的观点认为,老有所养是老龄化社会的主要目标,老年群体是净消费群体。这种看法否认了"第三年龄"也是潜在的人力资源,也具有良好的生产能力和社会服务能力。也因为这种看法,堵塞了对"第三年龄"人群进行人力开发的道路。站在我国进入深度老龄化、劳动人口不断缩减以及我国老年群体身体素质等不断提升的"新常态"下,我们必须重新审视"第三年龄"群体的人力资本价值。北京大学人口所穆光宗教授曾经撰文《老有所为的"第三年龄时期"》,指出老人追求"老有所用",实现老年价值,都是成功老龄化的核心目标。要通过老有所爱、老有所求、老有所为,实现老有所用、老有所成、老有所立,尽情释放生命最后的能量和光芒,让生命在灿烂中获得最后的尊严和最高的价值。他认为,利他型的老有所为成就的是"义老"的境界,老年人应该而且可以有所作为,让活跃、自由的生命成为创造性、价值性、独特性和唯一性的存在[1]。笔者认为,这才是"积极老龄化"的本来要义。如何帮助"第三年龄"群体老有所用,需要更多的教育机制的配合。

---

[1] 穆光宗. 老有所为的"第三年龄时期"[EB/OL]. (2014-10-28). http://theory.people.com.cn/n/2014/1028/c49154-25921045.html.

1. 社会生活技能的再教育

不同于在校大学生的教育,"第三年龄"群体的教育首先要进行社会生活工作基本技能的再培训。由于现代信息技术、支付手段、智能出行、共享技术、无人无接触购买、刷脸认证、在线学习等技术的日新月异,部分老年人已经被现代智能社会所抛弃,以至于生活工作艰难。鉴于此,我们首先要邀请"第三年龄"群体进入老年大学进行在线购物、常见app的使用、刷脸设置、智能手机支付与出行、信息保护等生活技能的学习,还要进行微软操作系统、办公软件、信息加密以及微信、腾讯会议、ZOOM、摄影录像、视频剪辑等基本工作技能的学习。将"第三年龄"群体重新拉回到现代生活情境,这对他们来说也是一种再次融入社会、重新拥抱新环境的新生。

2. 社会生产技能的再教育机制

此类技能再教育应当针对"第三年龄"特定个体未来的就业取向和未来岗位的技能要求。对于专业性较强的技能,重新开始学习难度极大。我们更应当着眼于对他们的原有专业技术技能进行知识再更新,在原有专业知识和实践知识的基础上进行再提升。重点是帮助他们掌握本领域的最新技术、工艺、方法和新设备的使用方法,以使他们重新对接当前先进的生产技术,重新回到现代"生产场景"。

3. "第三年龄"的招聘与就业

根据美国心理学家雷蒙德·卡特尔提出的著名的"晶体智力"理论,"第三年龄"群体最宝贵的是数十年浸淫于产业中积累的丰富的生产经验、生产技能,是一种累积性的生产性知识。这些知识并没有随着退休而消亡,而是一直沉淀于他们的技能体系之中。因此,要制定科学的"返聘"机制,鼓励企业以新的形式、新的身份重新聘任"第三年龄"群体。要避免将他们边缘化,例如只安排他们做一些福利发放、矛盾调节之类的非技术工作,而应直接将他们安排在生产技术岗位,以"师带徒"的方式形成老中青组成的企业"生产团体"。企业要充分尊重他们的身体状况,科学评估他们的生产技能水平,实行弹性上班制,也要避免将他们安排在具有一定的风险性、需要较高体力、较好灵活性的工作岗位上。"第三年龄"群体将更多地以"导师"的身份在企业中从事生产革新、改造以及对年轻群体进行传帮带的工作。更重要的招聘机制,需要各级政府建立"第三年龄"公开招聘机制,给予他们充分的选择权。目前,我们没有看到任何专门针对老年群体的招聘会、招聘公告,可以看出我国在老龄化社会中的各种机制还不完善。现在需要政府部门建立"第三年龄"人才市场,成立专门的招聘就业工作机构,促进他们的"二次就业"。各级各类企业、事业单位也要开发大量"第三年龄"工作岗位,明确用工的人数、身体素质要求、专业要求、技术技能水平要求、职业资格要求等,切实将"第三年龄"视为新型的人力资源。教育部、财政部已经于2018年启动了"银龄讲学计划",面向社会公开招募一批65岁以下的优秀退休校长、教研员、特级教师、高级教师等到农村义务教育学校讲学。2021年10月再次启动此计划,将招募4 500名教师。蜚声海外的"北京朝阳群众"案例也启发我们,

"第三年龄"群体可以从事更多的社会管理、社会公益事业,公安机关、交通部门、社区管理部门、小区物业管理部门、疫情防控部门等都可以开发大量社会管理岗位,聘请"第三年龄"群体参与城市建设和新农村建设。这些都是"积极老龄化"的有益探索。

4. 人力资源开放的政策保障

应该说,"积极老龄化"的道路更多是创新性的摸索。我们除了可以借鉴日本、韩国、英国的经验之外,更要探索中国特色的积极老龄化道路。从上述内容可以看出,一些创新性的机制富有挑战性,而教育与生产的结合又是系统性的工程,必须有相应的政策机制配合。目前,急需如下制度设计:(1)"第三年龄"教育机构、办学主体的认定,要给予办学条件、教学质量、毕业资格、教学方式等方面的政策确认;(2)"第三年龄"群体返聘的待遇、身份、五险一金、人才使用、绩效考核等的政策规定;(3)社会公开招聘的方法、要求、程序等;(4)鉴于"第三年龄"群体的身体状况,为了化解企业的责任风险,要建立保险制度和企业适当免责制度;(5)要建立"第三年龄"群体生活工作技能和生产技能再教育的标准、要求以及考核政策,主要应当建立科学的基于岗位技能的技术考核方法。

(五)办学机构设置与评价

根据2021年10月19日中国老年大学协会发布的《中国老年教育发展报告(2019—2020)》,截至2019年年末,我国约有7.6万所老年大学(学校),在校学员约有1 088.2万人,超八成在校学员在70岁以下,其中60～69岁的学员占比最高,约为学员总数的一半[①]。当前,我国各省区市都设立了专门从事老年教育的老年大学,而且规模不断扩大(见表4-1)。目前,"第三年龄"办学机构主要包括:(1)开放大学设立的老年大学。一般,老年大学作为开放大学的二级机构或依托单位,接受开放大学的指导和领导。此类老年大学一般自2015年陆续在各省区市开放大学挂牌。(2)独立设置的老年大学。此类老年大学部分由之前的老干部进修学院等演化而来,如今作为教育机构独立地从事"第三年龄"教育工作。它们多能够将招生与教学业务下沉至市、县、区等区域。近年来,进一步向下延伸,开办了大量老年大学街道社区分校,让"第三年龄"群体在家门口就能享受高质量教育。(3)大学成立的老年大学。这类大学大多为研究型、具有悠久办学历史的综合性大学,其老年大学大多由本校退休教职工管理委员会、离退休工作处等主办主管。目前,成立较早的有厦门大学老年大学(1985年)、清华园老龄大学(1992年)、复旦大学老年大学(1993年)、南京大学老年大学(2010年)等,但大多主要服务于本校退休教职工,招生对象年龄在80岁以下。(4)应用型本科院校、高等职业技术学院的继续教育学院。不同于前两者以举办"第三年龄"教育为发展使命,这些学校更多的是响应地方政府的安排、号召,把它当作社会服务的一个考核内容。大学中的继续教育学院的边缘

---

① 新华社.报告显示:我国老年大学在校学员数超千万[EB/OL].(2021-10-19). http://www.xinhuanet.com/politics/2021-10/19/c_1127974517.htm.

表 4-1 我国部分老年大学的办学状况

序号	学校名称	成立时间	学校规模	注册人数	课程资源	专业与课程设置	教学方式	教育类型	证书发放	特色项目
1	国家开放大学老年大学	2015	24个分部 9所学院 5个直属老年学院 50家合作单位	3.4万	数字化课程资源（20万分钟，5000段）	传统文化、现代元素课程以及采风、写生、旅游、志愿服务、社会实践特色课程；老年安全合理用药高职专业；老年服务与管理、老年社会工作	课堂教学 远程移动学习	非学历教育 学历教育（书法、写意花鸟画）	荣誉学历文凭 老年学历文凭 课程结业证书 岗位培训证书 职业资格证书	老年游学（设置游学中心） 学分银行系统
2	山东老年大学	1983	4个校区 1个教学点 6所分校 70多个专业 800多个教学班	2.4万	100多门	京剧、书画、剪纸、布艺、太极、柔力球、茶艺等传统文化课程；电脑、摄影、瑜伽、模特、金融理财、健康养生等现代元素课程；采风、写生、旅游、志愿服务、社会实践等实践课程	课堂教学 128学时/年，学制3年 直播大讲堂 远程教育覆盖农村50万老年人	非学历教育 学历教育	毕业证书 结业证书	社会实践
3	上海老年大学	1985	2个校区 10个系 21个分校 组建老年教育联盟集团	1.5万	260多门课程；老年教育联盟3000个班级，1000多门课程	书画、外语、计算机、文史、音乐、游学等特色课程；健身家政、文艺、器乐、游学；移动支付体验课、智慧家庭课、一网通办体验课、视频拍摄与制作、祖孙同乐益智积木	模拟实操体验、课堂教学、线上线下讨论	学历教育 非学历教育	毕业证书 结业证书	体验项目
4	武汉老年大学	1985	2个校区 8个教学部系 780个教学班	2.19万	176门	音乐戏曲、舞蹈体育、美术、社会科学、语言文学、实用技术、医学保健、生活艺术、开发黄梅戏、楚剧、汉剧等特色课程	户外体验教学 网上直播课	学历教育 非学历教育	毕业证书 结业证书	社区结对校园开放
5	福建老年大学	1985	2个校区 8个系 14个专业 301个学制班 7所分校	1.4万	89门	数码摄影及后期图像处理、瑜伽、太极拳、中药学、中医养生文化、手机视频剪辑、书画、声乐器乐	课堂教学 康乐有为大讲堂 同步课堂 辅导课堂 直播课堂	学历教育 非学历教育（本科文凭占67%）	毕业证书 结业证书	福建老年教育新媒体电视平台（59万用户）
6	长春老年大学	1986	7个教学系 20个教学科 30个专业 360个教学班	1.6万	100门	书法、美术、体育、声乐、器乐、舞蹈和综合	课堂教学 远程教育	学历教育 非学历教育	毕业证书 结业证书	老年艺术团送文化到社区、学校、部队、养老院

＊本表的数据、信息来源于各老年大学的招生简章和官方网站。

化,加之"第三年龄"教育同自考、专转本、成人高考、远程教育等工作一同进行,其招生专业数量、招生规模不大,自觉意识还有待提高。但其同社区发展、区域老年事业的紧密关系则超越了前两者,其潜力与优势还远远没有释放出来。

我们认为,"第三年龄"教育的促进机制之一,便是加强机构设置,增加办学主体。一是在全国应用型本科院校、高等职业院校设立专门的老年教育学院,使其脱离继续教育学院而成为独立建制的教育部门,或者将继续教育学院变更为独立建制的实体性的教育部门。此处的变化显而易见:(1)继续教育学院在性质上常常划归就业部门或行政部门,没有明显的教育部门性质;此时的老年教育学院则同其他专业教学学院并列为二级教学部门,这是对第三年龄教育的平等、重大教学地位的确认。(2)继续教育学院之前的师资多为专业学院教师兼职,教学质量、师资队伍建设等没有得到足够重视。此时,老年教育学院的成立则同对待专业教学一样深入研究第三年龄人才培养方案、课程建设、专业建设、师资队伍建设,其教育质量相比继续教育学院时期必然大幅改善,对第三年龄教育的教育教学研究将展开。还要引入第三年龄学历教育,引入同大学毕业生同等的毕业制度,适当放宽毕业资格条件,严格进行学籍管理和备案等,举办开学典礼、毕业典礼、学位授予等仪式。在办学指标评价中,从教育机构设立、招生人数、招生专业、老年教育师资、教学质量等方面,将"第三年龄"教育纳入教育评价体系。建立学校"第三年龄"教育年度述职制度、年度报告制度,建立省级教育主管部门向省级人民政府进行"第三年龄"教育报告制度。二是建立大学同街道社区、中大型养老院、护理院合作办学点,使大学的"第三年龄"教育更加精准地对接特定人群的教育需求。三是批准民间公益独立自治教育团体。20世纪30年代英国进入老龄化时代后,英国第三年龄大学是由老年人自行组织的志愿团体[1]。允许有教育经验、有一定资金实力的特定个体或团体,组织承办老年大学,实行自主管理、自负盈亏的自主经营。要求此类老年大学必须在省属民政部门备案注册,作为民间团体的组织身份,同时向省属教育主管部门备案注册,作为民间教育机构的组织身份。四是允许中型、大型养老院、护理院自主设立老年大学,设立专门教学区,由政府划拨专项教育资金,向社会招聘专职教师或向大学机构延聘兼职教师,承担教育工作。五是允许基金会、企业(如保险公司等)设立老年大学,设立专门的教学区域,招聘或培养教育教学师资,并且向工商部门、教育部门同时注册为商业机构和教育机构。这些老年教育机构的设置,必然会有效缓解"第三年龄"教育"一座难求"的困境。但是,这需要政府部门切实负起加强监管监督的责任,对其办学条件、办学能力进行评估,还要定期对其教学质量进行监督和评估。同时,允许企业等机构获得一定的教育收益,不应当以公益性统一要求各类"第三年龄"教育机构。当然,这需要政府部门出台相关的老年教育

---

[1] 韩倩.英国第三年龄大学的办学特色及其对我国老年大学的启示[J].河北大学成人教育学院学报,2016,18(3):85-89.

的法律法规或实施条例,降低"第三年龄"教育准入门槛,扩大办学主体范围,并对办学条件、教育质量作出明确规定。

第三节 面向"技术再教育"的社会招生机制

西奥多·舒尔茨(Theodore Schultz)在《教育的经济价值》一书中指出,在美国,国民收入的五分之一来自物力资本即财产,而五分之四来自人力资本。另一位经济学家丹尼森(Edward Denison)研究认为,1909—1929年物力资本对美国经济增长的贡献几乎是学校教育对经济增长贡献的2倍,但在1929—1957年学校教育的贡献却超过了物力资本[1]。我国学者邓晓春和刘国瑞提出了"高等教育的生产力"的概念,指的是"再生产具有高等专门知识的'劳动力'和新的科学技术、文化知识的能力"[2]。

联合国教科文组织在发布《面向21世纪高等教育宣言》(1998,巴黎)的同时,签署了《高等教育变革与发展优先行动框架》。这个框架呼吁高等教育机构应当向成人学习者开放:(1) 建立承认不同学习背景下学习成果的协调机制,使所获学分得以在学校内部、各个学校、各个领域和各个国家之间转换;(2) 在高等教育和社区之间建立研究与培训伙伴关系,使高等教育机构能够服务于外部人群;(3) 在各教育和成人学习领域开展跨学科研究,并有成人学习者本身参加;(4) 为成人提供灵活的、开放的与创新的学习机遇。

一般高等教育中的"人力资本"指涉对象是在校大学生,大学就是要通过对在校学生进行素质培养与技能训练,使之具有相当的社会生产能力,促进社会经济发展。在新常态的背景下,我们需要进一步拓展教育中的"人力资本"指涉范围,把现有的社会劳动力同样视作教育应当大力开发的新型"人力资本"。

目前,中国已处在中高收入国家行列,如何避免陷入"中等收入陷阱"是社会各界都关注的问题。学者认为,全民受教育程度和劳动力质量的提高可以在一定程度上抵消人口红利减少对经济增长的负面效应[3]。具体地,就是提高现有社会存量劳动人口和城镇化、老龄化中非农业增量劳动人口的教育水平,增强劳动人口掌握新技术的能力和创新能力,防止陷入"技术缺乏性衰退"。在这一过程中,高职教育、中职教育及应用型本科教育能够有更大的作为。相比普通本科教育而言,高职教育同产业需求、市场需求关系更紧密、更贴近,而且对于社会需求的响应速度更快、响应能力更强,在教育转型方面具有天然的优势。面向社会招生,在人口出生率下降、生源不断减少的背景下,也许能够成为高等职业教育新的教育增长点。

---

[1] 杨德广,王一鸣. 世界教育兴邦与教育改革[M]. 上海:同济大学出版社,1990:174.
[2] 邓晓春,刘国瑞. 高等教育管理学[M]. 北京:航空工业出版社,1996:33.
[3] 金立群. 中国如何跨越"中等收入陷阱"[N]. 人民日报,2015-08-11(7).

一、就地办学与"职业农民"培养

21世纪以来,城市的优质教育、医疗、交通条件和丰富的就业机会、较高的工作收入,既吸引了农村大学生进城读书就业,也不断抽离了农村的青壮年劳动力。虽然新型城镇化带来了城市规模的扩大和城市竞争力的增强,但农村劳动力丧失给农村带来了更大的伤害。青壮年劳动人口的流失,导致老年人、妇女、孩子成为农村人口的主要组成部分,大大影响了乡村振兴的步伐。

乡村振兴是中华民族伟大复兴的重要内容和薄弱环节。2019年9月发布的《农业农村部办公厅 教育部办公厅关于做好高职扩招培养高素质农民有关工作的通知》(以下简称《通知》),着手培养乡村振兴带头人,启动实施"百万高素质农民学历提升行动计划"。《通知》提出的目标是打造100所乡村振兴人才培养优质校,显著提升涉农职业院校培养高素质农业农村人才的质量水平;培养100万名接受学历职业教育、具备市场开拓意识、能推动农业农村发展、带领农民增收致富的高素质农民,形成一支留得住、用得上、干得好、带得动的"永久牌"乡村振兴带头人队伍。2021年4月发布的《中华人民共和国乡村振兴法》把乡村"人才振兴"列入五大振兴计划之中,要求采取措施鼓励和支持社会各方面提供教育培训、技术支持、创业指导等服务,培养"本土人才"。乡村振兴需要城市的反哺,也需要城市人才下乡服务农村产业发展,但更为根本的是还是要培养乡村本地的"职业农民"。

(一) 涉农职业院校的就地办学

1862年,美国赠地学院建立了农业与机械学院,面向农民、农场主、奶牛工、妇女和黑人开设了农庄、养殖场、木工、家具制造、造车、漆工、铸工、制衣、雕刻以及电报学、铜板印刷、照相术等课程,研究种子改良、研造人造肥料和机械化农具,并通过农业实验站加大农技推广。研究项目以与本州农业生产有关的应用研究为主,如佛罗里达州菠萝的病虫害与改良问题、得克萨斯州牛群的喂养问题、路易斯安那州甘蔗的新品种培育问题等[①]。将大学建在田间地头,近距离地服务农业发展,对于职业教育和乡村振兴都是双赢的事情。相反,我国大部分农林、农牧类职业院校建在城市里,然后重金打造虚拟农场,到郊区建立实习工场,显然有些荒谬。我们认为,实施职业院校乡村就地办学,对农民进行农业技术教育,服务乡村振兴,是职业教育开放办学的要义之一。

办学场地实施整体向农村、乡镇搬迁。对于县级中等农业技术学校、市级高等农业技术学院,要向市县核心农业区、产业区搬迁。在较大的农业区域,可以在优势产业区域建校,在其他村庄、乡镇建立分校,实行农业核心产区向其他产区辐射、院校总部向其他分校辐射的办学格局。

重新规划农业类职业院校的办学目标。把热爱农村和农业、掌握先进农业技术、适

---

① 徐继宁. 赠地学院:美国高等农业职业教育的开拓者[J]. 职业技术教育,2008,29(22):85-89.

应区域农业发展要求作为人才培养目标,着力培养现代农业人才。学校办学定位继续强化其农业院校特色,致力于打造优秀的现代农业服务教育高地。在办学使命上,主要是服务区域农业产业发展,在中华民族复兴的道路上扎根乡村振兴,为民族复兴的薄弱环节的大变革加油助力。

力避农业院校的综合化,专业设置、教学机构设置应更加精准化。全国各类型高校都在走向全科化、综合化,这种不讲差异、不分重点的办学方法使得整体的办学质量下降。这种综合化趋势也蔓延至农业类职业院校,而其中的非重点院系、非重点学科的师资、实验实训、专业建设、课程建设等都相对薄弱很多,人才培养质量也不高。当前,有必要对全国应用技术类大学进行专业的再规划,引导职业院校聚焦优势专业、聚焦办学目标办学。按照农业农村所需的综合型、复合型、实用型人才要求灵活设置相关急需专业或开设专业方向。涉农职业院校应当削减甚至撤销人文艺术类、社会学类、金融管理类、国际贸易类、现代网络技术类、大数据与物联网类、轨道交通类、现代先进制造等非农业专业和非农业院系,聚焦农业相关的农业技术、农业机械化、农产品与食品技术、种业技术、畜牧兽医技术等专业。而人文社会科学则作为通识教育存在,金融、电子商务、国际贸易等作为农业辅助性专业存在,始终围绕农业机械化和科技化、提高农民收入、增加农产品附加值、提高农业发展质量开展教育教学。

(二)职业农民的培养机制

职业院校的招生对象将发生革命性变化。除了招收有志于献身"三农"事业的高中毕业生、中职对口单招生之外,更大的招生规模将来自市县本地的青壮年农民,也包括中老年农民、农村妇女等。具体地说,要重点培养现职农村"两委"班子成员、新型农业经营主体、乡村社会服务组织带头人、农业技术人员、乡村致富带头人、退役军人、返乡农民工等。优先招录具有培训证书、职业技能等级证书、职业资格证书、农民职称的农民和农业广播电视学校学员在内的中职毕业生[1]。"在家门口上大学",将成为职业教育开放办学的新场景。

面向农民的社会招生,需要破除原有关于高等教育或中等教育入学资格的限制,在招生条件上应当大幅降低对招生对象的理论素养、知识系统性、学历层次、年龄、性别的要求。应当重点考查其对于扎根农村干事创业的热情、意愿,考查其基本的读写运算能力,考查其农业生产的经历和经验积累。以实践能力为导向的招生,应当以审核考查的方式进行,对其基本知识、基本素养进行笔试的同时,重点考查其基本的农业实践能力。

人才培养模式采用农学结合、工学交替的方式。直接以农业生产的过程、农业生产中的技术要求、农业生产的难题作为教学内容,以实践教学为主,将课堂搬到田间地头、

---

[1] 农业农村部办公厅,教育部. 农业农村部办公厅 教育部办公厅关于做好高职扩招培养高素质农民有关工作的通知[EB/OL]. (2019-09-06). http://www.moe.gov.cn/jyb_xwfb/xw_zt/moe_357/jyzt_2019n/2019_zt19/zhengce/201909/t20190906_397977.html.

蔬菜大棚、养殖棚区中。实验实训室不再是仿真、虚拟实训室，而是直接面对生产场景，以农户或村镇的农业生产基地为实训基地，将生产与教学紧密结合。职业院校也可以直接承包村镇部分农业基地，作为"校中厂"，为学生提供农业技术学习的教学基地。实行弹性学习时间，农闲季节以专业理论教学为主，农忙季节以生产实践教学为主，按季节循环组织教学，使教学环节与农业生产环节紧密结合。

新型职业农民的培养，可以是学历教育，允许农民在完成规定课程后获得教育部认可、职业院校正式颁发的毕业文凭。学历层次上，可以根据农民的学历基础进行分段培养，初中学历者实行一年中等职业教育、两年高等职业教育的学制，毕业后获得中等职业教育学历；高中学历者可以实行两年高等职业教育学制，毕业后获得高等职业教育学历。因为减少了理论学习，可以适当缩减学习时间。而毕业条件也应大幅降低对学术论文的要求，主要考查学生在规定时间内完成的农业生产、运营项目的成果。"写在田间地头的论文"，以具体农业项目的生产、经营为毕业考核内容，是现行教育机制的大变革，也是适应农村高等教育的因地制宜之举。

显然，这需要教育主管部门做到3点：(1) 给予职业院校相当的教育教学自主权。允许职业院校在招生、培养方式、毕业资格、学费等方面进行创新性的探索。教育主管部门应当要求职业院校对人才培养方案实行备案、审批制，对教育教学质量、毕业生农业技能水平进行监督和评估。(2) 出台职业院校农村社会招生配套政策。明确职业农民的人才培养质量、技术技能要求和专业建设、课程建设、毕业条件、学费收取的标准。"新型农民"的培养，需要教育主管部门以相当的改革创新的勇气，突破现有人才培养模式，破立兼备，开创新的中国农村人才的新模式。(3) 职业农民毕业生的就业鼓励措施。发挥涉农职业院校培养的毕业生在乡村振兴中的引领作用十分重要。要优先选拔符合条件的毕业生充实乡镇、村级基层组织以及基层农技推广队伍。鼓励毕业生领办兴办各类新型农业经营主体和乡村社会化服务组织，运用农业生产技术和经营管理经验惠及更广泛的农民群体。

其实，职业院校就地办学，实行面向农村村民的社会招生，培养农村本地人才，隐含着防止农村返贫、增强农村自我造血能力、实现农村"在地城镇化"、大力推进乡村振兴的深刻教育使命。

二、新型城镇化中的"新市民"培养

城镇化伴随着农村人口向城镇的集中，城市人口规模扩大，而新入城市民则有一个市民化的过程。我们认为，市民化就是原有的农村劳动力融入城市产业发展之中，获得城市生存所需要的生产生活技能，能够在城市顺利就业并获得立足城市的物质资本，同时接受、适应城市文化生态的过程。

2014年以来，新型城镇化比之前更加注重城乡统筹互补发展、一体化发展，更加注重城镇化的质量，着眼农民，涵盖农村，致力于实现共同富裕。新型城镇化，注重推进农业转移人口市民化,对进城务工的农民工等城市边缘人给予更多关注。而职业院校开放办学思考的重点就是进城务工农民的市民化,使之转化为"新市民"。

为了促使进城务工人员尽快融入城市生活,掌握城市生存的基本技能,我们需要探索有力的创新性教育机制。

(一)"教育券"制度

政府向进城务工人员发放"教育券",允许进城务工人员携带"教育券"自主选择就读学校和专业。进城务工人员可以根据自己的学习基础、职业兴趣、未来职业规划、就业方向,带着"教育券"对职业院校的学历教育或非学历教育的培养方案进行综合考察,理性选择学习院校。这也有利于职业院校提高社会招生培养能力,通过提高教学水平充实办学经费。

(二)学前"教育评估"制度

进城务工人员的前期学习状况复杂,职业院校或政府组织的第三方评价机构应当对其学习基础、学习能力进行评估,并为其未来的职业方向、专业选择制定系统的学习、发展方案。这种公益性的学习诊断和就业评估,能够帮助进城务工人员确定学习专业、就业方向,提高学习效率,尽快掌握先进技术,获得在城市发展的能力。

(三)"双向选择"机制

社会招生要给予考生和院校高度的自由选择权。一方面,进城务工人员可以深入考察职业院校的专业设置、课程建设、师资力量、实训场地等,看看能否满足自身的学习要求;另一方面,职业院校也要深入考查学生的学习基础、学习能力和职业兴趣,不应来者不拒地宽松招生,而应带着为区域经济发展提供新型人力资本的使命感从事招生和教学工作。

(四)学分银行

进城务工人员大多从事着建筑施工、小摊贩生意、快递物流、家庭妇女、外卖服务等工作。他们的学习时间有限,学习阶段不固定,流动频繁。这要求职业院校充分尊重学生的实际状况,采用远程教学与线下实操相结合的混合式教学模式。开发"电子学习档案",对学生的出勤、作业提交、考试、成绩管理、毕业审核等系列学习活动进行动态跟踪。学生也可以通过"电子学习档案"了解自己的学习进展情况,以更好地规划自己的学习进程。在全国范围内设立"学分银行",允许学生跨省市学习,也允许学生自由选择大学MOOC学习相关的课程,但课程选择必须经过职业院校的审核与评估之后,才可以进入学生的学分银行。累积式的"学分银行"制度,允许进城务工人员以不同方式、在不同区域完成学业。

(五)专业分类

面向进城务工人员的专业设置应当进行分类。年龄在30岁以内、具有良好的数理知识基础、较好的学习能力的考生,允许报考实用技术类专业,以帮助其成长为城市产业工人。年龄较小、具有良好的媒体素养、一定的内容产出能力的考生,可以为之选择直播带货、电子商务、抖音等视频制作类、店铺经营等新型业态类专业。而年龄较大、学习基础一般的考生,可以为之选择家政服务、老年护理、婴幼儿护理、烹饪工艺与营养、健康管理、推拿按摩、社区管理与服务等现代服务类专业和市政工程、给排水工程、建筑施工技术等市政服务类专业。

我们还要看到进城务工人员构成的复杂性。因此,招生条件应当具有相当的包容性,比如学历可以降低至初中学历,专业设置也要具有相当的广阔性,不应局限于传统专业设置。当然,这也给高等职业院校的教育教学、师资队伍建设带来了极大的挑战。

三、产业转型升级中的"新职工"再教育

在技术革新快速发展的情况下,企事业职工必须适应产业转型升级的需要,否则,就无法适应新技术、新工艺、新方法的要求,在工作中只能被边缘化或被迫下岗。开展企事业职工再培训、再教育,有利于城市中年产业工人的技术更新,开创职业发展的第二高峰,也有利于城市产业发展的转型升级,当然也有助于高职院校开拓新的教育增长点。

企事业单位职工的再教育机制,同进城务工人员有诸多相通之处,在此不再赘述。我们试图提出一些机制建议,提高"新职工"教育的教育教学能效。

（一）学情评估

为了提高人才的适应性和针对性,要对接受再教育的企事业职工的学习基础、学习能力进行再评估,了解其从业经历、原从事产业或专业的方向、在原有专业中从事的岗位和业绩。企事业职工的再教育更应当遵循个性化学习原则,教师需要在学习评估的基础上制定个性化、私人学习方案。教师要制定属于学生个体的学习内容、学习重难点、学习进度、学习考核方式等。

（二）专业设置和教学体现技术革新

企事业职工的再教育,包含原有学历在专科以下职工的再教育,主要用于提高学历层次,也包含传统产业工人的专业转型或专业技术更新。高等职业院校在专业设置上要兼顾不同的学习需求。以华东某省为例,2021年参与社会招生的院校61所、招生专业206个,共招生9755人。各职业院校在专业设置上都拿出了本校的优势专业参与社会招生,以智能制造、现代信息技术、计算机网络技术、建筑工程技术、汽车技术服务与营销等为主,符合区域经济发展和国家产业发展要求。但更为先进的大数据分析技术、物联网技术、绿色建筑材料技术、新能源汽车诊断与维修、清洁能源技术、环境保护与管理等更为迫切的、体现现代产业转型的专业还比较少。这也体现出高职院校跟随产业转型的步伐滞后,应对企事业职工技术更新培训的能力不足。同时,要求专业教师紧跟产业技术前沿,在专业教学中能够运用新技术、新材料、新工艺,以满足该类学生技术更新的需要。产业工人的学习要坚持实践导向,要进行岗位技能训练。这要求高职院校更新实验实训设备,加大实践教学力度,安排优秀的实验实训教师,确保企事业职工具有较强的岗位技术实践能力。

第五章　办学与评价主体的开放及教育治理机制

推进国家治理体系和治理能力现代化被认为是工业现代化、农业现代化、国防现代化、科学技术现代化之后的"第五个现代化"①。2019年10月31日中国共产党第十九届中央委员会第四次全体会议通过的《中共中央关于坚持和完善中国特色社会主义制度推进国家治理体系和治理能力现代化若干重大问题的决定》可以看作新时代社会主义治理思想的集中表达。

教育治理现代化是社会治理现代化的应有之义，在中国教育现代化中占有重要地位。《中国教育现代化2035》把实现"治理现代化"作为我国教育现代化的指导思想之一，把形成全社会共同参与的教育治理新格局列为2035年主要发展目标，把"推进教育治理体系和治理能力现代化"列为面向教育现代化的十大战略任务。

2020—2021年是我国教育政策发生重大变化的两年，也是中共中央、国务院加强教育治理的重要时期。无论是对民办教育的撼动，还是对课外辅导机构的整治，以及对教育产业、社会公众的影响，都可以用"惊天动地"来形容。《关于加快推进独立学院转设工作的实施方案》（2020）、《关于进一步减轻义务教育阶段学生作业负担和校外培训负担的意见》（2021）、《关于规范民办义务教育发展的意见》（2021）、《中华人民共和国民办教育促进法实施条例》（2021）等先后出台。教育部多次发文推动，公办大学承办的"独立学院"转设进程，从而出现了大量独立学院与示范性高等职业技术学院合并为"职业技术大学"的案例。广东、浙江、江苏、湖南等地纷纷行动起来，同时也出现了家长、学生不理解的情况，导致转设进程被迫暂停。痛苦的转型和大力度的调整，都显示出我国加强教育治理的决心。而教育治理的重要内容还是在于办学主体的规范问题。

教育领域中的办学主体指学校举办者，根据《中华人民共和国教育法》（2021修订版）第26条规定，这些举办者包括国家、企事业组织、社会团体、其他社会组织和公民个人。因此，所有制属性分属"公"和"私"的举办者即是教育领域混合所有制中属性异质的办学者②。不同的办学者在高等教育发展中具有不同的权力、决策能力、资源调配能力，就决定了高等教育多元办学主体的关系，决定了高校治理结构的具体形态。办学主体的开放，意味着政府的高等教育控制权的部分让渡。多元办学主体进入高等教育领域，将从

---

① 外媒：习近平为何提出"第五个现代化"[EB/OL].（2014-08-14）. http://politics.people.com.cn/n/2014/0814/c1001-25464570.html.
② 罗先锋，潘懋元. 高校混合所有制办学形式研究[J]. 高等教育研究，2018(5)：46-51.

不同立场、价值观、利益诉求出发,为高校治理带来新的思路。关键是,办学主体的开放使校企合作、产教融合进入决策权、控制权的权力实施阶段,也就是进入更为实质的治理阶段。

教育治理的蓝图已经绘就,但要想在教育发展中发挥治理能效,以及通过教育开放提高治理能效,仍然需要教育开放机制的保障。

第一节 高校社会开放中的混合所有制

《中共中央关于全面深化改革若干重大问题的决定》(2013),从产权开放和产业开发两个方面着手,推进国有资本、集体资本、非公有资本等交叉持股、相互融合的混合所有制经济,有利于国有资本放大功能、保值增值、提高竞争力。从产权开放看,发展混合所有制经济应实行"四线并进":(1) 立足于国有企业,吸引民营资本、外资与国资融合。(2) 立足于民营企业,让国资、外资与民营资本融合。(3) 立足于外资企业,让国资、民营资本与外资融合。(4) 立足于企业员工,实行员工持股。在产业开发方面,重点是推动垄断行业改革,促进民营资本进入垄断行业的同时,把握国有资本在国家安全产业、自然垄断产业、公共产业生产与服务产业、政府特殊任务方面的底线。央企中石化打响混合所有制的第一枪,至2021年年底,70%的国有企业完成了混合所有制企业经营的机制转变。

一、混合所有制推进办学主体多元化

紧随央企改革之后,教育领域的混合所有制也在职业院校、应用型本科院校中得到推进。2014年5月颁布的《国务院关于加快发展现代职业教育的决定》提出,"探索发展股份制、混合所有制职业院校,允许以资本、知识、技术、管理等要素参与办学并享有相应权利",职业教育领域的混合所有制办学模式改革由此开启。混合所有制办学模式是政府主导、社会参与、办学主体多元化、办学形式多样化的办学体制,是由固有资本、集体资本、非公有资本等不同所有制的两个及两个以上办学主体共同出资举办的新型办学模式,其本质特征是产权结构、治理主体多元化[1]。职业教育的混合所有制可以视为一种"跨界教育",将高校与产业联结起来,试图打破计划经济模式下体制僵化、办学封闭、活力不足、缺乏特色的弊端,是激活资本、知识、技术、管理诸要素的尝试,也是打破职业教育中政府过度干预、学校内部科层化严重的权力结构的表现。在美国,职业教育性质的社区学院的公办与私立的比例为1∶6[2],多类型资本、多办学主体共同参与的职业教育办学模式取得了相当大的成功。我们认为,在我国推行混合所有制办学模式,是经济领域国有企业改革在教育领域的延续,是我国深化教育体制改革的重要组成部分,是办学权、

---

[1] 阙明坤. 职业院校探索混合所有制的有效形式[N]. 中国教育报,2015-03-26(9).
[2] 阙明坤. 混合所有制职业院校大有可为[N]. 中国教育报,2014-11-16(6).

所有制的双重开放。

今天,我们强调办学主体的多元化、办学资本的多样化对于推进教育治理的作用,而教育的混合所有制是其基础。试想,没有所有制的改变,办学主体就无法以新的教育所有权拥有院校管理中的话语权,就无法实质性地进入职业院校的组织架构中,无法建立职业院校的董事会制度,参与院校的实质性管理。同样,没有所有制的改变,办学资本就不可能参与学校的股权分配,也就无法参与学校的利益分成,办学资本的加入就变得毫无意义。当然,在教育实践中,我们也看到了不涉及所有制的产业学院,其校企合作、产教融合最终仍然只是一份纸质共建协议而已。至于不涉及所有制的办学资本的加入,实质上不过是企业对于学校的资产捐赠而已。

高等教育的混合所有制同经济领域的混合所有制可以相互参照。有学者从兼顾所有制属性和法人属性的角度,将高等教育的混合所有制分为所有制属性为公的非营利性混合所有制、所有制属性为私的非营利性混合所有制、所有制属性为私的营利性混合所有制三类办学形式。具体样态包括政府与基金会合作办学、公办高校委托管理办学、公办高校二级学院混合所有制办学、所有权为公的PPP项目、公私共同举办的非营利性民办高校、具有独立法人资格的中外合作高校和公共财政经费支持的非营利性民办高校等多种[1]。综合来看,所有制的混合有公有制与私有制的混合、不同资本类型的混合、营利性(非公益性)与非营利性(公益性)的混合,这使得高等教育的混合所有制显得十分复杂。不管何种形态,高等教育的混合所有制就是要推动高等教育从政府的绝对控制中走出来,通过公有资本、集体资本、私有资本、外国资本的交叉融合,改变高等教育的一元治理结构,走向多办学、多资本类型的多元共治状态。所以,高等教育的混合所有制本质上仍然有着促进校企合作、产教融合的内在诉求,也有着改变高校的治理结构,推动高等教育产业化的内在诉求。

二、混合所有制促进教育分权

詹姆斯·伯恩斯(James Burns)在《领袖论》中提出,权力的两个必备条件就是动机和资源,"当权者用他们的权力基础内的资源来实现他们的动机,其他人的动机和资源依靠他们行使的权力来实现"[2]。权力关系到资源的分配、人员的配置,关系到组织中的结构,是组织发展中的核心要素。为了形成"政府依法管理、学校依法自主办学、社会各界依法参与和监督的教育公共治理新格局"[3],必须改变政府职能,重新思考高校办学中的责权利问题。要吸引多元办学主体、办学资本参与高校治理,需要形成权力开放、利益共享、责任共担的制度保障。

---

[1] 罗先锋,潘懋元. 高校混合所有制办学形式研究[J]. 高等教育研究,2018(5):46-51.
[2] 丁一凡. 权力二十讲[M]. 天津:天津人民出版社,2008:283.
[3] 中华人民共和国教育部. 教育部关于深入推进教育管办评分离 促进政府职能转变的若干意见[Z]. 北京:中华人民共和国教育部,2015.

我国高校以公办为主,政府是公办高校的所有者,也是高校管理中的权力所有者。在计划经济体制下,政府拥有高校办学经费的财政拨款权、领导的任命权、教育教学行为的监督权、学校发展的管理权与规划权、教育教学质量的评估权、各类办学指标的下达权、学校国有资产的所有权等,通过掌管学校发展的资源分配权,确保在教育领域的主导地位。而高等教育的混合所有制首先要求转变政府职能:改变政府在教育中的全能型政府角色,使其成为"有限的政府",从指令性、控制性走向引导性、监督性的管理行为,从权力型管理走向监督型管理。改变政府与学校的权力关系,职能的重心从政治统治向社会管理职能转变,职能的实施方式从行政强制手段转变为经济手段、法律手段和必要的行政手段的综合运用,管理方式上从直接管理走向间接管理、微观管理走向宏观管理,职能关系上从走入高校内部的内部关系走向作为高校并行者的外部关系。政府的教育职能转变为高等教育混合所有制的分权奠定了基础。

（一）高校所有权的分权

所有权包含所有人的占有、使用、收益、处置四项权能,一般法律意义上的所有权偏重物权或财产权。从物权的角度看,高校的土地、房屋、设备设施等动产和不动产属于国有资产,是民营资本进入前使用国家财政购买或政府授予的财产,属于国家所有权。

混合所有制意味着允许更多的办学主体进入高等教育领域,也就意味着将产生更多的所有权人。新的所有权人实则以购买国家所有权的形式购买了一部分的国家所有权,而成为高校的所有权人。或者使用增资的方式,通过注入资金,提供场地、设备等增加高校的资产总量,从而具有部分资产的所有权。此时,需要做到两个方面的保障:(1)对高校中的国有资产进行资产评估,遵循法定或公允的标准和程序,运用科学的方法,以货币作为计算权益的统一尺度,对一定时点的资产价值进行估算。高校资产评估的意义在于清查资产明细,为当事人出价和要价提供参考,为股份分割提供资产的货币信息,同时也为防止国有资产流失而提供货币依据。(2)以股份制实现所有制的分权。股份制本身是一种财产分割的方法,也是一种共同拥有物权的分割方法。它引导不同的办学资本类型、不同的办学主体以入股的方式自愿结合为高校的利益共同体,共同参与高校的经营与管理。它能够把不同所有人拥有的资金、技术、知识、土地等生产要素集中起来加以集约化利用,增加了高校的融资渠道,丰富了高校的发展要素。

由于教育资产的隐性价值,带来了所有权的灵活性。教育资产不同于普通物产的可测量、有形性,还具有不可测量的无形的特点。较高的学术影响力、良好的就业市场反馈、较高的社会认可度等无形资产都会增加高校的资产总量。同样,不同办学主体入股的要素可以是土地、资金、设备等有形资产,也可以是知识、技能、经验、资源、影响力等无形资产。而且,对于高校的教师、管理人员来说,获得学校的股份不仅仅意味着拥有货币资产,更意味着一种可能为学校发展带来积极意义的归属感、使命感等无形力量。这些因素也应当纳入高校所有权分权的考察视野。

高校所有权分权意味着政府向其他所有权人进行分权,或者说从国家所有权中让渡部分权力给社会所有权人。所有权人的增加,为教育的多元治理开辟了道路。

(二)高校管理权的分权

政府对高校保姆式的管理,在混合所有制中得到了改变。此时的高等教育管理,由政府一元主导甚至控制,变成了面向多方力量、多个办学主体的权力的开放。

分权最明显的是授予高校办学自主权。落实和扩大高校自主权主要体现在:支持高校通过对口单招、提前单招、申请-考核等方式自主选拔录取学生,扩大高校招生自主权;在专业目录内自主设置专业和二级学科,可以动态调整学位授予点,扩大专业设置自主权;落实公开招聘制度,下放专业技术职称评审权,扩大实施管理干部职员制,扩大用人自主权;改进科研项目预算编制方法,落实科研人员成果转化的收益分配政策,扩大高校科学研究自主权;完善生均拨款制度和办学成本分担机制,扩大高校的办学经费使用和管理自主权;引进国外优质教育资源,参与和设立国际学术合作组织,与境外高水平教育、科研机构建立联合研发基地和支持有实力的高校海外办学,扩大高校国际交流合作自主权[①]。这些扩大高校自主权的举措,一方面意味着政府的管理方式从密切控制走向了宽松监管,减少了对高校办学中的行政干预,另一方面意味着政府更多地下放学校发展中的事务性工作的审批权,减少了自身在高校发展中的行政审批权,向高校适当让渡事务性的教育行政审批权。

政府也应向企业、社会组织等办学主体让渡管理权。企业、社会组织因为拥有所有权而具有了一定的管理权,可以对教师招聘、专业设置与论证、教学质量提升工程、财务预算审批与监督、推动科技成果转化等具体事务表达意见,可以通过持股比例确定选票比例或张数,表达对学校具体事务的支持或反对。企业、社会组织因而作为第三方力量代替政府行使管理权能,参与高校的教育治理。

政府也应向学校中的教师、学生、管理者等办学主体让渡管理权。我们可以把这种权力让渡看作教育民主化,其有两层含义:(1)政府将部分管理权下放给高校,由高校对自身发展的重大事项进行自我决策、自我选择、自我规划。高校开展自我管理与政府的指导式管理结合,是政府对民间赋权的表现。(2)将学校管理权向教师和学生开放。传统的观点认为,校长作为学校组织中的领导者掌管学校事务,教师和学生是被管理者。而在教育民主化进程中,教师和学生的权力角色被日益重视,政府的管理权让渡也使教师和学生的管理权行使具有了可能。

政府从对高校的直接管理转向以监督检查为主的间接管理,从高校的全领域权力者转变为"有限的权力者",从政府办学走向多元主体共同办学,从政府独家拥有权转向多

---

① 中华人民共和国教育部. 国家教育体制改革领导小组办公室关于进一步落实和扩大高校办学自主权 完善高校内部治理结构的意见[Z]. 北京:中华人民共和国教育部,2014.

元办学主体的共同拥有权。分权机制赋予了学校组织内外不同权力主体以不同形式的权力形态,为高等教育办学主体的多元化提供了权力机制保障。

目前,国际上存在 7 种较为流行的职业教育公私合作类型:院校包干制、私营部门慈善事业、能力建设项目、机构管理外包、政府采购项目、代金券项目、机构基础设施伙伴关系[1]。学者们在调研国内外职业院校混合所有制改革案例的基础上,提出了较为完整的治理结构设想。基于多元产权结构,借鉴公办高校"党委领导下的校长负责制"和民办高校"董事会领导下的校长负责制"办学经验,探索和完善"党委领导、董(理)事会决策、监事会监督、院(校)长负责、民主管理"的混合所有制职业院校治理结构[2]。我们认为,这是一种符合中国国情的社会资本参与职业教育的治理结构。

第二节 教育企业作为办学主体的尝试

企业办学,尤其是举办或参与举办具有学历性质的高校,已经呼吁了 20 多年,但成效并不明显。《关于引导部分地方普通本科高校向应用型转变的指导意见》(2015)、《职业学校校企合作促进办法》(2018)、《国家职业教育改革实施方案》(2019)等文件继续强化企业等多元主体参与办学。企业办学,打破了校企合作的社会开放思路,也打破了教育发展中以学校教育为主的思维定式,是一种较为彻底的教育开放形式。企业办学的目标,是促进产业链、创新链的融合,提高学生的技术技能实践能力,提高人才培养的产业适应性。

企业办学推进成效低下的原因,不外乎有如下几点:第一,企业的经济属性与学校的文化属性的冲突。企业从事的主要是一种生产、营销的经济行为,以盈利为主要目标,必须为企业员工和股东创造更多利润。而学校从事的主要是一种教育教学、科学研究行为,以立德树人为主要目标,必须将人才培养、文化传承、社会服务作为主要职责。企业无法从办学中盈利,也就失去了参与办学的内在动力。第二,企业自身的能力边界为跨界办教育带来了困难。企业的产品制造、销售等经营性思维,难以简单移植到人才培养中。而且,人才培养是更为复杂的系统性工程,需要教育学、心理学等专业知识的支持。企业难以发展出具有相当教学能力的教师,难以有效承担教育教学任务。第三,企业办学缺乏政策支持。在参与办学过程中,企业的利益、学生的权益如何保障,学生的分段培养,企业参与办学的激励举措,等等,都需要教育、财政政策给予确定。

在历史上和现实中,一些大中型企业举办了职工子弟中小学和具有培训性质的职工

---

[1] ALEXANDRIA, LIU, NEIL, et al. Europe Skills for Competitiveness Leveraging Skills for Competitiveness in Europe[R]. Washington, D. C.:World Bank Group,2018:50-51+89.

[2] 郭素森,丁竹青,侯国强,等. 职业院校混合所有制办学改革实践的现状、关键问题及推进策略研究[J]. 中国职业技术教育,2021(34):5-13.

学校。但此处的"企业办学"超越了服务本公司的本地范畴,是指在教育体系和产业体系中承办具有学历性质、有着严谨人才培养方案的学校类型。企业办学作为大学办学、政府办学的有益补充,是教育系统中办学主体范围的扩大。我们需要从教育开放的视角,重新认识企业办学。对此,我们不妨大胆地对企业办学机制提出诸多建设性构想,以期促进办学主体的多元化及其顺利推行。

一、重新定义一种企业类型:教育企业

教育企业并非传统的开展学科教育的课外辅导机构,也不是从事职后职业培训的机构,而是一种从事本科教育和专科教育的兼具学校与企业特性的机构。其教师队伍由企业优秀的技术研发、市场营销、企业管理方面的人才组成,能够根据产业技术前沿制定科学的课程教学模块和教学方法开展产业人才培养。教育企业参与人才培养的初衷,应当超出为本公司提供后续人才储备的目的,而负有为本行业、本产业培育优秀人才的使命。企业办学为本行业提供技术人才,本质上更是一种促进行业发展的公益事业。

教育部、发改委及地方主管部门需要根据国家产业发展规划,战略性地遴选一批行业龙头企业,并对其教育教学设施配备、师资队伍、教育理念与教学方法、教学质量等进行教育评估,对评估合格者发放教育企业牌照或资格认证牌照。教育企业的营业执照需要重新增加教育培训相关的内容,其监管归属部门也需要增加教育主管部门。教育企业因此需要在市场监管部门和教育部门进行"双备案",以确定其作为经营主体和教育主体的双重身份。

当然,教育企业的跨界不会一帆风顺,需要进行较长时间的人才培养方案研制、教学计划制订、课程开发、教学设计、教学条件的配备等培育工作。这类前期培育工作,需要教育主管部门和教育专家的深度参与和扶持。

二、教育分工与分段培养

在教育实践中,我们看到了两种现象:学校专业教育的低效和企业思想政治教育的缺失。学校教育为了培养产业需求的人才,努力培养"双师型"教师,鼓励教师下企业实践,但教师仍然无法跟上产业技术革新的步伐,在技术人才培养效果上大打折扣。以财政拨款重金更新产业最新的实验实训设备,造成巨大的资源浪费,甚至因不会使用而闲置。在苦苦跟随产业进步的步伐中,学校不遗余力地开展校企合作、产教融合,但事实上效率不高。企业方面,则更注重对学生进行直接的技术培训,虽然让学生接触到了行业先进的仪器设备、最新的工艺技术,但并不能有效地进行人文社会科学类的通识教育,也不能有效地开展社会主义核心价值观等人生观、价值观、世界观教育。

由此,我们建议在高等教育中试行学校教育与企业实践分段培养,各自承担所擅长的教育责任。学校教育与企业实践可以实行交替制,但考虑到教学安排、知识的连贯性,可以考虑理论学习和产业实践两个阶段分别占有 1 学年和 3 学年(高等职业教育可实行

1学年和2学年)。如此,学校就可以全身心地承担学生的通识教育,在人格塑造、价值体系搭建方面全心聚力。而企业则可以将学生视为"准员工"进行集中的产业技术教学,为行业培养优秀的产业人才。同时,在毕业文凭上可以设置两个毕业文凭,分别为通识教育毕业证、产业实践毕业证,两个方面的学业全部完成方可准予毕业。如此,职业教育格局将获得全面重塑,必将有利于节约教育资源,有利于大学聚力立德树人的根本任务,有利于企业培养具有良好行业适应力的产业人才。

三、配套与激励政策跟进

对于高等教育来说,上述分段制培养显然极具革命意义,但其运行必需显性的配套举措。工商主管部门要出台政策,允许企业增加职业教育的主营业务,变更教育企业的经营范围。教育主管部门需要对教育企业的办学条件、教学质量、学历文凭发放、师资队伍建设等方面制定明确的准入标准,制定基本的禁入条件,并做好定期的教育评估工作。人力资源部门需要明确教育企业中从事职业教育教学人员的教师资格身份及要求,开设面向社会企业的教师资格考试,并给予"产业教师"认定和人才备案,并给予相应的教师待遇。要求大学中的专业教师实现"产业教师"转型,对其掌握的行业先进技术技能情况进行考核,继续给予合格者"产业教师"身份,并要求企业优先录用从大学中分离出来的专业教师。大学专业教师和企业工程师在"产业教师"的身份上趋于聚集,形成了教育企业师资队伍建设的主流。这需要改变传统的教师认定办法、教师职业标准等,在企业与大学之间采取贯通、流动机制,更多地推行教师来源的社会化、开放化,而走出从高校应届硕士、博士毕业生中认定高校教师的机制。教师资格的社会化开放,尤其是向企业的开放,连同教师的产业开放一起,必将促进产业人才培养质量的提高。在激励政策上,教育、工商、税务、城建部门要给予教育企业相当的教育自主权,积极向企业划拨教育用地,实施营业税、城建税、企业所得税优惠,减免教育附加费和地方教育附加费的纳税额,降低其纳税比例,降低教育企业的办学成本,增强教育企业办学的动力。经费支持极为重要,财政部门必须改变单一地向大学下拨教育经费的思维惯性,要把教育企业视为办学主体和教育经费的下拨对象,严格按照生均拨款下拨教育经费,补充教育企业的现金流,并做好教育经费专款专用的审计。要认可教育企业的企业性质,允许其在办学中收取费用,赚取适当的教育利润,允许其在教育事业中营利。工商部门需要对教育企业的收费标准的合理性进行报备、审核,并向社会公布。评估教育企业收费标准的合理性和教育企业的盈利状况,既要保障教育企业有一定的教育盈利,又要防止企业的经营性质带来的对学生利益的侵害。

四、以市场机制促进教育企业优胜劣汰

我国陆续出台了《试点建设培育国家产教融合型企业工作方案》(2019)、《建设产教融合型企业实施办法》(2019)等文件,要求围绕现代农业、高端装备、智能制造、新一代信

息技术、汽车船舶、航空航天、钢铁冶金、能源交通、节能环保、建筑装配、高端软件、普惠金融、社会民生等重点领域，以自愿申报、复核确认、建设培育、认证评价的程序试点培育产教融合型企业。这类企业可以成为"教育企业"的试点企业。

对政府来说，这种行业性、营利性鲜明的教育机构是一种新鲜事物，必须以机制创新推动其教育效率提高。一是要引入审核、认证机制，定期审核教育企业的办学资质、办学条件，监控其教学过程，重点围绕办学合规性进行督察。二是要引入市场竞争机制，把教育企业推入市场中成长、历练。詹·卡尔林(Jan Carlzon)把组织分为"家养型"和"野生型"。前者是对一个组织所有的日常需要不操心，生存有保障。它们受到它们为之服务的那个社会的保护，它们的资源投入与其质量没有关系，公立学校就是这样的组织。而野生型组织必须为生存而斗争。它们的生存没有保障，它们的生存与其质量密切相关，经常面临被淘汰的危险，如市场经济中的企业或私立学校等[①]。在政府指导下，引入学生"教育券"，允许学生依据专业要求、办学条件、师资力量等自主选择教育企业进行专业实践阶段的学习，通过学生的选择和经费的市场化配置实现教育企业的优胜劣汰。

教育企业的引入，能够丰富主体，促进社会资本参与教育开放和高等教育办学主体的多元化。传统的校企合作的教育开放机制，在合作中不能实现产业界和教育界的深度融合，企业参与办学的动力不足、效率低下。教育企业机制，立足教育分工，不实行貌合神离的合作，而实行教育界与产业界的双轨制的人才培养，也许能为产业人才培养开辟新的道路。

第三节 理事会、董事会与职业校长制度

办学主体的多元化，在学校场域中必然落实到教育决策权的分配上来。开放教育决策权，让多元的利益主体、教育主体同时参与教育治理，从教育、产业、管理等多种视角重新审视、决定人才培养、学校管理中的重大事务，能够重塑高等教育的教育生态，为大学带来清新而极具变革性的教育治理面貌。在这个方面，我们不妨步子再大一些，以更加开放、更加创新的勇气迎接新的治理主体，从大学的治理结构上促进高等教育的社会开放。

从治理主体来说，可以分为大学的内部主体和大学的外部主体。治理主体的开放不应当仅仅指涉学校外部教育主体，其实也应当包括学校内部主体，主要是教师和学生。之所以如此说，是因为开放并不仅仅是空间上的，也是权力上的。教育的社会开放往往意味着向当前的实质权力拥有者之外的主体授予权力，对现有的权力主体进行分权。治理主体的开放，在学校内部则主要改变校长、管理者在教育决策中过于权力集中的问题，

[①] E.马克·汉森.教育管理与组织行为[M].冯大鸣，等译.上海：上海教育出版社，1993：153-154.

允许教师、学生等教育主体通过教师代表大会、学生代表大会,参与教育决策的制定和审议。关于这一点,已在第五章做了论述,此处只关注大学外部治理主体。

一、大学理事会

《普通高等学校理事会规程(试行)》(2014)对理事会的定义为:"国家举办的普通高等学校根据面向社会依法自主办学的需要,设立的由办学相关方面代表参加,支持学校发展的咨询、协商、审议与监督机构,是高等学校实现科学决策、民主监督、社会参与的重要组织形式和制度平台。"[1]理事会的构成,除了学校及职能部门相关负责人、相关学术组织负责人、教师、学生代表等校内人员外,通常还包括学校举办者、主管部门、共建单位的代表,支持学校办学与发展的地方政府、行业组织、企业事业单位和其他社会组织等理事单位的代表,杰出校友、社会知名人士、国内外知名专家。从理事会代表的组成看,规程着意促进办学主体的多元化,引导他们参与高校的教育决策、教育监督、教育评价,提升高校的社会服务能力,推动校企合作。

2015年以来,中国大学纷纷成立大学理事会。从公布的资料看,理事会主要遵循《普通高等学校理事会规程(试行)》(2014)的要求,由学校和热心于高等教育事业、关心和支持学校发展的各级政府部门、企事业单位、社会团体、杰出校友和社会各界人士组成。高校理事会对于推动校企合作、改善大学治理的有效性,我们还需要进一步考察。因为,在教育实践中,大学会把理事会作为拓展办学资源的渠道,而当选大学理事会理事,往往会将当选视为荣誉(以及特权),而非参与学校办学管理、监督的责任。大学理事会不是学校办学决策机构,而主要是获得办学资源、搞好社会关系的机构。理事会中的教师、学生代表、社会机构代表、校友代表,都是学校自己聘任的,而不是由民主选举产生,自然,当选的理事,会对任命的校方负责,也听从校方的安排参加理事会工作[2]。

文件规定,理事不得获取薪酬或者其他利益,更是一种荣誉性、兼职性的闲职。显然,在公立高校,理事会不是决策机构,只是咨询、协商、审议与监督机构,没有决策权,所以又很容易变成一个摆设[3]。有的学者也批评大学理事会并非民主选举产生,出现了特权化、明码标价的异化现象,不能履行监督、评价作用。理事会权力的缺失,尤其是财政权、人事权、决策权的实质性缺失,使它不能在高校发展中起到领导作用。同时,理事的待遇、身份并没有在高校理事会中产生实质性改变,参与高校事务也不能对企业、社会组织等带来利益联结性的改变。因为理事会同高校在利益关系上的松散、权力施加上的无力,所以其对于产教融合、高校治理方面的作用是十分有限的。

---

[1] 中华人民共和国教育部.普通高等学校理事会规程(试行)[Z].(2014-07-25).http://www.moe.gov.cn/srcsite/A02/s5911/moe_621/201407/t20140725_172346.html.

[2] 熊丙奇.中国大学应该成立怎样的理事会?[EB/OL].(2014-08-18).https://net.blogchina.com/blog/article/2228320.

[3] 刘海峰.高校理事会真正"理事"任重道远[N].中国教育报,2014-08-20(2).

而国外公立大学普遍实行理事会治理，这些学校成立的理事会，与我国大学的理事会，是完全不同的概念。理事会是学校的最高决策机构，承担着审议学校年度预算、对大学重大办学战略进行决策、遴选校长等重要职责，除政府部门官员、立法机构成员是举办者委派，学校校领导是当然理事外，教师理事、学生理事、校友理事和社会人士理事都通过民主选举产生，切实代表各方利益参与学校办学管理、监督、评价，这些理事还必须对选举自己的群体述职。

另外，法律概念上的理事会，主要用于学术组织、研究机构等群众团体和社会团体，不收取任何报酬，也不获得任何补贴，更多的是公益性的服务。《普通高等学校理事会规程（试行）》（2014）规定，高校理事会理事、名誉理事不得以参加理事会及相关活动获得薪酬或其他物质利益，也不得借职务便利获得不当利益。理事会在非营利性高校中的监督、检查、协助的功能更为突出。其成员与出资无关，常常由行业专家、权威人士担当，所以更多地承担着顾问、咨询、服务的功能。

我们认为，大学理事会要更多地向监督、检查功能发展，充分发挥理事的专业特长，能够以系统思维、开放思维对学校重要的财政决策、教学决策、人事决策给予指导和监督。

如此，大学理事会更多地承担教育顾问的角色。但我们要看到，理事会的"无权"或"特权"状态，使得它在促进校企合作、多元治理中难以有实质性作为，必须尽快走向高校"董事会"制度。

二、大学董事会

美国是最早实行大学董事会制度的国家，迄今为止全美3 000多所高校中已有2 000多所拥有独立董事会。它们在美国大学治理水平提升过程中发挥了重要作用。美国大学内部领导和决策机制主要有两种模式：一是以哈佛大学为代表的"双会制"，即监事会和董事会。监事会和董事会的所有成员除校长外，全部来自校外人员，监事会负责管辖财产、管理学院事务，董事会的主要任务是制定规章，包括任命校长。监事会不能创制规则，但董事会制定的规定，特别是重大决定必须经由监事会同意才合法有效。二是以耶鲁大学为代表的"单一董事会制"。耶鲁大学董事会除校长外，一般也都由校外人员担任[①]。我们更推荐有权力制衡目的的"哈佛模式"，不妨在此基础上进一步创新中国大学的董事会制度。

董事会制度本来是一个经济领域的概念，董事会主要指代公司中由股东大会选举出来的代表全体股东利益、代表股东对内掌管公司事务、对外代表公司进行经营决策和业务执行的机构。在教育领域中，董事会主要存在于民办大学之中，支持出资方参与教育决策。因其出资方的身份，民办大学董事长的权力极大，往往涵盖了规章制度的制定、校

---

① 郭为禄，林炊利.美国大学董事会的运行模式[J].全球教育展望，2011，40(12)：14-19.

长的任命、财务运营、人事聘任与薪酬规定等,在一定程度上形成了新的权力集中,不利于民办大学的发展。反观公立大学成立的董事会则往往形式大于内容,不能真正实施教育治理,也没有体现出教育的社会化治理的初衷。

不论公办大学还是民办大学,我国大学董事会发生了不少偏离。第一,在董事会建立的目的上,大学并未把董事会看作促进学校多元治理的平台,而是将其看作促进校企合作的平台。董事会因此主要由合作企业的董事长、总经理构成,董事会已然成了集团化办学的代名词。第二,在董事会的职能上,董事会的决策、监督等治理功能没有得到发挥。它们更多的只是大学的产业合作伙伴,扮演着专业设置的建议者、学生毕业实习的承担者、学生就业的接受者的角色。在治理功能上,大学董事会的决策、任命、顾问等深层次职能,以及对大学管理权力的分权、对大学管理的适当的批判与质疑等并不存在,始终处于浅层次上。第三,在董事会成员的产生上,董事会成员更多地是由大学"邀请"而来,没有任何的选举程序。这使得董事会更多地成为大学管理层的"附和者",其对大学校长等管理者权力的过度集中问题并没有起到良好的分权作用。因而,为了更大力度地改革大学的治理结构,改变当前政府权力过度参与、校长权力过度集中的问题,推进大学的社会开放,我们需要改革当前的大学董事会,使其成为改进我国大学治理质量,构建良好治理结构的重要力量。

首先,在董事会的职能上,整合多种职能,实现高效运转。董事会要集合董事会、理事会的职能,承担大学的硬件建设和软件建设。硬件方面,要承担办学资金筹措、制定年度或中长期预算、开展校园规划、承担实验实训室和办学设施的采购与建设,也包括对外承接社会服务项目、接受社会捐助、运营大学基金会,同时承担大学与政府、社会组织、基金会的合作。在软件方面,要承担人事管理、财务管理、学生管理、教学管理等方面的制度建设之责,为学校发展确立运行机制框架,也要承担专业建设、重大人事变动、课程规划、教学计划审定、人才培养方案制定等职责,同时还要召开教师代表大会、学生代表大会和社会群体代表大会,培育教师、学生、社会群体的决策组织,改革大学治理结构。除此之外,董事会还应当具有提名校长、副校长和人事、财务、教学等重要部门领导的职能,积极推行大学领导的选举制度,改变当前政府任命的校长产生方式。职能的多样化,将大幅改变大学治理生态,实现多元治理。

其次,在董事会成员的构成和权力施行上,要真正体现多元共治的思路。大学董事会包括校内董事和校外董事,也可以分为出资董事和非出资董事。大学董事会要吸纳教师、学生作为董事,赋予他们教育决策权力,真正实施教育的民主决策。校外董事可以吸纳社区居民、教育家、学生家长、校友和政府官员、企业经理、技术人员等参与进来,允许不同董事代表各自群体的利益诉求、教育见解参与教育决策。成员构成的多元化,并非简单的"拼盘",而要从我党的办学宗旨、教育改革的方向、人才培养的重点突破方面去整体上规划成员的数量、比例。民主的董事会权力施行,可以借鉴席位制,通过分配不同数量、比例的席位来体现教育意图和教育治理的倾向性。当前,大学治理需要重点强调三个方面:内部决策民主、产教融合、社会主义办学方向。因此,师生、企业、政府的席位数量和比例应当得到相应的提高。由于教育的专业性,大学董事会必须给予教育家、学者教授等教育界专业人士足够的席位。

再次,在办学着力点上,董事会要着力推进政产学研一体化和集团化办学。董事会中的企业董事、科研院所董事、政府机关董事将代表社会企业或科研机构的利益、诉求,可以从自身需求出发,同大学开展科研项目的共同申报、横向项目的委托、政策咨询服务,将社会资源与大学的人才资源相互联合。对于行业院校来说,这种产学研合作尤为重要。董事会完全可以成为校企合作的平台,将大学董事会与产学研教育集团董事会合并,可以同大学专业技术人员一起制定符合本企业、本行业要求的人才标准,开展课程、专业及其标准的设置,制订学生的学习计划和人才培养方案。如此,大学将被定义为政府、大学、企业联合培养行业发展的领军人物、科技精英、管理骨干、国家需求人才的机构。大学可以反哺行业企业,为行业企业的员工进行技术性再教育、再培训,为行业企业输送年轻的技术人才。大学与社会的双向互动,因为董事会平台的加入,将更容易形成人才培养的协商机制、合作机制。

在我国,我们认为应当施行董事会与监事会并行的治理制度。董事会更多地代表着企业方、出资方的利益和学生、教师、管理者等直接利益相关者的利益,更多地考虑大学发展中的产业契合性、财政使用的合理性、产业人才的培养与就业、师生权益的维护等,带有回报出资人的股份公司性质,也带有服务社会与产业的服务属性,还带有传承优秀文化、开展科学研究的公益性。董事会必须平衡商业性、服务性与公益性之间的关系。董事会更多由产业经理人、产业技术人员、教师、学生、校长等组成,主要承担教育决策职责。监事会则从教育发展的科学性、教育规划执行力、教育财政的合法化、教育权利的保障性等方面,对董事会、校长的教育决策进行评估、论证,行使赞成、反对或弃权的教育监督权。监事会应当主要由政府、学生、教师、教育家、社会组织、家长等构成,实行对董事会教育决策的评价与监督。二者既构成了分工合作的关系,又构成了权力制衡的关系,最终其实是商业性与文化性的平衡,是经济规则与教育规则的平衡。

三、职业校长制度:教育的职业经理人制度

我国企业界推行职业经理人制度由来已久,已经诞生了海天味业的程雪、腾讯控股的刘炽平、阿里巴巴的井贤栋和张勇、伊利股份的潘刚、美的集团的方洪波、三一重工的向文波、海底捞的苟轶群、格力电器的董明珠、联想的杨元庆、滴滴出行的柳青等优秀的职业经理人。无论是美的集团等家族企业,还是格力电器等国有企业,职业经理人制度都很好地解决了企业治理主体的多元化问题。十八大以来,国有企业的混合所有制改革加速,职业经理人制度得到了更加快速的发展。职业经理人制度实现了所有权与经营权的分离,正在以专业精神、为股东创造价值的使命感带领中国企业走向世界。

相比经济领域的职业经理人制度,高等教育领域的治理改革迟缓了很多。计划经济时代的烙印还深深地存在于大学中,政府大一统的格局没有得到根本性的改变。教育开放把办学主体的开放作为重要抓手,可以推动大学所有权与管理权的分离,实现教育治理的变革。

教育的社会开放很重要的治理改革任务,就是破除治理主体的单一化,实质上就落实在两个方面:

第一,改变教育治理权力主体的单一化。在我国高等教育治理中,政府是绝对的权力主体,制定教育政策,并以整齐划一的教育规划指导区域内高等学校的发展。与行政权力在教育领域的集中形成对照的是,学生、教师以及股东的权力得不到伸张。教育的社会开放需要引入更加多元的教育治理权力主体。

第二,改变校长身份与使命的单一化。政府的治理权体现在校长的任命上,这决定了校长更多地为上级负责,贯彻上级教育指令,对学生、教师以及股东的利益缺乏灵魂性的关注。在现实中,这些关注更多来自政府政策文件的要求,本质上是一种"被动的关注",自然关注的深度、改革的动力、研究的积极性都显不足。与上述相关,校长的官员色彩浓烈,使得大学常常演变成政府在教育领域中的"翻版",使得大学的行政化、官僚化愈益明显。教育的社会开放就要形成校长为学生、教师和股东服务的角色意识,扮演学生、教师和股东利益代言人的角色。

由此我们提出,在教育领域借鉴职业经理人制度,实行职业校长制度。在此,我们要指出,这里的校长并不单纯指的是大学中的校长,还指代副校长、党委副书记、各处室的处长与副处长等行政岗位的负责人。甚至,也可以延伸到各个院系的院长、副院长、书记、副书记。

(一)建立职业校长的单一化身份与责任

职业校长作为教育的职业管理人,其身份是教育管理者,其责任是为大学中的学生、教师、股东等利益主体服务。大学的所有权、法人财产权仍然归属政府,而管理权归属职业校长。企业中的职业经理人承担法人财产保值增值的责任,全面执行企业董事会决议、负责企业经营管理。而职业校长在全面执行大学董事会的重要教育决议,代表董事会、在政府的委托之下负责大学的运行、管理与发展。他们的角色由政府的代言人转变为学生、教师和股东的代言人,由管理学生、教师转变为学生、教师的服务者,由政府的代理执行者转变为政府的教育受托人。

身份的转变决定了职业校长的诸多变化。在职称系列上,职业校长不走教师系列,不与教师争利,不参与教师系列的评奖评优。在晋升之阶上主要模仿职业经理人制度,从院系管理者中产生,晋升为更高层次的教育者。政府还需要为优秀的职业校长提供进入教育主管部门或其他政府部门的通道,进一步延伸其晋升路阶。在待遇上,职业校长可以适当享受政府的补贴,而主要的收入来自经过董事会审核同意的大学创收,以及学校良好发展后带来的政府奖励,使职业校长的命运与大学发展紧密相连。当然,这可能加剧大学办学方向上的功利化、市场化,就需要政府部门和大学监事会的制衡。

(二)建立职业校长的专业标准与职业资格框架

我们可以看到,我国优秀企业的职业经理人大多具有商学院的学习经历,往往有着管理学、经济学的专业背景。他们在把握行业发展趋势、打通企业运行中的机制困境、保持企业财务的健康运行、分析产品的市场前景、企业的资本化运营等方面具有相当专业的知识和实践经验。由于大学的文化属性、政治属性和专业属性,职业校长应当具有更加严苛的专业要求和思想政治素质要求。在专业背景上,他们应当具有教育学、管理学、政治学、心理学、社会学的学科基础,掌握了扎实的教育学知识,具有科学、前沿的教育理念,深谙教育规律,具有扎实的高等教育史、高等教育的基本议题、教育法学、高等教育发展中的问题等知识。他们应当掌握教育政策、教育财政、教育规划、学校人力资源管理、教学管理、教育评价与督导、教育统计、班级管理、课堂教学管理等教育管理学的知识与规律,同时,还要掌握大学章程、教育法、教师法、学生行为规范等方面的法律法规。

不同于专业教师的要求,职业校长的知识结构是复合型的,其知识范围广阔而多元。除了理论知识,更多地要求在教育实践中摸索出来的、适应于大学的"实践知识"和"直接知识"。他应当保持教育发展的独立而深刻的思考能力,对于高等教育有自己独特的理解,探索适合本校的独特的发展模式。特别在教育规划、布局方面,他有着系统化的思维、全局性的视野,能够为大学发展提供方向、思路。

职业校长未必要获得高校教师资格证书,教育主管部门应当建立职业校长(含其他中高层教育管理人员)的职业资格制度,建立职业校长的职业能力与素质标准和系列考评制度。职业校长应当作为一种高尚、专业的职业存在于社会之中,必须在获得教育职业校长资格证书后,方可进入大学从事教育管理的专业事务。职业校长还应当接受政府主管部门的政治审查、道德与心理状况评估,确保其在办学过程中能够贯彻党的教育方针,具备良好的思想政治素养、道德水平、自我评价能力、心理承受能力、情绪疏导能力、人际沟通能力。财务处负责人应当具备会计师资格,具有扎实的会计、审计能力;人事处负责人应当具备人力资源师资格,具有扎实的人力资源管理能力,掌握合同法、教师法、教育法等法学知识;教务处负责人则应有高校教师资格证书,具有教学基本理论和课程建设、教材建设、专业建设的知识与能力;后勤处负责人应当具有食品与营养、招投标、工程施工等方面的知识与能力,掌握食品安全法、招投标法等法律法规;学生工作处负责人应当来自马克思主义原理、学生思想政治教育、教育学等专业,掌握大学生的心理发展阶段、学生思想政治教育方法、网络思政方法等。

多年来,我国教育界都在呼吁"教授治校",但笔者认为,拘于一域的专业教授未必能够很好地承担职业校长的教育管理任务,这里必须重申"教育家治校"的观念,以职业校长促进高等教育质量的提升。

（三）建立职业校长的选举与委托机制

要保障上述职业校长制度的落地，我们必须抓住职业校长的产生机制这一关键点。教育开放的核心是权力的开放，因为权力的开放必然伴随着教育治理主体的开放。教育权力主要指的是对于大学的控制权，这种控制权又集中体现在政府对于大学校长的任命权上。打破教育权力的过度集中，就要把教育权力交给学生、教师、企业、家长、教育组织等治理主体，把他们视作教育发展的权力主体，赋予他们权力。而他们的权力首先要体现在大学校长的选举权上，因为只有权力主体选举出来的校长才会为各个教育主体负责。

由此，我们提出双重职业校长产生机制。首先，董事会和监事会选举产生职业校长。各成员充分评估候选校长的教育履历、专业背景、人格魅力、思想观念，从学校发展定位出发，选举出能够代表董事会和监事会利益，能够代理学校教育管理职责的合适人选。这个过程中，监事会的职责也十分重要，需要充分坚守教育原则，如人文性、政治性、创造性，从推进教育变革、执行大学发展远期目标方面去考察候选人。其次，在董事会、监事会选举出职业校长后，政府部门发布职业校长委托书。亦即，在对职业校长候选人的政治立场、文化倾向、教育能力等进一步考察的基础上，实行教育权力委托。政府因此不直接任命校长，也就降低了行政权力在教育领域的影响力。在这个过程中，董事会、监事会的选举权的公信力应当得到足够重视，政府除非发现候选校长的严重问题，提出明确质疑，一般不得否定其选举结果。如此行事的目的在于，充分保障大学董事会、监事会在大学中的治理权，确立职业校长对董事会、监事会负责或为学校而工作的教育责任。

选举与委托机制决定了职业校长应当就教育履责情况向大学董事会、监事会和政府进行双重汇报。当然，汇报的内容有着显著的差异。职业校长需要向董事会、监事会汇报大学年度或中长期发展规划、重大教育教学决策、重大基础设施建设、重大投资与预算支出、重要的人事政策、教育福利、学生的学习研究条件改善、股东权益损益情况等；而应当向政府汇报国有资产的保值增值或损益情况、执行重大教育方针政策的情况、大学的意识形态情况、大学内部治理中的主要问题、对国内外的服务与投资情况等。职业校长也因此接受两个方面的监督，使两个方面的治理权在大学场域中得以施行。

四、建立职业校长交流市场

既然职业校长是一种教育管理职业，是一种普遍存在的社会角色，如果以更加开阔的视野，面向社会和全球招聘、选举职业校长候选人，将带来更高程度的大学校长的职业经理人化。我们可以建立专门的职业校长（包含学校其他中高层管理者）人才市场，建设丰富的职业校长人才库，为大学储备更多的教育管理人力资源。

届时，如同面向社会、面向全球招聘教授、学者、学术带头人一样，大学可以面向社会和全球招聘职业校长，促进大学治理群体的多元化，以更加开放的视野促进大学的开放。

职业校长的人才市场,目前没有得到国内外教育界的重视,但对于推进校长的职业化、专家化,对于推进教育治理的开放化是一个可能的趋势。

第四节　职业教育的社会资本开放

2022年5月1日开始实施的《中华人民共和国职业教育法》提出:企业可以利用资本、技术、知识、设施、设备、场地和管理等要素,举办或者联合举办职业学校、职业培训机构。职业教育以产教融合、校企合作为类型教育特征。产教融合、校企合作始终是职业教育改革的重要逻辑主线[①],也是职业教育的类型教育特征。从应对当前职业院校学生岗位适应能力不足、职业教育产教融合推进艰难等方面考虑,我们可以进一步在职业教育领域适度引入社会资本。这也许是一个进一步打通产教融合道路的法门。

社会资本办学的模式可以包含如下几类:(1)整建制企业独资办学模式,即完全由社会资本自主发起、出资、提供师资和实训场地并向教育主管部门备案的办学形式。该类职业院校完全由企业独立控制、运营。(2)公私合营模式。公办主体方面主要包括政府部门、公办职业技术学院,私营主体方面主要指的是产业企业、自然人、基金会、民间社会组织等。其办学的载体主要有:①社会资本参股的公办职业技术学院。企业以知识、资金、技术等参与职业院校的办学,并按照持股比例获取一定的办学效益。企业往往派驻公司高管到职业院校担任职业院校董事会董事,参与学校发展的重大决策,监控学校发展中的问题。②二级学院或产业学院。在公办职业院校内部优势学科的二级院系试点推行公司合营,在二级学院内部实行院系领导与企业领导共同决策,共同参与重要实训基地、实验室建设。企业派驻优秀产业工程师进行专业教学,参与课程建设、专业建设和教学改革。③公司合营的实训基地。这种合作进一步缩小范围,更多地停留在基础设施建设和共享方面,可能带有捐赠意味,也可能是共建的企业生产研发分中心,有利于改善职业院校的硬件配套和人才培养条件,而往往并不能充分发挥多元治理功能。

无论独资还是合资,都在一定程度上改变了职业院校治理结构、资本结构的封闭状态,有利于推进教育的社会开放。

一、教育投资者与产权结构

除了职业院校,我们可以把政府、社会组织、企业都看作"教育投资者"。既然企业是"教育投资者",就应当对教育资产及其增值能力进行科学评估,在此基础上再进行投资。而投资的目的是获得预期的投资收益。对于出资的比例,学者认为,社会资本出资比例可高于50%,公有资本出资比例以不低于10%不高于30%为宜。允许公办院校成立全

---

① 石伟平,郝天聪.产教深度融合　校企双元育人:《国家职业教育改革实施方案》解读[J].中国职业技术教育,2019(7):93-97.

资国有资产运营公司或者直接作为出资主体,使用不高于30%的事业性收入,与社会资本合作共建各类混合所有制职业教育机构[①],如苏州工业园区职业技术学院的产权结构(表5-1)。

表5-1 苏州工业园区职业技术学院产权结构[②]

股东	比例/%
上海翔宇教育集团	40
光华控股(吉林光华)	30
光华投资(苏州光华教育投资公司)	10
学校管理团队	9
苏州沸点教育咨询管理公司	9
苏州市教育局	1
苏州市劳动局	1

注:本表略有改动。

二、政府监督下的职业院校股份制

根据上述情况,职业院校就被纳入市场经济法则之中了,也就是意味着职业院校的所有权被稀释成若干股份。参股资本可以根据参股比例享受投资收益,也可以按照参股比例获得进入董事会的人员数量。当然,这个董事会人员占比也就构成了职业院校决策中的席位占比。例如,苏州工业园区职业技术学院的董事会成员构成(表5-2)。此时,职业院校不仅仅是一种政府主导的教育机构,内部不仅仅运行一种行政性与专业性兼具的文化结构,还形成了一种经济学意义上的股权结构,从而打开了职业院校社会开放新空间。当然,由于职业教育的公益属性和政治文化属性,股份制可以不涉及所有权,而只是关涉经营权以及经营过程中的经济效益的分配权。

三、产业校长与社会资本充足的治理主体地位

为了促进职业教育的开放,促进治理结构的多元化,我们需要从股权结构出发,进而进入到治理结构的配置,只有这样,新进入的社会资本才能成为治理主体和办学主体。一方面,要给予企业股权比例相当的席位数量,给予社会资本教育决策权,另一方面,还可以将新进入的企业董事任命为副校长,甚至是校长,从而更好地尊重社会资本的治理主体和办学主体地位。企业董事担任职业学校的重要行政领导,可以把产业的发展思路带入到学校发展规划中,可能将给专业建设、人才培养等带来相当大的变革。这种新的管理团队,再次突破了政府任命校长的政策机制。引入"产业校长",尽管看起来激进,但

[①] 郭素森,丁竹青,侯国强,等.职业院校混合所有制办学改革实践的现状、关键问题及推进策略研究[J].中国职业技术教育,2021(34):5-13.
[②] 同①.

只要很好地贯彻党委领导下的校长负责制,做好国有资产的评估工作,这样的机制创新还是可行的。

表5-2 苏州工业园区职业技术学院董事会成员构成

类别	中方成员/人	外方成员/人	成员比例/%
企业	5	15	69
学校	4	3	24
政府	2	0	7
合计	11	18	100

从表5-2可以看出,苏州工业园区职业技术学院社会资本开放的步伐较大,已经涉及产权的股权化,又从股权结构延伸到治理结构,做到了较高程度的社会开放。职业院校此时的身份其实已经很难讲是一个教育机构,而是一个独立从事商品生产和经营活动的社会经济组织,即一种企业法人。该校在社会资本占据绝对控股权的同时,也引入了政府部门2%的股权,并给予了其7%的股东席位。苏州工业园区职业技术学院的社会资本开放机制,可以为其他职业院校提供诸多借鉴。

四、股权流转及其市场

在此,我们不妨继续向前走一步,进一步打破现有的机制障碍,尝试对社会资本开放做新的机制探索。

建立股权流转机制。这里可以分为两种情况:公办职业院校的股权流转不应涉及所有权,其所有权仍然应为国有,社会资本拥有的只是经营权的股权;民办职业技术学院的股权则可以将所有权、经营权、管理权一同打包进行股权改革,彻底引入社会资本控股,政府不拥有产权。无论何种性质的职业院校,股权流转都应当在政府部门的监督和指导下进行。在此前提下,可以在教育部门或发展改革部门主导下,建立职业院校股权流转系统,以社会招标的方式进行公开股权流转。

在此基础上,再建立股权流转市场。吸引社会力量、社会资本根据自身发展需要,控股职业院校,参与职业院校的管理。股权流转市场的设立,不意味着把职业院校当作商品买来买去,而是为了建立一种社会筛选机制、职业院校与社会资本的互选机制。

五、社会资本的利润保障

在社会资本开放中,政府部门需要大力贯彻"放管服"的教育治理原则。要大力提倡以双元制和志愿服务模式为主,国家监管的管理模式为辅的职业教育公私合作,充分保障私营部门参与办学的主体地位和管理权的自由,避免公共部门权力过于集中导致办学活力的缺失以及人才培养与劳动力市场的脱节①。

获取利润是社会资本参与职业教育的内生动力。我们需要确认社会资本的教育主体地位，而不是教育的参与者。由此，我们应当允许社会资本分享生均拨款、办学经费、实训基地建设费等教育费用。我们也可以将产业企业的税收和职业院校的办学经费拨出一部分，成立专门的"教育产业基金"。因为社会资本参与了产业技术人才的培养，为产业发展做出了贡献，政府可以将"教育产业基金"向社会资本进行分配。社会资本因为向产业企业输送了优秀的产业技术人才，也可以向企业收取一定额度的"教育补偿基金"。政府部门应当出台社会资本参与职业教育的利润分配机制与办法，保障社会资本合理合法地获取应有的教育收益。

第五节　第三方评价与评价主体的开放

2020年10月，中共中央、国务院印发了《深化新时代教育评价改革总体方案》。方案很好地解决了"如何评""评什么"的问题，但还没有很好地解决"谁来评"的问题，即评价主体的问题。2021年3月出台的《义务教育质量评价指南》提出："在引导学生、学校和县级党委政府积极开展常态化自我评价和即时改进的同时，构建主体多元、统整优化、责任明晰、组织高效的外部评价工作体系。"虽然对外部评价主体的范围、指向并不明确，但已经包含了评价主体的外部化问题。同样，高校教育质量评价主体的多元化、开放化、外部化，也是高等教育开放办学的要义之一。

一、评价权力的社会开放

我们必须从整个更为宏大的权力系统来认识"评价"的价值，而不应仅仅将其视为一种质量控制方式。从权力论的角度看，"评价"本身是一种权力。

评价主体本身就意味着一种权威性存在，往往能够站在权力的上位对被评价对象进行权力施加。评价主体的权力既可能有管理意义上的行政权力，也可能有专业意义上的专业权力。无论哪种权力，都表征着评价主体具有了对被评价对象教育行为、教育质量的监督、矫正乃至奖惩的能力。其评价结果可能影响被评价对象的社会形象、公众信任度和其后的资源分配，由此带来了紧密的利益相关性和高厉害性。评价主体本身就成为权力主体，掌握了话语权、奖惩权。不管是从总结性评价到形成性评价的转变，还是从量化评价到质性评价，以及从行政性评价到诊断性评价，评价的权力特征并没有发生根本性改变，而且也不可能改变。

长时间以来，教育的评价权掌握在教育主管部门手中。政府教育评价权的垄断，本

---

① 马君，张玉凤，刘骥.职业教育公私合作的典型模式、理论逻辑与实践理路：公共部门参与度视角[J].中国职业技术教育，2021(21)：20-29.

身就是造成高校过度行政化、机制死板的根源之一。因为,权力的集中就造成了教育系统的狭隘化,使教育行为只能在极其有限的系统内循环,比如从学校到政府的简单互动。可以说,权力关系的简化和权力主体的封闭阻碍了高等教育的社会开放。所以,教育开放应当首先从评价权的开放开始,而评价权的开放首先需要评价主体的开放。不同专业领域、代表不同利益的第三方评价主体,将改变政府的评价权垄断问题,稀释评价权的单一影响力。不同评价主体的介入,将大幅改变目前的教育生态。

第一,高校办学不再仅仅对政府负责,而是开始对更为广泛的教育利益相关者负责,由此带来了办学理念的转变。负责对象的变化,将改变高校过度行政化的问题。在基本办学方向、办学方针不变的情况下,高校将更多地面向社会需要办学,把多元的评价主体的利益诉求放在办学的重要地位上去考虑。

第二,评价主体的扩展带来了评价权力结构的多元化,高校将被置于多权力的网络结构之中。评价主体的开放,产生了评价权的开放,使得教育评价进入到多种权力的斗争与制衡格局之中。其实,这种评价权的斗争并非坏事,因为这种开放、错综的权力网络打破了政府与高校的二元互动结构,将高等教育引入了同社会多种力量互动的状态之中。

二、评价主体的社会扩展

学者认为,进一步健全和完善教育质量评价制度,在机制建设上首先必须坚持开放性、面向社会、面向市场、面向行业、面向校友、面向各级各类主管部门乃至面向传媒,公开接受评价和监督,突出其评价过程和评价主体的开放性,构建一个体现开放性、多元性和立体化要求的高职教育质量评价体系[①]。

(一) 利益相关的评价主体

高等教育质量评价主体的社会开放,是在政府行政评价的基础上,扩展评价主体的范围,从更多的高等教育利益相关者中选取更多的评价主体。他们应当包括:

1. 学生与家长

从教育的市场化来看,学生与家长是高等学校教育服务的消费者,对学校提供的教育服务质量既有着切身的体验,也理应享受教育质量评价的权利和权力。长久以来,我们都没有给予他们足够的评价权,使他们成为教育质量评价的沉默者,导致高校办学缺乏真实的教育反馈。重新给予学生与家长以评价权,是"办人民满意的教育"的内在要求,也是提高高等教育质量、"以学生为中心"办学思想的具体体现。

2. 教师

在教育质量评价中,教师同样是沉默者,学校及各类教育政策没有给予教师充足的评价权。如果说学生和家长评价的是教学质量、人才培养质量,那么,教师评价的则是学校整体的教育治理水平,是一种更为本质、更为综合性的学校发展质量评价。

---

① 周建松. 构建开放、多元、立体的高职教育质量评价体系[J]. 中国高教研究,2012(8):89-92.

3. 企业或雇主

高校培养的毕业生，作为产业发展的人力资源，通过人才市场的招聘机制，进入到产业企业中从事研发、生产和市场销售工作。企业最有资格评价高校的人才培养质量，他们的教育反馈对于改进学校专业设置、课程设置、教学方法等有着重要的积极意义。

4. 社区

吴康宁教授在《学校究竟是什么——重申学校的社会属性》一文中，重申了学校与社区之间的互动关系，认为学校是社区生态的一部分[①]。在高等教育社会开放的背景下，高校不能独立于社区之外存在。高校周边的小区、商业街区、企业、科技园和其他大学等，构成了高校整体的生存环境。高校与社区的交流、互动，发展了高校的社会服务功能，也促进了高校的自我发展。将社区居民、企业、园区纳入高校教育质量评价主体之中，体现了教育评价的整体思维、系统思维，能够纠正高校偏离社会的办学倾向，强化社会服务、社会互动的办学理念。

行文至此，不少读者会认为，学生、教师、家长不属于高校教育质量评价的社会主体，也许会认为他们的评价只能用于学校教育质量评价的内部诊断，是教育质量的被评价对象。我们需要从3个方面来认识他们的评价主体地位：第一，外部评价主体在评价高校教育质量时，理应收集学生、教师、家长等的评价信息。他们不属于被评价对象，而属于评价信息的提供者。当然，教师的教学质量、思想观念应当属于被评价对象。第二，学生、教师、家长也属于社会人，我们可以把他们从学校中脱离出来，让他们以第三者的视角评价高校。第三，关键在于，他们的参与恰恰纠正了高校行政阶层自评、政府评价的行政化、集权化倾向。相对于这种封闭的评价权来说，他们的参与其实从内部展开辟了教育评价开放的道路。

（二）非利益相关的评价主体

我们惯常所说的"第三方评价"指的就是这种非利益相关的评价主体所实施的评价活动。近二十年来，人们之所以呼唤第三方评价，就在于对高利益相关评价主体产生的评价结果的质疑。正是这种高利益相关性，使上述评价主体往往带有更多利益裹挟的主观心理，不能客观地评价高校的办学质量。同时，他们的非专业性也影响了教育评价结果的科学性。

与此相反，第三方评价主体恰恰具有上述评价主体不具备的两大特征：第一，非利益相关的客观理性。由于第三方评价主体同高校未产生利益往来、不具有管辖与被管辖的关系，未构成某种权利关系，第三方评价主体的评价结果往往能够客观理性地反映高校发展中的状态、问题。第二，专业性。第三方评价机构多由相关领域的教育专家、产业专家、管理专家等组成，能够运用专业的理论知识、丰富的实践经验评估学校发展，因此其

---

① 吴康宁.学校究竟是什么：重申学校的社会属性[J].教育研究，2021，42(12)：14-21.

评价结果也就具备了相当的权威性、科学性和可信度。

早在1991年,伊尔-卡瓦斯(El-Khawas)在其著作《外部监管系统》(*External Scrutiny*)中把中介机构的概念界定为"一个正式建立起来的团体,它的建立主要是加强政府部门与独立的组织的联系以完成一种特殊的公共目的"[①]。而第三方组织——"可以被看作一个组织单位,它能够为处于外部环境之中的'股东'提供服务,'股东'由政府、学术界和客户组成。用五角大楼去描述它们之间的关系可以更加清楚地反映出缓冲机构的作用和现实情形"[②]。独立于官方的第三方评价在国外早已成为教育评价的趋势。美国的高等教育质量有目共睹,这与它有完善的高等教育第三方评估体系的监督和引导是分不开的[③]。美国具有最高权威性的认证机构——美国高等教育认证委员会(Council for Higher Education Accreditation,CHEA)和美国联邦教育部(United States Department of Education,USDE),其余全美高等教育第三方评估机构都是通过它们进行资质认定的。评估人员结构多元化、专业化,大多为各类专家、企业单位代表人、高校代表、公众和学生代表,并在各所评价机构依据各自独立的流程和评价方法开展评估[④]。评价机构同时也要受到监管,其需进行各层面的认可,即通过美国联邦教育部(USDE)的认可,或者经美国高等教育认证委员会(CHEA)、媒体等社会力量接受监督,以获得与提高自身机构的社会认可度。从中可以看出,第三方评价机构在西方高等教育发展中得到了充分的培育,并接受政府的指导和监管。第三方教育评价正在成为社会参与高等教育或者高等教育社会开放的重要通道。

三、第三方评价的机制创新

"第三方教育评估"在西方发达国家已经有非常成熟的市场和运行机制。美国诞生了卡内基教学促进基金会(Carnegie Foundation for the Advancement of Teaching)、利基(NICHE)公司等具有全球影响力的教育评价机构。

我国教育评价机构的起步相对较晚,但发展较快。我国第三方教育评价机构建设始于1993年。2006年,我国第一家"第三方"教育评价机构6xue.info网在北京正式开通,同年麦可思公司成立。近些年来,我国也诞生了深圳"诊学网"、广州市晨旭教育评估有限公司、北京慕华尚测等社会民营教育评价机构。大学纷纷成立教育评价机构,如清华大学未来教育与评价研究院、杭州电子科技大学中国科教评价研究院、浙江高等教育研

---

① KHAWAS. External Scrutiny, US Style: Governments and Professional Education[M]. Society for Research in SRHE and Open University Press,1994:35.
② FRACKMANN. The Role of Buffer Institutions in Higher Education[J]. Higher Education Policy,1992,5(3):14-17.
③ 冯新瑞.为"教育管理引入第三方评价机构"叫好[EB/OL].(2012-09-26). http://www.moe.gov.cn/jyb_xwfb/s5148/201209/t20120926_142721.html.
④ 王苏霖.我国高校现代远程教育质量评价的反思与英美"第三方"评价模式的启示[EB/OL].(2022-01-07). http://science.china.com.cn/2022-01-07/content_41846092.htm.

究院和高教强省发展战略与评价研究中心、武汉大学中国科学评价研究中心等。目前社会影响力较大的是麦可思公司。该公司成立于2006年,是中国高教管理数据与咨询产业的奠基人和领军者,每年为1 200多所高校提供年度数据跟踪与咨询服务,是中国科协、人社部、司法部、中国社科院、世界银行等机构的合作项目单位,是北京大学教育学院、北京师范大学教育学部高等教育研究所、清华大学教育研究院、中国人民大学教育学院、中央财经大学中国人力资本与劳动经济研究中心和西南财经大学经济学院的产学研合作基地,定期发布年度《中国大学生就业报告》和《中国高等职业教育质量年度报告》。我国还于2015年成立了第三方教育评价机构联谊会。该会由中国教育科学研究院、教育部基础教育监测中心、北京师范大学、中国教育学会等专家、学者和官员组成,并于2021年12月举行了第三方教育评价高峰论坛。整体来看,我国的第三方教育评价还存在缺乏完善的法律法规体系、准入和监督机制等保障方面的问题[1]。推动"管办评"分离和高等教育评价主体开放,要求我们创新机制来扶持第三方教育评价机构,促进其健康发展,提高教育评价能力和质量。

（一）政府的教育评价委托

改变过去教育评价的行政指令方式,需要政府放手给专业的第三方教育评价机构。专业的教育评价交给专业的机构去实施,改变教育评价机构与高校的利益相关性,将大幅提高教育评价的科学性和权威性。政府可以采用政府和社会资本合作模式,以政府购买教育服务的方式,委托专业教育评价机构实施对评价对象的教育质量评价。这种评价委托不代表政府完全放手,放弃一切的评估干预,反而需要做好更多的配套工作。为了贯彻党和国家的教育方针,政府需要与第三方教育评价机构共同研发评价指标体系,共同理顺评估程序,在尽量少干预的前提下把握第三方教育评价机构的基准方向。同时,第三方评价机构又要避免成为政府行政指令的传声筒,失去评价的独立性、客观性,应当依据教育发展的客观规律、前沿趋势来进行专业评判。在我国第三方评价市场较为充分发育的情况下,政府可以面向社会和市场,面向全体第三方机构,以招投标的方式进行评价委托。

政府的委托机制、认证机制都会加强政府对第三方教育评价机构的控制力,使其独立评价的身份受到动摇,同时也会损害其第三方客观的"民间角色",从而动摇其公信力。部分由政府官员担任评估专家或实施政府指导的第三方教育评价机构,其运营资金、评估专家往往来自政府部门,同样损害其"独立评价"的权威性。这种"依附式自主"容易遭到社会质疑。因此,第三方组织在获得资源和合法性的同时,要在这种依附和组织自主发展之间保持适当的张力[2]。如果第三方教育评价最终成为政府行政评价的"影子",也就失去了其存

---

[1] 王世赟. 中国第三方教育评估机构现状分析[N]. 中国教师报,2018-01-10(3).
[2] 曹晶,车丽萍. 依附式自主：高等教育评价中第三方组织与政府的关系重构[J]. 中国高教研究,2021(9):59-64.

在的价值。

为了帮助第三方教育评价机构摆脱资源依赖,政府可以将其定义为营利机构。无论公办还是民营机构运行都收取政府指导定价规定的评估费用,用于机构的日常运营和专家费开支。目前,很多人士支持机构的公益性。但笔者认为,非营利性的教育评价机构未必能够获得很好的发展空间。教育评估作为一种高端的智力活动,理应获得相当的经济回报。财务独立后的第三方教育评价机构以市场经济规则运行后,教育评价的专业水平、科学水平将得到提高。

(二) 认证与公信力培育

第三方教育评价的公信力是机构存在的根本,也是保障我国第三方教育评价事业发展的重要议题。学者通过以"第三方教育评估机构公信力水平和程度到底如何"为主题的研究发现,我国第三方教育评估机构与国外教育评估机构公信力水平之间存在一定差距;我国第三方教育评估机构公信力水平表现出整体的不稳定性与个体分布的不均衡性[1]。这与我国对此类机构的有效监管与认证还不够到位有关。我国必须把提高第三方教育评价机构的公信力放在突出位置上加以高度重视。

为此,政府必须建立第三方教育评价机构的准入、认证、审核和监督机制。首先,政府要对第三方教育评价机构设置较高的市场准入门槛,在办公场地、注册资金、专家专业水平等方面,制定设立标准和条件,特别要对评估专家的学历结构、专业分布、学术水准、从业经历、学术理念等进行硬性规定。因为,在教育评价中,人的智力因素是首要的。其次,政府对符合标准的机构发放官方认证的资格证书和营业执照,没有通过官方认证的机构一律不得进入评价市场。美国的认证制度营造了一种注重实证的大学办学绩效评估氛围,对推动大学自主发展有积极效用,为美国大学的发展和强大提供了管理和质量上的保证[2]。要建立周期性审核和认证机制,每3~5年组织行业专家建立"审查委员会",对第三方评价机构进行再评价,以决定是否继续向其颁发资格证书。再次,政府要成立专门的教育评价专家库,对第三方教育评价机构出具的评价结果、结论进行复核,实行"双责任制",形成互相审查的机制。最后,引导社会形成监督和参照比对机制。政府着重对第三方评价机构的职业道德(如弄虚作假、利益输送、专家资格、利益相关者的回避制度等)、评估程序进行监督。建立被评估学校的申诉、反馈机制,允许对第三方教育评价机构出具的评价结果提起意见复核,也会对第三方教育机构起到监督作用。建立评价结果的社会公示制度,允许学生、教师、家长、用人单位也可以对第三方教育评价机构的评价结果、评价程序、评价道德进行反馈。多个评价主体与第三方教育评价主体进行

---

[1] 孙阳春,徐安琪. 我国第三方教育评估机构的公信力水平研究[J]. 中国高教研究,2021(3):22-29.
[2] 樊秀娣. 美国第三方教育评价机制的特点和借鉴[EB/OL].(2017-01-24). https://blog.sciencenet.cn/blog-2903646-1029685.html.

参照比对，能够建立起教育评价的社会监督机制，督促第三方教育评价机构提高评价的公允性、客观性、透明性。

（三）第三方教育评价市场培育

我国尚没有树立起"教育评价市场"的观念，说明了我国教育评价市场尚处于萌芽阶段，规模还不大，社会影响力还不强，政府自觉培育的意识还不够。食品检测、新冠病毒检测、医学检测、工业检测、工程质量检测等方面，我国的科学检测和科学服务市场已经形成。我们可以把科学服务看作一个重要的服务业分支，进而把教育评价看作科学服务业的分支，将第三方教育评价纳入第三产业（即服务业）范畴中进行管理和统计。当我们从产业视角去认识第三方教育评价，我们就进入了市场主义的思维。培育第三方教育评价市场，便顺理成章了。

我国有着世界上最大的教育规模和教育市场，第三方教育评价市场规模巨大，前景良好。第一个市场是政府教育评价委托市场。其中，一方面是院校认证市场，主要是对院校整体评估，如办学设施、经费分配、决策模式、教学质量、社会服务水平、教师配备、学生就业状况等，认证目的是评价大学或者专业是否具备了办学的最基本的条件，其结果用来认证高校是否可以继续办学。另一方面是专业认证市场，主要是对高校中专业设置的市场前景、专业教师的教学与科研水平、专业课程设置、专业教学质量、专业实践条件、人才培养质量、用人市场评价等方面进行评估，其结果用来评估是否可以继续开设本专业及其招生规模、经费投入等。第二个市场是高校委托评价市场。在此，建议省部级、国家级重要学校荣誉、资质认定由"学校申报制"改为"第三方评价制"。如："双一流大学""双一流专业""省级高水平高等职业院校""国家级高水平高等职业院校""工程研究中心""高校创新协同中心""内部质量保证体系诊断与改进试点学校""全国院校教育治理50强""全国院校社会服务贡献50强""全国院校国际化办学50强""全国院校教学质量50强""省部级精品课程""省部级重点专业""省部级教学成果奖"都可以进入第三方教育评价目录，由第三方教育评价机构实施。第三个市场是教师的个人认证。各类教师荣誉，如"省部级优秀教师""双师型教师""青蓝工程培养对象""省部级学术带头人""省部级教学名师""社科优青""省级333工程培养对象"等重要教师荣誉，同样可以交付第三方教育评价机构完成。第四个市场是学生学习能力评价。这个市场由于是面向C端客户的，规模更加巨大。如同病人到医院找专科医生就诊一样，对学生的学习能力、学习质量、思维水平、专业选择走向等进行科学评估，为学生和家长提供个性化的诊断性学习改进方案，将更好地满足社会需要，创新性地提高我国教育质量，真正实现因材施教。

上述教育服务市场规模是惊人的，由此可能催生出比校外培训机构更大的教育市场，可能从根本上改变我国的教育生态。除了政府委托评价项目，其他项目由于是直接面对客户，会更加激发社会的教育评价需求。学校、教师、学生将主动寻求第三方教育评价，使评价由被动变为主动，由抗阻走向配合，这本身也是我国教育治理的创新。我国高等教育很可能迸发出极大的教育改革活力。

但是,我们也要看到,此时的第三方教育评价机构的权力也是惊人的。由于第三方教育评价机构出具的评价结果的高厉害性,贿赂评价、利益输送、数据造假等现象可能会大幅增加,教育评价中的职业道德违禁、职务犯罪可能大幅增加。我们不能因噎废食,堵上教育变革的道路,而应研究有力可行的监督与制衡措施。

(四) 第三方评价的监督与制衡

从监督主体看,我们需要建立政府监督和公众监督。在市场规模不断扩大的情况下,政府应当成立不同级别的"教育评价监督处"。一是执行教育管理职能,对数据结果的科学性进行判断。对第三方教育评价机构出具的结果的可行性、客观性以及对教育规律的把握进行评估,对教育数据的可信度、教育评价的方法使用的合理性进行评估。可以对每一个结果进行等级评价,5年内出现1个"不合格"评价或出现3个及以上"合格"的教育评价机构实施行业禁入。二是执行工商管理职能,监督教育评价机构的合规经营。依据工商企业的管理办法,对商业贿赂、乱收费、哄抬价格等行为进行查处,对教育评价机构进行注册登记、年检,依法查处无照经营,依法规范和维护教育评价市场的经营秩序。政府可以实施教育评价结果的备案备查制度,设置追溯有效期为10年,对评价专家实行终身追溯,以激发其评价的责任意识。政府还可以建立统一的教育评价机构的评价结果公示制度,接受公众监督和质询。公众则可以通过对评价结果提出复议、异议和补充来监督评价机构。政府可以搭建一个教育评价的反馈、互动平台,引入被评价学校、教师、学生、家长对第三方教育评价机构评估工作的"等级反馈"。我们还需要赋予被评价对象的评价维权权力,形成社会公众同评价机构的互动态势。

从监督机制看,我们要建立法律机制和退出机制。从法律上赋予第三方评价机构行为准则和行为要求,才能为其依法开展评价提供源头上的支持,才能保障其权力运行上的合法性[1]。我国第三方教育评价的立法需要尽快启动。立法可以从机构的性质、功能、设立条件和标准、职业规范、数据要求、评价程序、结果运用、保密性、奖惩与退出等方面进行全面规定,为教育评价市场提供基本的法律依据。要启动法律意义上的商业审查、财务审计,对评价贿赂、造假等行为追究民事责任和刑事责任。对违法行为实行零容忍和一票否决制,对不合规的教育评价机构和责任人实施终身禁入制度,并追究其法律责任,让机构和责任人有所忌惮。

从监督机构来看,我们除了需要成立"教育评价监督处"之外,还需要建立评价仲裁机构。这个机构应由顶级教育评估专家组成,主要职能是在学校、教师、学生和教育评价机构之间搭建专业化的权威仲裁,对评价结果的科学性、公允性进行评价,可以说是"评价中的评价"。

---

[1] 侯敬芹,吕志敏.职业教育第三方评价:问题与对策优化[J].职教论坛,2021,37(8):163-168.

其实,教育评价监督最重要的是对于人的监督,即对教育评价专家的科学管理。作为一个人才密集型、智力密集型的服务行业,教育评价行业的利益纠葛最易引起私心贪欲。政府可以建立教育评价专家库制度,吸纳优秀的教育学专家、经济学专家、管理学专家和教师、校长、企业技术骨干、企业高管以及其他关心教育的社会人士到专家库中,并对入库专家进行备案、登记。注重对专家职业道德、职业规范的教育,加强对入库专家的业务技能培训,增强其合规性评估的意识。对具体教育评价项目,实行入库专家匿名抽取制度和评价结果匿名发布制度,以断绝评价专家与评价对象的利益往来,以保护评价专家信息,确保评价结果的公允性。同时,政府也要保留对评价专家违法违规评价的起诉、通报、禁入、责罚的职能,封杀污点专家的评奖评优和项目申报的通道。之所以采取如此严厉的规制措施,恰恰是为了第三方教育评价行业的健康发展。

五、大教育评价的建构

站在2022年的时点上,我们需要以建设"教育强国"的决心去认识第三方教育评价的伟大意义。以建设中国特色教育评价体系,促进教育高质量发展的决心去看待第三方教育评价的发展。高质量的第三方教育评价,是中国特色高质量教育评价体系的重要部分,也是教育高质量发展的重要助力。

(一)重大专项评价

当前,我国面临着众多的教育难题,政府评价和院校自我评价已经难以突破既有框架,需要接受客观的第三方教育评价。这些教育中的"硬骨头"需要借助市场的力量、人才的力量去破解。例如,中小学"双减"后的学校教育教学效果评价、学生课业负担评价、学生学习效果和学习质量评价等。而对于高等教育来说,有几个重要的评价议题需要借助第三方教育评价来破解:(1)中国大学生核心素养的评价指标体系及其评价方法;(2)高校落实立德树人根本任务、推进素质教育的成效评价;(3)高校社会服务水平和产教融合评价;(4)高校学术创新能力评价;(5)高校落实《深化新时代教育评价改革总体方案》情况的评价;(6)职业院校学生职业技能水平达标测试;等等。虽然未必是灵丹妙药,但市场竞争法则引入第三方教育评价,将有助于解决长久以来积蓄下来的高等教育重大难题的评价与推进路径问题。

(二)机构的多类型发展

从业务内容上看,我国第三方教育评价机构可以发展成综合型和细分型两种。前者能够承接国家、地方省市区的不同教育类型、不同阶段教育的综合性教育评价,能够对评价对象进行全貌式的调查分析和评价。后者则类似于我国医药行业、消费行业、钢铁行业,进行专业化、专门化的细分评价。我国医疗行业可以细分为医药制造、中国医药制造、医疗器械、医疗消费、医疗服务、医药商业、医药服务外包(CXO)等细分子行业。同样,教育评价领域由于高度依赖评估人才,不容易诞生赢家通吃、垄断性的综合评价机构,而应该鼓励教育评价机构根据自身的人才优势、学科优势进行细分的差异化发展。比如,可以发展出专门的学生能力评价公司、教师教学能力评价公司、学校治理评价公司、产教融合评价公司、数据分析公司、教育政策执行评价公司、学校财务状况评价公司等。

从所有制看,我国可以发展多种所有制评价公司。第一类是公有制教育评价机构,主要有教育部和地方省市区教育部门组织的教育评估专家组。此类机构的专家组多具有官方性质和官员身份,接受政府财政拨款,享受公务员编制和待遇,其教育评价本身带有很强的教育督查意味,本身不应属于第三方教育评价机构。第二类是高校等教育、科研机构建立的教育评价机构。它们依托所在母体大学的品牌影响力和专家教授的人才优势,往往承担政府部门的教育评价项目,或者承接高校的自我评价任务。这类可以看作第三方教育评价机构。第三类是公益性教育基金组织成立的评价机构。我国这类机构还不多,公益基金还较少地介入到教育评价之中。它们多由具有先进教育理念、崇高教育情怀、深切教育责任感的专家学者组成,其教育评价往往更具有科学性、权威性,并能够通过教育评价提出观念性、变革性的教育思想。它们也可以被视为第三方教育评价机构,也是需要大力扶持的。第四类是社会民营教育评价机构。它们由社会人士、企业以民间资本运营,自主经营,自负盈亏,参加激烈的市场竞争,以企业法人的形式参与教育评价。此类机构应该被视为我国第三方教育评价的主体,需要大力扶持和培育。

(三)教育评价高地的形成

要建立第三方教育评价的立体内容框架。除了上述评价内容之外,还可以向更加宏观和微观的方向拓展评价业务。宏观方面,要加强国家教育政策咨询、教育政策落实评价、国家教育发展环境评价、我国教育的国际地位评价、我国教育发展水平与质量评价、科学教育评价观念研究、教育评价指标研发、长三角和珠三角等区域教育协同评价、中西部教育发展评价等。中观方面,参与国际教育成就评价协会(International Association for the Evaluation of Education Achievement,IEA)组织的国际数学和科学评测趋势(Trends in International Mathematics and Science Study,TIMSS)、国际经济合作与发展组织(Organization for Economic Co-operation and Development,OECD)主持的国际学生评估项目(Program for International Student Assessment,PISA)、国家教育进步评价(National Assessment of Educational Progress,NAEP)、国际经济合作与发展组织主持的社会情感学习(Social and Emotional Learning,SEL)等重磅评价,参与国际评价规则、评价指标研发,了解我国教育的横向比较优势和劣势。微观方面,可以开展学生学习心理评价、学生职业倾向评价、情绪倾向测试、气质类型测试、命题考试信效度测试、试卷等值测试、学生学业质量评价、学生创造力评价、学生潜能评价、教师核心素养评价、学校财务健康状况评价、学校师德师风建设情况评价、学校廉政风险评价等。《国家职业教育改革实施方案》还特意提出了"职业培训评价组织"的概念,要求其能够对接职业标准,与国际先进标准接轨,按有关规定开发职业技能等级标准,负责实施职业技能考核、评价和证书发放①。这一系列内容的扩展,将大大刺激我国第三方教育评价行业的发展,可以由此形成较大规模的评价体系。

要采纳先进的评价技术、评价方法。我国第三方教育评价技术距离西方仍然有较大差距。首先要有数据甄别技术,掌握扎实的抽样方法,确保数据的可信度。其次要运用大数据分析、SaaS云测评技术,提高教育评价效率。再次,要提防教育评价中的"指标癖"②,要在量化分析之外拓展质性评价方法,学会使用图像学分析、深度访谈、自我叙事研究等质性研究方法进行更加个体化、情景化的评价。在评价方法上,甚至还可以使用词频法、计算机语言学以及眼动实验等心理学实验,增强教育评价的客观性。

健全的教育评价体系和强大的教育评价能力有利于打造出一批世界级的优秀第三方教育评价机构,有利于形成国际教育评价高地。而这同样有利于改变我国高等教育评价权集中的问题,从而通过评价主体的社会开放,以小切口打开更为广大的社会开放之路。

---

① 国务院. 国家职业教育改革实施方案[EB/OL]. (2019-02-13). http://www.gov.cn/zhengce/content/2019-02/13/content_5365341.htm.
② 鲍俊逸,程晋宽. 指标癖:监视资本主义的制度陷阱:兼论破"五唯"问题[J]. 江苏高教,2021(8):16-23.

全球化中的教育对外开放

美国著名记者、经济学家托马斯·弗里德曼(Thomas L. Friedman)在其名著《世界是平的——21世纪简史》(*The World Is Flat—A Brief History of the Twenty-First Century*)中认为,全球化肇始于哥伦布远航,全球化的第一阶段是从1492年持续到1800年。第二阶段是从1800年左右一直持续到2000年,中间曾被大萧条和两次世界大战打断。2000年左右我们进入了一个新的纪元:全球化3.0,即全球化的第三阶段[①]。英国金斯顿大学教授皮特·斯科特(Peter Scott)指出,全球化已经成为我们社会、经济和文化空间永恒的特征[②]。全球化正在主导着人类发展的方方面面,包括教育。信息交流方式的根本改变、便捷的海陆空交通使人类的教育空间大大缩小。如果说地球像一个"地球村",那么,地球正在成为一个不断流动的"学校"。

伴随着经济全球化,教育全球化已然成为世界教育发展的主要趋势。如果说,第二次世界大战之前的殖民时代立足语言教育、技术教育,借助军事力量、货物贸易进行着有限范围的国际教育交流,仅仅将其作为殖民主义的副产品或全球经济的伴生品,那么,今天的教育全球化已经摆脱了附属地位,演化成一种符合教育规律的教育自身的发展趋势。或者我们可以说,因其知识生产需要更多的合作、高等人才的可流动性以及教育市场化,高等教育必然走向全球化,这是高等教育进入到较高发展阶段的内在要求。

2001年12月,中国正式加入世界贸易组织(World Trade Organization,WTO)。在WTO框架的影响下,我国教育对外开放的主要形式是境外消费、商业存在、自然人流动、跨境交付,兼顾合作交流。"十三五"期间,我国教育对外开放事业取得了巨大成就。截至2020年9月,中国的教育合作伙伴已遍布全球,与188个国家和地区、46个重要国际组织建立了教育合作与交流关系,与54个国家签署了高等教育学历学位互认协议,中国教育机构共有外籍教师6.71万人。中国在办的各级各类中外合作办学机构和项目2282个。70多个国家将中文纳入国民教育体系,全球4 000多所大学、3万多所中小学、4.5万多所华文学校和培训机构开设了中文课程,中国以外累计学习和使用中文的人数达2亿[③]。我国在140多个国家建立了516所孔子学院,60所高校在23个"一带一路"沿线国家开展境外办学,我国教育国际影响力不断增强,已经成为世界第三、亚洲最大的留学目

[①] 托马斯·弗里德曼. 世界是平的:21世纪简史[M]. 何帆,肖莹莹,郝正非,译. 长沙:湖南科学技术出版社,2006:22-25.

[②] 皮特·斯科特. 高等教育全球化:理论与政策[M]. 周倩,高耀丽,译. 北京:北京大学出版社,2009:159.

[③] 魏梦佳,高敬. 中国已与54个国家实现学历学位互认[EB/OL]. (2020-09-07). https://baijiahao.baidu.com/s?id=1677146145115196116&wfr=spider&for=pc.

的地国。《教育部等八部门关于加快和扩大新时代教育对外开放的意见》的落实,"平安留学"的推出,坚定了党和国家加大教育对外开放的决心。

但教育全球化的趋势近年来突然遭到了严峻的考验。

一是狭隘民族主义思潮的泛起。美国移民及海关执法局(U. S. Immigration and Customs Enforcement, ICE)2020年9月发布的在美留学生报告显示,2019年在美留学生达到152万人,中国、印度、韩国分别有47.4万人、24.9万人、8.4万人。美国以每年平均学费33 691美元(约24万人民币),总的留学费用49 195美元(约34万人民币),成为全球超贵的留学国家。不计算人才红利,留学生经济为美国发展贡献了源源不断的外汇收入,单单中国留学生2019年就为美国财政贡献超149亿美元。然而,特朗普政府自2018年同中国打响贸易战以来,包括如今的拜登政府,无论在民间还是在官方层面,反全球化、反华趋势都在增强。2020年5月,特朗普政府借由政治因素计划驱逐3 000名中国留学生。2022年1月,在美国奥密克戎(Omicron)病毒肆虐之时,美国要求留学生必须返校上课,否则可能被遣返,而拒签率也同时激增。得克萨斯州众议院参选人倡议禁止中国学生进入得克萨斯州的任何一所大学。仇恨亚裔犯罪事件频发,截至2021年9月30日,美国某组织一共收到了接近6 000起仇恨亚裔犯罪的事件报告。同样的问题,也出现在加拿大、澳大利亚、英国等国家。

二是新冠疫情的重大影响。新型冠状病毒疫情自2019年年底至今仍然席卷全球。2020年10月,全球发现了德尔塔(Delta)变异毒株。2021年12月,全球又发现了奥密克戎变异毒株。截至2022年2月26日,我国新型冠状病毒肺炎累计确诊109 092例,累计死亡4 636例,香港病例激增;全球累计确诊433 405 069例,死亡5 951 423例,美国、印度、巴西、英国、法国成为感染最严重的国家。疫情导致国内外的教育交流大幅减少,留学生在国内进行线上学习,或者滞留国外,学习效率、身心健康都受到了严重影响。

尽管如此,我们认为,高等教育的全球化不可逆转。

正如人类的全球化也曾遭遇战争、疾病暂时中断一样,本次疫情以及反全球化势力都无法改变教育全球化的大趋势,因为"经济全球化的不可逆转,全球化的历史进程并没有结束"[1]。美国200多所大学反对美国政府限制中国留学生签证。面对疫情,各国研发的疫苗和辉瑞公司的新冠治疗药物,大大降低了重症率和死亡率,减少了人类对新冠病毒的恐惧。截至2022年2月,美国、以色列等国家的疫苗接种工作基本完成,中国累计接种超31亿剂次。学者预计,新冠病毒将变成一种类似流感的病毒,长期与人类共处。欧洲开始实施"群体免疫",美国决定"开放国门",英国宣布自2022年2月24日起取消所有防疫措施,丹麦、法国、澳大利亚、以色列、新加坡等都开启了渐进式解除限制的防疫之路。事实也证明,新冠肺炎疫情并未明显影响出国留学的实际需求[2]。教育全球化必将重启,对此我们不必悲观。

---

[1] 周洪宇.全球疫情背景下西方发达国家留学政策的突变及应对[J].河北师范大学学报(教育科学版),2020,22(6):21-28.
[2] 胡雯.后疫情时代中国留学日趋多元:CCG发布《中国留学发展报告(2020—2021)》蓝皮书[J].中国对外贸易,2021(3):78-80.

第六章　教育对外开放的发展机制

我国一直矢志不渝地坚持对外开放。2018年4月10日，习近平总书记在博鳌亚洲论坛2018年年会开幕式上向世界宣告："中国开放的大门不会关闭，只会越开越大！"①高等教育对外开放将在我国进一步扩大对外开放的大背景下展开。

第一节　教育对外开放的观念框架

我国已经成为世界第三大主要留学目标国。扩大教育对外开放，输出高等教育的中国经验、中国模式，提升我国高等教育的国际影响力，是我国教育现代化的基本指向，也是全国教育大会的基本要求。但我们也应当看到，教育开放发展不均衡的问题还比较突出，质量、效益和层次还需要进一步提高，服务国家外交大局、经济社会发展以及教育综合改革的能力还有待进一步提升②。不少办学者缺乏教育输出的先进理念，不能适应高等教育国际化的新变化、新要求，教育输出工作往往存在低层次停留、暂时性停滞的问题，发展思路匮乏，发展路径局限。作为先导性工程，我国教育开放需要先进教育共识的指导。我们应当立足当前教育语境和教育实践，以高度的"教育自信"重构我国教育开放办学中各要素、各相关方的价值关系，重新定位教育开放的责任与使命。

一、使命观：自体与他体的视角

马克思和恩格斯在《德意志意识形态》中说："作为确定的人，现实的人，你就有规定，就有使命，就有任务，至于你是否意识到这一点，那是无所谓的。这个任务是由于你的需要及其与现存世界的联系而产生的。"③教育输出是我国高等教育自组织系统自主成长的必经阶段，是系统单体内部的发展必然。同时，高等教育输出又处在自组织系统之外的国际教育大系统中，在相互关联、相互作用中实现二者的互动性发展。这应当是考察我国高等教育输出使命的"自体"和"他体"两个视角。

（一）自体视角

这一视角从我国高等教育的自组织系统出发，考察教育输出的自我满足、自我发展

---

① 中国开放的大门不会关闭，只会越开越大！[EB/OL].(2019-03-09). http://www.chinanews.com/gn/2019/03-09/8775767.shtml.
② 许涛.努力开创教育开放发展新局面[N].中国教育报，2017-12-21.
③ 马克思，恩格斯.马克思恩格斯全集：第三卷[M].北京：人民出版社，1960：329.

使命。"自体"的视角，坚持高等教育的整体性，把我国高等教育视为一个有规律、分阶段的完整的自主发展过程，把教育输出视为我国高等教育现有阶段自我完善的基本途径。坚持教育输出中的本位主义，防止为教育输出而教育输出的丧失初衷、忘记目标的情况的发生，防止在跟随大势中掉入功利主义、官僚主义的面子工程和政绩工程的陷阱，要在教育输出工作中反观自身，使之有益于我国高等教育自身的发展。坚持"以我为主"[①]的主体性站位，把提升我国经济实力、教育水平、人才国际竞争力视为衡量高等教育输出成功的内在标准。

开放发展的最根本的立足点是增强我国高等教育的内生能力，提高我国高等教育的核心竞争力。高等教育国际化是一个双向互动的教育进程。我们要在教育制度设计、体制机制激活等宏观方面，在高等教育管理、教学、科研、决策、激励、评估等中观方面，在专业建设、课程建设、课堂教学、实习实训、教学资源等微观方面，引进、消化、吸收国外前沿职教理念和资源，全方位创设优质发展生态，提升职教发展理念的科学性、严谨性和先进性。在教育开放中，可以触动我国教育发展的"痛点"，发现我国教育的新增长点，有助于启动新一轮教育教学改革。

（二）他体视角

作为世界职教体系的一部分，促进高等教育高端要素资源在跨国或区域间加快流动，推动国际职业教育协作，共享先进职业教育经验，共建更加进步、科学、造福人类的职业教育，是中国高等教育开放发展的外在使命。

向世界贡献中国教育方案和教育智慧。中国建立了世界上最大规模的职业教育体系，探索了灵活多样的职业教育办学模式，诸如校企合作、集团化办学、混合所有制、工匠精神培育、订单式培养等中国职教思想，有效地破解了学校教育与社会需求脱节、办学多元化以及如何服务产业发展等教育难点。在德国双元制、澳大利亚 TAFE 模式、美国社区学院教育之外，我国高等教育要以推动世界职业教育向纵深改革、完善国际职教体系为使命，提出中国的职教方案供世界各国学习、借鉴，提升发展中国家在全球教育治理中的话语权、增强代表性，促进世界职业教育更加多元、开放。

运用教育解决人类发展中的问题。作为世界制造中心、职教大国，在人类命运共同体的框架下，中国要思考如何让职业教育更好地服务于人类发展，尤其如何解决就业与贫困问题，如何促进不同区域的均衡发展，缩小世界不同区域人民的收入差距，引导人们发挥潜力、用技能改善生活，造福社会，勇于承担大国的教育责任。

实施国际教育援助。在公共外交中，对外教育援助正从交通、建筑、资金等"硬援助"向教育、文化、人才等"软援助"发展。我国高等教育输出要实施发展性援助，尤其针对世

---

① 中共中央办公厅、国务院办公厅.关于做好新时期教育对外开放工作的若干意见[Z].北京：中共中央办公厅，2016.

界最不发达国家的产业人才短缺、产业转型乏力、贫困人口就业能力不足等发展困境,输出我国职业教育的教材、课程、标准、设备、师资、信息技术、政策制度、管理模式等教学资源。根据"一带一路"沿线国家在交通运输、物流贸易、建筑技术、能源开发、环境工程等方面的战略需求,围绕政策沟通、设施联通、贸易畅通、资金融通、民心相通的"五通"指数为来华留学生开设急需的学科和专业。给予受援国职业技能培训、师资培训、合作培养、境外办学等形式的教育支持,帮助受援国改善教育条件、提高人才培养能力,搭建受援国职业教育发展体系,充分展现一个教育大国的担当,履行负责任大国的国际教育援助使命。

内生与外生兼备的教育开放使命观,要求我们正确处理本国职教发展与服务世界职教之间的价值关系,本质上是利己与利他相统一的价值观。

二、发展观:一种路径指引

在教育对外开放工作中,不少院校处于"看别人怎么做"和"走一步看一步"的阶段,发展过程的主观性、盲目性、随机性、碎片化明显,发展的思路缺乏科学的体系、逻辑、方向和布局,显示出发展理念的严重缺失。

(一)战略协同的发展观

2014年全国留学工作会议精神和2016年中共中央办公厅、国务院印发的《关于做好新时期教育对外开放工作的若干意见》都要求,我国教育对外开放要以服务党和国家工作大局为宗旨。所以,高等院校要坚持协同发展观,站在服务国家发展战略、助力民族复兴的高度去认识对外开放办学,从而解决高等教育同外部发展环境的适应性、协调性的问题,使高等教育成为国家发展战略的重要支持力量。

第一,开放办学与我国进一步扩大开放战略相协同。2018年博鳌论坛上,我国已向世界做出了"全面扩大对外开放"的庄严承诺,并提出了大幅度放宽市场准入、创造更有吸引力的投资环境、加强知识产权保护、主动扩大进口的四大举措。高校要充分认识到扩大开放战略的全局性、全领域性,要在教育领域积极响应国家扩大开放战略,实现与扩大开放进程、步调的同频共振。在这个意义上,高校教育开放的发展导向,应当是促进世界职业教育领域合作共赢,建设多边开放的教育共同体。在开放机制上,应当放宽国际资本、机构的跨境教育准入,引导国际教育企业、职教组织、高校介入我国高等院校进行合作共建,合作开办中外资混合的分校、专业、院系,鼓励其参股国内高等院校,进入院校的董事会、监事会,参与专业设置、课程标准、教学科研管理改革,允许合理地办学盈利分成,提高我国高等教育的国际资本吸引力,构建开放化的国内职教大生态。

第二,与南南合作、金砖国家、"一带一路"倡议相协同。其中,"一带一路"倡议已经有65个国家和国际组织积极响应,总人口约44亿,经济总量约21万亿美元,分别约占全球的63%和29%。在双边、多边合作机制内,教育的互动互联互通与经验共享是紧密伙伴关系的教育作为。高校开放办学应当引导教育资源在合作区域内自由流动,树立联合发展的意识;造福合作国的教育人口,改善人才结构,提高服务区域经济社会发展的能力,树立合作共赢的发展意识;本着发展中国家的教育共同利益,提升区域教育话语权和教育一体化水平,树立区域教育共同体的发展意识。

(二)需求导向的发展观

近十年来,我国经济的国际开放程度进一步加大,带来了多方面的人才需求。一是外向型企业增加,急需大量通晓国际规则的人才、本地化发展人才、外语人才、优秀技能人才。二是企业承接离岸服务外包等的执行额显著增加,高附加值、高技术含量的动漫及网游设计研发、医药和生物技术研发等知识流程外包快速增长。三是海外就业人数和对外劳务合作的增加,尤其在房屋建筑、道路桥梁、机场、图书馆、体育场馆等公共基础设施建设、矿产资源开发、新能源、电力开发、酒店管理等领域。高等院校要即时回应人力资源市场的新动向,抓住人才需求这一关键点推进开放办学。四是世界新职业教育形态的出现,尤其终身教育、全民教育、全纳性职业教育、开放的职业教育体系、新学徒制、分权制教育管理、互通的学制和学术资格框架等,为我国职业教育对外开放提供了新的空间。

(三)层次升级的发展观

马克思主义发展观告诉我们,事物发展是一个螺旋式上升的过程。在进一步扩大开放的历史新阶段,高等教育开放办学的背景、层次、形式、方向、目标、动力都在发生着升级或转变。第一,从历史方位看,高等教育已经从"引进来"发展到了"走出去"的新阶段。中观上,既要引进国外教育资源,也要输出中国职教课程体系、专业建设等教育标准,推送优秀职教师资,大力发展重要教学资源的出售或版权授予。宏观上,既要借鉴、吸收国外职教经验,也要积极参与国际职教分工,表达中国职教话语,打造世界职教中心。第二,从深度看,高等教育对外开放要向纵深发展。例如,来华留学生教育的教育形式、教育内容方面,要从短期培训、文化交流、语言学习、游学与泛游学向专业课程学习、中国文化研究发展,要从非学历教育更多地向学历教育发展,要从文科、商科、管理等软科学向计算机技术、工程设计与施工、高端制造、交通技术等硬科学教育发展。要改革现有高等教育学历认定机制,搭建专科、本科、硕士、博士的高等应用技术教育进阶框架和立体体系,打通高等教育"学位留学"通道,为来华留学生的学历发展提供通畅路径。第三,从广度看,高等教育对外开放要拓展丰富的教育形态。开放办学不能停留于中外合作办学、留学生教育,要丰富办学形式,积极发展面向国外高等院校、国外企事业单位、中资企业海外分公司、跨国企业的订单式培养,开拓学历教育、短期技术培训、语言培训、文化国情国别培训、专项技术培训、指定式项目培训等多种海外办学方式,也要大力开展境外办学,开办国外"校中校"、合资或独资二级学院、海外分校,甚至发起海外职教高校的并购重组。第四,从层次看,高等教育对外开放要向高层次、高端化发展。从 2018 年教育部终止、注销 5 个中外合作机构、229 个中外合作项目来看,海外本科直通车、分段培养等低层次、低效率、高成本①的中外合作办学要发展为类似中美高素质技能型人才联合培养"百千万"交流计划(简称"中美'3+2'项目")的高端教育合作项目,要从浅层次的、貌合神离的纸上合作走向追求人才培养质量提升的实质性战略合作。总之,对外开放的新表征必然是人员、项目、机构、资源的顺畅而自由地跨境流动。

三、市场观:教育顺差与逆差的博弈

2001 年我国正式加入 WTO,我国的经济逐渐走向真正意义的全球化,逐渐对世界敞开我们的市场。在教育服务领域,WTO 服务贸易总协定第 13 条规定,除了由各国政府彻底自主的教学活动之外(核定例外领域),凡收取学费、带有商业性质的教学活动均属于教育服务贸易范畴。按各国公认的中心产品目录(Central Product Classification,CPC),教育服务(educational services)属于 12 类服务贸易中的第 5 类,教育服务项目又具体分为初等教育服务、中等教育服务、高等教育服务、成人教育服务及其他教育服务 5 类。提供服务贸易的 4 种方式:跨境交付、境外消费、商业存在、自然人流动。在我国签署的一系列具体领域的承诺减让表与相关附件中,我国教育服务贸易的开放程度是相当大的,涉及了大多数教育领域,尤其是普通教育系统和职业培训系统,开放程度相当可观②。除了被排除在承诺范围之外的特殊性质的教育和义务教育领域之外,外国留学生可以获得与我国公民同样的国民待遇。其他 WTO 成员的国民可以自由地在我国进行教育消费,我国的国民也同样拥有这项权利,可以到境外进行教育消费。对外国法人、自然人在我国举办和经营学校等教育机构的问题,依据我国的具体承诺减让表,我国将允许中外合作办学,并允许外方可获得多数拥有权,但要求不以营利为目的。我国对外国教育机构以跨境交付的方式,通过在我们国内交费、国内学习的方式获得国外的教育资格证书不予承诺。由此可以看出,我国在 WTO 的教育服务减让表中,对于教育开放保留了一定的空间。

2020 年,我国在国际人工智能与教育会议上承诺将进一步扩大教育对外开放。2020 年 6 月,《教育部等八部门关于加快和扩大新时代教育对外开放的意见》发布,从推动构建人类命运共同体的高度,着力破除体制机制障碍,加大中外合作办学改革力度,改进高校境外办学,改革学校外事审批政策,持续推进涉及出国留学人员、来华留学生、外国专家和外籍教师的改革,着力推进相关领域法律制度更加成熟定型。

从中可以看出,我国对国际教育市场的认识还不够深入。把全球教育看作一个大的

---

① 张海宁. 构建高职院校中外合作"3+2"新型人才培养模式[J]. 南京工业职业技术学院学报,2014,14(4):69-72.
② 覃壮才. 中国教育服务贸易承诺减让表解读[J]. 比较教育研究,2002,24(4):52-56.

教育市场,需要我们树立如下基本认知:

（一）留学生教育的产品服务意识

我们向来华留学生提供教育产品,留学生则以货币方式购买教育服务。我们必须通过提高专业建设、课程建设和教学的水平,提高我国留学服务的质量,以质量赢得更多国外留学生的积极认可,以扩大来华留学生教育规模和提升国际竞争力。

（二）国际教育市场的布局意识

教育市场的区域布局,目前主要着眼于"一带一路"沿线国家,全球化布局的眼光不足。我们需要加强对不同大陆教育、不同国别教育的分析研究,了解其人才需求和教育优势,以便有针对性地开展招生、科研项目合作、课程合作和海外办学。教育对外开放中的中外合作办学、留学生教育、海外办学、国际科研合作等不同办学类型的比例、规模、发展侧重点、服务区域等还缺乏充分的布局分析。

（三）国际教育市场的竞争意识

接收外国留学生的学校既是教育机构,又是一个自负盈亏、自主经营的经济主体。我国对留学生教育机构的过度保护,以及计划经济式的拨款、指导机制,不利于其参与激烈的国际教育市场竞争,不利于国内留学市场的优胜劣汰。我们需要帮助大学制定高质量的竞争策略,而不是低价格的竞争策略,以帮助国内留学机构的成长。我国整体上作为一个全球教育市场的参与者、竞争主体,也必须将自身视为一个经济主体,投身到全球的教育市场竞争中,树立合作与竞争的意识,投身国际留学产业的发展之中。

面对充满机遇与挑战的国际教育市场,如何增强我国的国际教育竞争力[①]? 杨克瑞、谢作诗提出了如下建议:

1. 重新定位政府的职能,规范政府的管制作用。政府的首要任务是对包括教育服务在内的一些竞争力较弱的幼稚服务业和战略性服务业进行政策保护,防止国外服务提供者对国内服务业的过度竞争,保证国内经济贸易的平稳过渡。建立学校独立法人制度,使学校具有相应的经营自主权。

2. 面向国际市场,创造满足顾客需求的核心竞争力。

3. 加强学校经营职能,开发适合消费者需求的产品。教育消费的需求具有多元化趋势,包括消费群体多元化和需求层次明显的差异性,都需要教育产品与服务的多样化。

4. 充分利用国内教育比较优势向国际市场输出教育服务。我国的教育市场已经向世界有限度地敞开,世界的教育市场也在向中国敞开。积极地参与教育市场的竞争,从中获取教育效益、话语权,贡献中国教育方案,也是崛起中的教育强国的使命之一。

---

① 杨克瑞,谢作诗.教育经济学新论[M].北京:人民出版社,2007:346-348.

四、效益观:世界性的主题

当代美国高等教育改革的设计师克拉克·克尔(Clark Kerr)在其名著《大学的功用》(*The Uses of the University*)中认为,大学不仅是知识的生产者,更是知识的批发商、零售商[①]。厉以宁先生也认为,教育服务具有准公共产品和私人产品的性质,要引入"教育经营"的观念,鼓励科学经营之后获取盈余与利润,促进教育机构的自我积累、自我成长[②]。20世纪80年代以来,西方高等教育伴随着规模扩张与国家财政紧缩的双重效应,开启了基于哈耶克市场理论、弗里德曼教育券理论的教育改革,其核心就是将学校视作自我经营机构,承认高校的营利性质,要求高校注重教育资产的使用效率和整体的办学效益。教育的商品性、市场性和可交易性开始凸显,教育对自身来说越来越成为一种经营性的产业,对社会来说越来越成为一种具有较高私人回报率的服务和个人的生产性投资。

与此相关,西方国家也普遍"把留学教育当作商业来运作"[③]。对于美国、英国、澳大利亚、加拿大等主要留学生输入国,留学生教育是一项重要的外汇创收的绿色出口产业。据美国商务部2018年的数据,2017年国际生通过学费、食宿、其他费用为美国经济贡献了424亿美元。英国政府于1980年对欧共体以外的其他国家留学生实行全收费政策,单1991年英国就从留学生市场获得了15亿美元的经济收入,是其同年煤、电和天然气出口总额的2倍多。因为高昂的学费,2017—2018年,海外学生每年为澳大利亚国民经济总产值贡献约320亿澳元,留学生教育成为澳大利亚第三大出口产业,仅次于铁矿石、煤矿和天然气等自然资源的出口。从这个意义上说,教育对外开放其实是一种经济与教育紧密结合的新型贸易形式。

在留学生教育中,我国办学主体的教育效益观有待引起重视。一是教育国际化的价值取向单一。国外教育机构"被驱使着去招募国际学生和建立国际学术合作以及办分校以补充政府投入的不足"[④],意在扩张教育资源,争夺国际生源市场,赚取超额外汇利润,营利性倾向明确。我国高等院校留学生教育的目标只是执行国家、省域的教育规划和倡导,扩大本校、本省和国家的职教声誉度,教育效益观没有能够建立起来。二是教育运营的意识淡薄。办学主体秉持公办思维、计划思维,普遍缺乏教育经营的意识,在政府财政投资、风险兜底的背景下不能平衡教育成本与收益、投入与产出的关系。在教育实践中,往往依靠低廉的学费和住宿费、广泛发放高额的奖学金、优越的生活条件等来吸引留学生。这些拉大了教育服务中的贸易逆差,也失去了留学生教育的可持续性。

事实上,任何一个国家的政府财政支持都无法满足大学全部的资金需求,而且过度

[①] 克尔.大学的功用[M].陈学飞,陈恢钦,周京,等译.南昌:江西教育出版社,1993:80.
[②] 厉以宁.关于教育产品的性质和对教育的经营[J].教育发展研究,1999,19(10):9-14.
[③] 戴晓霞,莫家豪,谢安邦.高等教育市场化[M].北京:北京大学出版社,2004:61.
[④] ALTBACH. Chinese higher education in an open-door era[M]//The International Imperative in Higher Education. Rotterdam: Sense Publishers, 2013.

的财政补贴会使大学丧失成本意识和追求效益的能力。国内不少大学承担留学生教育时,不进行办学成本核算,把留学生教育办成"亏本的买卖",实则造成了教育资产的损失。在留学生教育中,没有收益的教育是不可持续的,因而,办学主体要建立教育经济学的视域,将开放办学纳入国际服务贸易的视野中去考察,认同其带动就业、拉动消费、赚取外汇、获取丰厚发展资金的经济使命。要树立成本核算意识,对教育教学中可能产生的费用进行成本预测,制订成本计划,将留学生教育中的资源利用、损耗费用进行归集和分配,明确成本支出范围,严格执行成本开支计划,提高办学过程的成本规划、成本管理、成本的自我评估能力。在留学生教育中,要适应高等教育市场化需要,改变纯粹公益主义的办学理念,汲取营利性办学经验,将盈利能力作为留学生教育办学水平、办学能力、办学质量的衡量标准之一。要把教育收益列入教育计划和办学目标,注重通过收益改善办学条件,引进优质教学资源、培育优秀留学生教学团队,构筑自身持续性的发展能力。我们的留学教育需要尽快从扶持、拨款、多频次奖学金的财政补贴阶段,进入到以质量吸引海外留学生的质量发展阶段。

政府是推动办学主体建立教育效益观的重要力量。教育主管部门要改变留学生教育中"大水漫灌"式的资金投入模式,要在充分评估办学主体的留学生教育能力基础上进行重点、集中的资金投放,引导有限资金向教育高地配置。要开展留学生教育效益评估,把高校在留学生教育中的盈利能力列入评估其办学能力的参考依据,在评估办学主体投入产出状况的基础上制订科学的财政资金投放计划。勇于把办学主体推向国际教育贸易市场,提高办学主体在留学生教育市场竞争中的生存能力。改变包办式的管理理念,引导办学主体自负盈亏,主动承担财政风险和资金压力,同时也依法享有留学生教育红利。当然,政府也应当给予办学主体在留学生教育中更多的财政自主权,享有更高的留学生教育定价权,允许办学主体根据供给端的教育质量,平衡需求端的教育要求,进行自主报备式定价。这一系列措施,成为办学主体构筑留学生教育效益观的外在推动力,为我国来华留学生教育提质增效提供了新方向。

五、主体观:"以我为主"的自我发展

2016 年的《关于做好新时期教育对外开放工作的若干意见》提出了"以我为主"的工作原则,指明了高校开放办学的主体性站位问题。而早在 2014 年全国留学生工作会议上,习近平总书记就指出:"留学工作要适应国家发展大势和党和国家工作大局。"因此,结合来看,"以我为主"的工作原则就是确认高等教育对我国经济社会发展的服务性职能,考察高校开放办学的自我满足、自我发展的使命。

(一)对外开放促进我国高等教育自组织现代化

自组织理论告诉我们,事物可以在没有外部指令的条件下,按照内部各子系统的逻辑关系、组织规则相互作用,最终从无序的初态走向有序的终态。从这个意义上说,开放

办学是我国高等教育自组织系统自主成长的必经阶段,是系统单体内部的发展必然。开放办学的根本立足点是增强我国高等教育的内生能力,提高我国高等教育的核心竞争力。高等教育国际化是一个双向互动的教育进程。我们要在教育制度设计、体制机制激活等宏观方面,在高等教育管理、教学、科研、决策、激励、评估等中观方面,在专业建设、课程建设、课堂教学、实习实训、教学资源等微观方面,引进、消化、吸收国外前沿职教理念和资源,全方位创设优质发展生态,提升职教发展理念的科学性、严谨性和先进性。在教育开放中,可以触动我国教育发展的"痛点",发现我国教育的新增长点,有助于启动新一轮教育教学改革。

教育现代化是我国社会主义现代化事业在教育领域的体现。开放办学的重要使命在于推动我国教育现代化。教育开放既是教育现代化的评价指标,又是实现教育现代化的重要路径,其发展目标是使我国教育的国际开放度和国际竞争力明显提高,促进我国教育水平达到世界发达国家水平。教育开放的最终目标是把我国建设成为世界高等教育强国和世界高等教育中心,形成我国教育发展的内生动力。

(二)对外开放服务我国社会经济发展大局

教育从来不是孤立于其发展语境的,教育的服务属性始终是其根本属性之一。1978年,邓小平在全国教育工作大会上就提出,"教育事业必须同国民经济发展的要求相适应"[①]。1998年通过的《中华人民共和国高等教育法》规定高等教育"为社会主义现代化建设服务、为人民服务,与生产劳动和社会实践相结合"。教育优先满足国家发展需要,已经成为我国新时期的教育共识。

对此,西方学者也认为,教育开放及其国际化就是"使高等教育回应社会、经济和劳动力市场全球化的需求与挑战的系统努力"[②]。教育对外开放是我国经济社会全面开放新格局的重要组成部分,其使命在于为我国外向型经济提供如下支持:其一,在疫情背景下,服务国际国内"双循环"发展格局。学者使用国家层面时间序列数据和省级层面面板数据验证我国教育对外开放对经济增长的影响效应,结果发现,在教育对外开放促进"双循环"、推动经济增长中,留学归国促进了经济增长,但是出国留学对经济增长无明确影响,来华外国留学生、国际合作研究、国际学术会议均促进了经济增长[③]。其二,服务我国产业"走出去",提高我国企业的国际竞争力。2021年世界500强企业中,美国122家,日本53家,而中国则有143家。中国企业,如福耀玻璃、药明康德、中国建筑、中国交建、中

---

① 邓小平. 邓小平同志论教育[M]. 北京:人民教育出版社,1990:58-59.
② WENDE. Missing links:The relationship between national policies for internationalization and those for higher education in general[C]//KALVEMARK, et al. National Policies for the Internationalisation of Higher Education in Europe. Stockholm:National Agency for Higher Education,1997:18.
③ 薛海平,高翔,杨路波. "双循环"背景下教育对外开放推动经济增长作用分析[J]. 教育研究,2021,42(5):30-44.

国中车、恒瑞医药、格力电器等优秀企业纷纷在国外建厂,建立研发机构,开启国际化道路。而从产业出口方面看,我国的高铁、家电、服装、轻工制造以及疫情以来的疫苗、医疗器械、医疗耗材、检测试剂盒、中医药等产业出口形势良好,成为中国展示给世界的新"名片"。教育对外开放要跟随、服务于产业出口、企业国际化,为它们提供具有国际竞争力的优秀人才,包括掌握世界先进工艺技术的产业技术人才、掌握国际产业发展前沿技术的科技研发人才、掌握先进理念的经营管理人才、掌握世界通行贸易法规的法律人才等。

(三) 对外开放站位中国立场

我们反对教育的闭关锁国,但不是采取"拿来主义"的态度,而是要有选择,其选择依据就是要从我国的现实国情出发,要能为我所用,要服从于本国民族文化、经济政治和社会各项事业的发展。开放是中国实现高质量发展的一个强大动力,开放必然会"以我为主",尤其是开放领域、程度以及节奏,完全由中国自己掌控。

我们需要坚定不移地探索中国式的高等教育模式,尤其要考察对中国国情、中国文化、中国教育语境的适应性。我们需要建设中国特色的教育话语体系,包括教育概念体系、教育思想体系、教育模式体系、教育规律体系、教育框架体系、课程教材体系、质量标准体系、教育组织体系等,并由此探索发展中国家的教育发展道路,形成具有科学性和较为广泛的适应性的中国教育方案。在世界教育洪流中,我们不应随波逐流,应该按照自己的教育发展节奏、教育方针,保持自己的教育定力,坚持自己的教育自信,坚信自己的教育智慧,坚守自己的教育立场,维护自己的教育利益。

教育现代化的基本指向便是国际吸引力、影响力、引导力的大幅提升。要将中国高等教育带入国际职教视野,阐发中国高等教育理念、经验和模式,努力获得国际高教界,尤其是欧美高教强国、大国的质量认可,获得国际高等教育标准的制定权、话语权,促进全球多元职业教育格局的形成。进而,融入国际高等教育浪潮,参与国际高等教育分工和国际生源、国际教育资本竞争,吸引更多的国际职教人才、资源、会议、大赛、资本来到中国,对世界高等教育形成强大的辐射能力。

第二节 教育对外开放的人才机制

进一步向知识社会的转型,带来了全球经济增长模式的深度转型,全球经济增长从主要依赖不可再生的各种稀缺物力资源,转型升级为主要依赖可再生的人力资本及知识创新,从而促使各国大力提升教育的发展水平。

人才是经济增长和繁荣的关键因素。欧美国家正是出于人才竞争的考虑,长期将接收留学生作为发展战略的一部分①。改革移民法、鼓励高技术移民、促进 STEM 专业国际留学生的流入是美国二战后保持持续竞争力的关键②。印度裔、华裔留学生推动了美国硅谷集成电路产业集群的发展,海外 STEM 博士后人员帮助美国橡树岭、劳伦斯等国家实验室夺取了世界科技创新制高点,教育开放为美国提供了大量尖端人才。我国也十分重视对外开放在人才强国建设中的积极作用,《国家中长期人才发展规划纲要(2010—2020 年)》提出,人才强国战略的指导方针之一是扩大对外开放,开发利用国内国际两种人才资源。

一、教育对外开放的人才观

教育对外开放作为最为活跃的人才流动场域,同国家人才战略形成一种耦合关系。提升我国人才综合竞争力,应是其应当秉持的使命观或价值观。

第一,推动我国由"智力净出口国"转为"智力进口国"。《2019 年全球人才竞争力指数报告》(Global Talent Competitiveness Index,GTCI)显示,在 2019 全球人才竞争力指数排行榜上,中国排名 45 位,在人才的吸引、留存两大指标方面与发达国家相差悬殊。大量的优秀人才仍然滞留、服务于留学国家,流出规模明显大于流进规模。2019 年中国出国留学人数为 70.35 万人,同比增长 6.25%;中国留学回国人数为 58.03 万人,同比增长 11.73%。由此可见,我国仍然是一个"智力净出口国"。由此造成的人才损失,令人惋惜。同时,来华留学生获得中国绿卡的人数极少,没有能够成为支持中国经济发展的高层次人才资源。

第二,吸引我国紧缺、特需人才的流入,改善我国人才结构。在留学生教育上,澳、加两国不仅重视留学生的教育和服务,而且把留学生教育与吸引高水平劳动力有机结合起来③。过去侧重语言学习、中国传统文化学习的留学生教育,今天要转向专业学习型留学生教育。通过来华留学生教育,我们可以调整我国产业人才的年龄结构、专业结构。我们要把来华留学生教育放在我国人才布局的宏观视角来看待。

二、教育对外开放的人才机制

2021 年我国全年出生人口 1 062 万人,人口自然增长率为 0.34‰,创历史新低。此前的人口红利必须向人才红利转变。民族复兴,需要人才支撑。改变智力出口严重逆差的现状,需要政府和大学大力提高出国留学生的归国率和来华留学生的定居率。

(一)以公平的学术机制,创造良好的学术生态

归国留学生、来华高层次留学生的国际视野开阔,往往具有崇高的学术抱负、积极的

---

① 董立均,杨兆山,洪成文.论我国来华留学生教育的成就、挑战及对策:兼论"纲要目标"实现的可能性[J].大学教育科学,2014,5(4):76-80.
② 石磊,罗晖.美国科技人才流动态势分析[J].全球科技经济瞭望,2018,33(5):40-52.
③ 洪成文,燕凌.澳、加留学生教育政策效益分析与比较[J].比较教育研究,2008,30(12):77-80+90.

学术心态。他们了解国际学术前沿,对照不同国家的学术环境,对学术生态的要求较高。我国的学术环境不断改善,2021年全国科技工作会议、国家科学技术奖励大会、两院院士大会都提出了面向世界科技前沿,突出原创,弘扬科学家精神,减轻科研人员负担,加强学风建设的要求。在良性学术生态构建上,我们要做到:(1)鼓励原始、重大创新。对接国际科学技术前沿,了解科技创新最新进展,同时要改变追随、跟跑的弱者思维,以"零突破"、从无到有、注重原始创新的大无畏精神来引领世界技术发展。(2)改变功利主义的学术生态,注重基础研究。科技创新要落地于市场应用,但并非每一个科研项目都要瞄准技术应用。当前对应用研究的过度重视,导致科研费用的过度倾斜、项目申报中的功利化。学术系统被市场法则侵蚀,以投资与回报的眼光对待科学研究,不能产生优秀甚至杰出的学术成果。(3)打破论资排辈、学术门阀的状况。改变科研项目申报中的层层审批、选拔制度,特别要减少学校、区县市层面的项目筛选机制,减少人情项目、行政项目。实行匿名申报、匿名评选制度,在项目申报、论文评选的全部过程中,申报人、评选专家的个人信息、项目信息不得透露。实行"盲选"制度,建立学术专家计算机系统随机抽取制度、学术申报书随机派发制度,对省部级、国家级重大项目实行闭门评审、匿名评分。利用大数据,梳理博士生导师、院士学术继承的人才培养脉络,对申报人及其申报项目实行导师及其同门的回避制度、限额申报制度,防止学阀把控某一学科学术话语权。进一步向海外开放学术评审权,建立海外专家库。(4)建立长周期的考核机制,实行自主的负责人制度。改变当前以年为时间单位的考核周期,改为以5年及更长的时间为考核周期,允许海外优秀人才潜心学术,减少学术急躁,踏实开展基础性研究。减少或去除繁复的项目申报书填报制度、财务报销制度等,以成果审核、研究基础审查为申报条件,科研经费实行到账制,允许负责人自主安排,同时做好学术经费审计和学术代表性成果鉴定。以上举措都是为了给年轻学者创造更多的学术机遇,激发创新活力。

(二)建立绿色通道和国际招聘机制,打造国际人才中心

省部级、国家级重点科研项目、教学研究项目、后期资助项目等,面向海外留学归国人员、国外优秀学者教授、来华留学生,专门开辟"海外专项"。在进行基本学术规范、学术道德审查基础上,不需要层层申报,实行"直报"制度。为了充分利用国内外优秀教学科研资源,实行国内学者与海外学者、在华外国学者或在华硕博士留学生联合申报制度。

建立全球招聘机制,引进先进教育理念、学术思想。目前,我国部分"双一流"大学启动了校长、首席科学家、学科带头人、学术团队专家、专业院系院长的全球招聘,这能够改善我国大学的治理状况,引领大学走向国际化。我国大学需要进一步增强全球人才招聘的力度,大幅提高大学和科研机构中的外国专家比例,实质上就是在架构国际化的人才结构,参与国际优秀人才竞争,为我国经济社会发展奠定良好的人才优势。这个获得国际人才优势的观念,目前还需要进一步增强。

（三）建立选择和技术移民机制，开展我国人才结构规划

聚天下英才而用之。教育对外开放是改善我国人才综合竞争力的重要契机，其重点应当是培育高层次"留学中国"项目，努力吸引欧美等具有较好科学素养、创新精神的海外优质留学生，并延长签证期、改革技术移民政策、放宽中国绿卡申请条件，鼓励优秀科技人才为中国的科技创新事业贡献力量。

建立产业选择机制。结合我国"十四五"规划，针对我国科技创新的重大战略项目、重点产业，调整来华留学生的专业结构。适当控制汉语言学习、中国传统文化学习类来华留学生的比例。来华留学生、出国留学生的接受与输送，要以我国产业发展需求为准绳，使教育对外开放与我国产业发展形成协同效应。

建立学科和专业的选择机制。在人才的学科结构方面，重点留住工程学、数学与计算机科学、物理学与地球科学、生命科学专业的高层次来华留学生。瞄准我国学科建设中的弱势学科、待加强学科向国外输送留学生、接受来华留学生，使留学生教育与我国大学学科建设相协同，增强我国大学的综合实力。当然，这一切必须基于中国良好的人才培养质量、大学品牌影响力、学术影响力。

建立技术移民机制。留住优秀外国科技人才，服务于我国的科学技术进步，增强我国科技创新能力，同样是教育对外开放的出发点。我国要加大力度延揽优秀来华留学生，制定国际人才技术移民办法，确定技术移民的标准、程序和待遇。建议我国有关部门调整留学生教育政策，尽快出台和实施留学生在我国的短期滞留、在读实习、毕业就业等方面的政策和方案。允许来华留学生在国内缴纳社保基金、住房公积金，达到3年及以上者允许其获得中国国籍和基本的国民待遇。其实，《关于允许优秀外籍高校毕业生在华就业有关事项的通知》的出台，已经逐步打通了来华留学生的实习就业渠道。一些地方如北京中关村、上海自贸区和张江高科技园区，已经开始进行有益尝试。

（四）吸引顶级科技人才，打造世界科学中心

从16世纪至今，世界上产生了意大利、英国、法国、德国、美国5个世界科学中心。科学发展的研究表明，如果某个国家的科学成果数占同期世界总数的25%以上，这个国家就可以称为"世界科学中心"。促进世界科学中心向中国转移，除了需要前所未有的思想大解放、尊重原创与自由探索的学术氛围、高新技术产业化之外，还需要维护好和平发展的国家态势，崇尚人才的社会环境，热衷科学创新的文化观念，更加自由、开放、宽容的科技生态。我国5G移动通信、量子通信、铁基高温超导、载人航天、深空与深海探测、智能电网、核电站等凝聚前沿技术积累与超级工程建设能力，中国应对疫情的强大国家治理能力、对人民高度负责的有效政府形象、对科技人才的不断松绑，加速了美欧日科学家流向中国。

在此基础上，我国需要广揽顶尖科学家。实行项目首席科学家、学科带头人、项目负

责人的全球招聘制度,通过较高的年薪制度、高度的学术自由、宽松的容错空间来吸纳优秀科技人才加盟中国科学创新事业。优秀技术专家可以给予其外国技术人才补贴,以此吸引更多优秀国际人才落户中国,将中国打造成全球技术人才高地和科技创新中心。

创建省级、国家级科学中心。优秀学术组织需要减少组织边界的模糊性和科研人员的流动性[①]。我国科学中心的组织机构、物理空间、研究队伍、目标任务、保障措施务必实体化、独立化,要加强学术委员会的宏观指导,减少行政干预和功利化倾向,提供非竞争性、稳定性的科研经费保障;建立与国际接轨的访问学者和博士后制度,面向全球汇聚科技领军人才、青年拔尖学者;还要面向国际科技前沿,与世界一流学者和科研机构开展长期稳定的高水平合作研究;积极参与大型国际科技合作计划,适时提出并牵头组织国际大科学计划和大科学工程,在国际科学参与中锻炼队伍[②]。

加强国际科技交流与合作,通过"引进来"建设我国的科学中心,通过"走出去"参与世界科学中心的建设。引导我国科学家、高校同国外同行联合建设科学技术实验室、工程研发中心、技术市场化应用中心,与国外高等院校、企业、跨国公司进行本土化的技术研发和产品开发。

第三节 教育对外开放的产业机制

教育对外开放有无产业意涵?教育对外开放如何与我国产业发展相互关联?这是很多学者未曾涉及的。当然,此处并非指教育产业化,而是指代教育对外开放必须同产业"走出去"相互结合。我们的结论是,教育对外开放不能没有产业视角。

一、留学生教育的产业协同

发展留学事业,必须坚持产业思维,做到海外人才培养、招聘与我国产业发展需求相协同。主要体现在:

(一)出国留学教育要有产业规划

国家留学基金、省留学基金、优秀教师境外研修访学、国际大学合作奖学金留学、国际大学互换奖学金留学等项目,包括自费留学项目等,在向海外输送留学生时应当考虑留学人员所学专业对应的国内产业状况。留学主管部门应当深入研究我国"十四五"发展规划、重点产业规划,制定出国留学鼓励清单和不鼓励清单,以便从产业角度做好出国留学人才规划。

---

① 沈蕾娜. 世界一流大学之间的协同创新:以哈佛大学和麻省理工学院的跨校合作为例[J]. 中国高教研究,2019(2):21-26.
② 聂映玉,王斌,于依琼. 世界一流大学前沿科学中心建设模式分析与借鉴:以麻省理工学院麦戈文脑科学研究院为例[J]. 科技管理研究,2021,41(18):113-120.

（二）引导海外归国人才投身我国重点产业

《科技日报》公布了光刻机、芯片、操作系统、手机射频器件、ICLIP 技术、ITO 靶材、核心算法、微球、燃料电池关键材料、锂电池隔膜、数据库管理系统等 35 项我国面临的"卡脖子"技术，也公布了半导体加工设备、光伏逆变器、全球氧化锌避雷器、电波暗室、SDN-软件定义网络、CPU/GPU 异构式超算系统等 60 余项中国未掌握的核心技术清单。2022 年 1 月 26 日教育部等出台的《关于深入推进世界一流大学和一流学科建设的若干意见》提出了"双一流"建设中的产业创新重点：加强关键领域核心技术攻关，加快推进人工智能、区块链等专项行动计划，努力攻克新一代信息技术、现代交通、先进制造、新能源、航空航天、深空深地深海、生命健康、生物育种等"卡脖子"技术[①]。事实上，我国当前很多优秀的企业家、研发人员来自美国硅谷，或者在美国从事技术研究、产品开发工作。海外归国人员的创业项目、学术研究项目、留学基金项目等，都需要政府部门带着服务产业发展的视角去审核。

（三）建立来华留学毕业生的产业遴选机制

在留学生教育上，澳、加两国不仅重视留学生的教育和服务，而且把留学生教育与吸引高水平劳动力有机结合起来[②]。21 世纪的教育对外开放伴随着更加激烈的全球教育人才的竞争，来华留学生教育事业需要树立这样一种发展理念，而不仅仅停留在招收海外学生层面。从招生入口（即专业选择）到出口（即在华就业）都要建立产业思维，从我国产业发展需求出发开展留学生招生，吸引优秀留学生在华生活、就业，使之成为壮大我国优势产业、弥补弱势产业短板的有力智力支持。

二、高等教育服务我国企业"走出去"

今天，各国政府为解决当地的交通、医疗、就业、农业等基础设施和民生问题，积极开展国计民生项目。为了服务各国发展需要，中国企业不断进行海外市场开拓。以中航国际为例，已经建立起遍布 50 多个国家的 113 个海外机构。当前，国务院确定的中国"走出去"的重点产业有钢铁、有色、建材、铁路、电力、化工、轻纺、汽车、通信、工程机械、航空航天、船舶和海洋工程等。同时，确立了 45 个产能重点合作国家，包括非盟、欧盟、东盟（10＋1）及中东欧 16 国等。与我国高端制造业、现代交通业、建筑业、医疗业、服装业等大力走向国际化相比，高等教育的产业协同步伐明显滞后。在人才培养、专业建设、课程建设以及学术研究等方面都没有很好地做好产业"走出去"的服务与配套工作。尤其对于产业亲和力更强、产业属性更显著的职业教育来说，服务我国企业"走出去"应当被列为职业院校"十四五"发展规划和高质量发展的重要内容。

---

① 教育部、财政部、国家发展改革委.关于深入推进世界一流大学和一流学科建设的若干意见[EB/OL].(2022-02-14). https://edu.ifeng.com/c/8DciYZdMDov.

② 洪成文,燕凌.澳、加留学生教育政策效益分析与比较[J].比较教育研究,2008,30(12):77-80+90.

(一)开设一批外向型专业和课程

职业教育的专业建设应当开始具有国际视野,能够在综合考察全球不同地区、不同国家实际情况的基础上,形成围绕产业国际化的专业标准。比如土木工程专业,就要引导学生能够根据世界不同区域的土壤性质、岩石结构、地质环境制定施工方案,同时能够综合考虑不同国家政府的需求,不同区域人民群众的民俗或宗教信仰,不同地区的建设成本、工程质量的要求等。专业课程应当包含对国际不同区域、国家产业发展状况的分析、产业战略规划的分析,并积极开发"双语课程"。行业院校应当开设面向所属产业的专业英语课程,开设国际产业发展概论、产业与国际法等专业通识课程。

(二)建设具有国际经验的产业教师队伍

职业院校应面向行业企业,优先聘任从事海外施工、贸易、生产、制造工作的产业教师,将海外产业经验作为教师招聘的重要条件。减少应届毕业生的招聘,更多地招聘出口型、外向型企业中的技术研发、产品开发、市场拓展、企业管理、企业法务中的技术人员、管理人员、工程师。在本校师资队伍建设方面,鼓励专业教师跟随企业到海外进行专业实践锻炼,同企业一起开展海外项目。在教师评奖评优、职称评审中,将教师的海外专业实践作为重要考评内容,从机制上引导教师自觉提升自身的国际化素养。

(三)制定面向未来与全球的专业人才培养方案

而从长远来看,我国必将成为全球经济强国,我国企业必将纷纷开启国际化道路,在不同国家和区域布局研发中心、生产中心和销售总部,我国必将产生世界性的优秀企业。而我国职业教育服务区域经济和社会发展的当前教育定位,明显背离上述发展趋势。与此相适应,职业院校的人才培养定位也不应当仅仅是服务于地方企业,而是要着力培养具有国际视野、世界胸怀、掌握全球先进产业技术、具有国际竞争力的新时代新型技能人才。对于产业出口具有竞争优势、已经形成趋势和规模的相关专业,其人才培养方案应当列明"国际素养"板块,并积极探索学生的"海外毕业实习"机制,引导学生到外向型企业及其海外生产、施工基地开展毕业实习、毕业设计,在中国企业的海外项目中锻炼才能。在人才培养方式上,探索外向型企业的订单式培养、订单式就业模式。我们在此可以瞩望的是,随着我国企业的全球化,我国大学生将不再限于国内就业,将出现大量的全球化就业。

三、从校企合作、集团化办学到境外办学

常规意义上的校企合作一般指的是高等学校与国内某区域内的行业企业开展的办学合作。而高等教育对外开放则要求进一步拓展其内涵和使命,即从校内合作走向校外合作,从服务企业生产经营走向服务企业国际化。在我国进一步扩大对外开放的语境下,这应当是高等教育的新要求、新使命。

教育对外开放中的校企合作着重以下合作内容:企业提供具有海外经验的产业教

师,根据企业的人才需求进行订单式培养,并提供海外实习实训基地,参与海外项目的实施;学校同企业共同攻克海外施工、生产中的技术难题,共同制定具有前瞻性、科学性的技术标准;学校与企业共同制定人才培养方案,在文化素质、专业素质方面确保毕业生的国际竞争力和适应能力。

进而,我们需要遴选大型国际化企业和国家级示范性行业职业院校,从国家层面、省级层面打造聚力"走出去"的产教军团,建构"N个企业＋N个职业院校"的产业集团。集团化办学在办学机制上必须大力创新,改变教育集团化办学中的扁平化、总校-分校模式,也改变当前职教集团中以职业院校为发起人和主要领导人的管理模式,实行以国有大型企业为主要统筹、主要领导的对外开放职教集团。实行海外项目制,根据项目所需要的专业人才、师资力量、技术要求、工程期限,由企业牵头职业院校,带领学校技术团队、毕业实习学生和专业教师、专业培训讲师共同组建职教集团。甚至,可以从官方层面,面向全国职业院校进行重大海外项目招标、竞标,以配备更优秀的教育资源参与产业出口。

再进一步,我们要建立落户一个海外项目、培育一个产业、产生一个教育增长点的本地化办学思路。不少产业具有较长的产业链,需要长期的后期维护以及人才保障。不像建筑施工完成后,产业链就告结束了,通信工程、药械制造、交通工程、高端制造、金属冶炼、石油开采等产业则在生产、施工环节后还有设备设施维护维修、销售与市场开拓、学术推广、上下游企业关系维护等其他延伸环节。更多的生产制造型企业、研发型企业直接在海外建立了生产分公司、研发分中心、销售分中心等。另外,从国际援助的视角看,培育海外项目所在国的自我制造生产能力也十分必要。此时,教育对外开放可以做两个方面的工作:第一,积极发展面向国外高职院校、国外企事业单位、中资企业海外分公司、跨国企业的订单式培养,同项目所在国大学合作举办二级学院,或者直接开办境外分校;第二,开拓学历教育、短期技术培训、语言培训、文化国情国别培训、专项技术培训、指定式项目培训等多种海外办学方式,承担所在国本土产业人才的培养与当地员工的技术培训工作。

第四节 后疫情时代的"在地国际化"机制

2019年年底以来的新冠疫情造成国际学生跨境流动受限,再加上受特朗普政府的《关于暂停部分中华人民共和国留学生和研究人员以非移民身份入境的公告》(Proclamation on the Suspension of Entry as Nonimmigrants of Certain Students and Researchers from the People's Republic of China)、拜登政府拒签大批中国留学生等留学生教育政策变化的影响,留学及相关产业受到了较大的冲击。国际教育协会(Institute of International Education,IIE)发布的《2021年度门户开放报告》显示,2020—2021学年全美国际留学生人数首次出现大幅度下滑,降至 914 095 人,这是自 2015 年来留美学生人数首次跌破百万;中国留学生人数为 317 299 人,同比下降 14.8%。但全球化智库(Center for China and Globalization,CCG)研究指出,新冠肺炎疫情在全球的持续蔓延虽然给我国学生选择出国留学带来了一定的消极影响,但我国学生对于国际化优质高等教育的需求并未发生根本性改变,出国留学仍是重要的发展方向,只是会在全球疫情蔓延期间有所延迟。同样,从全球来看,国际人才流动只是因为疫情受到影响,但并不会消失,还可能因为疫情导致出国留学的"堰塞湖效应",在疫情缓解后带来大级别的反弹。

不可否认的是,疫情为教育对外开放带来了新的变化。比如,对前往疫情严重的北美、欧洲国家留学,越来越多的家长和学生持观望态度;国际间的短期培训、访学、合作、国际会议的频率大幅降低,教育对外的活跃度明显降低;不少大学减少线下授课时间,不少留学生被迫在本国或留学国家以线上学习的方式完成学业,大学对毕业生质量充满忧虑,而留学生也对学习效率、质量、学费表达了不满。

虽然我们不能确认疫情还会持续多久,也无法确定疫情最终以何种形式结束,但应该可以确定的是,新型冠状病毒可能长期存在,其他传染性疾病以及地缘政治、军事冲突、大国外交博弈等都也可能引发国际流动的局部暂停或迟缓。未来,能否完全恢复到疫情之前的国际交流活跃度,很难确定。我们认为,未来教育对外开放活跃度可能出现一定程度的降低,并同时出现新型的教育对外开放形式,一定程度上改变疫情之前的教育对外开放格局。在教育对外开放前提不变的情况下,开放机制可能会出现一些新的变化,比如对"在地国际化"机制的探讨。

瑞典马尔默大学主管国际事务的副校长本特·尼尔森(Bengt Nilsson)在 1999 年的欧洲国际教育协会(European Association for International Education,EAIE)春季论坛上提出了"在地国际化"的概念。其《在地国际化——理论与实践》(*Internationalization at Home:Theory and Praxis*)报告认为,"在地国际化"是指"教育领域中发生的除学生海外流动之外的所有与国际事务相关的活动",其目标是"通过让所有学生在求学时期有机会接受国际理念与跨境文化的影响来提升自身的能力和资格,以应对不断变化的全球化世界的需求"[1]。教育的对外开放长时间以来意指跨境流动,具有极强的空间指向,而此时的"在地国际化"目标在于提升全体学生的国际化水平和能力[2],主张通过信息技术进行资源共享来帮助本地学生获得国际视野、学习国际课程,帮助本地大学加强国际化建设。

一、互联网、虚拟技术、元宇宙的知识传播

商品零售、传媒娱乐、游戏等行业借助信息技术发生了脱胎换骨的变化,而教育行业

---

[1] NILSSON. Internationalization at home:Theory and praxis [EB/OL].(2016-11-10). http://www.eaie.org/pdf/intathome.asp.
[2] 张伟,刘宝存.在地国际化:中国高等教育发展的新走向[J].大学教育科学,2017,8(3):10-17+120.

还没有充分发挥信息技术在对外开放中的强大能量。我们认为,知识的传播并非完全依靠线下场景,教室、实验室、校园等传统知识传播场景可能在信息技术的助力下发生重大变化。因为疫情,信息技术正在助力线上教学,将课程教学、资料传递、课堂讨论、作业提交等系列学习活动从线下搬到线上。国际线上学习平台,包括中国的网易公开课、中国大学 MOOC、知识星球、bilibili,还有美国斯坦福大学创办的 Coursera、硅谷的全球知识交易平台 AbleSky 等。信息技术助力在线学习,中国产生了腾讯会议、钉钉、小鹅通等线上学习工具,美国产生了免费教育软件可汗学院(Khan Academy)、多人手机云视频会议软件 ZOOM、学生应用程序 iSAMS、在线学习管理系统 Canvas LMS 等,大大地释放了在线学习的潜力。

在后疫情时代,互联网技术可以进一步在课程学习中发展为一种运用于学习过程的虚拟技术。例如,高度职业教育的实习实训、实践教学可以运用 VR 技术认识课程实践的空间、流程、操作方法,同时通过佩戴 VR 眼镜进行虚拟的技术操作训练,帮助学生通过远程模拟获得产业技术能力。

再进一步,可以运用"元宇宙"实行数字虚拟与现实交互。基于扩展现实技术提供沉浸式体验,以及数字孪生技术生成现实世界的镜像,通过区块链技术搭建经济体系,将虚拟世界与现实世界在经济系统、社交系统、身份系统上密切融合,并且允许每个用户进行内容生产和编辑[1]。我们认为,在元宇宙中,留学生课程可能注重良好的虚拟体验,创造出一个迥异于教室空间的沉浸式的虚拟学习空间。可以在元宇宙空间中组建讨论小组,参与小组讨论;形成虚拟的教室、宿舍、运动场、校园,创建出一个新的留学生生活和教育的空间。如此,颠覆现有大学的存在形式,教育对外开放可能会出现让学生在家里进入一所虚拟"共同大学"的情形,甚至产生饮食之外的具身性知识学习形态。虚拟世界构成的"元宇宙大学"可能成为大学生开展课程学习、大学生活的新知识场景。

技术的发展扫平了知识的国际流通障碍,在资本的挟持下,推进速度、应用场景、体验的友好性将得到进一步改善。

二、大学 MOOC 和学分的国际化

美国学者伊丽莎白·琼斯(Elspeth Jones)反对加拿大学者简·奈特(Jane Knight)弱化课程在实现大学国际化中的作用的观点。他认为,课程并非只是相关因素之一,而是实现这一进程的中心[2]。

我们也认为,互联网技术在教育对外开放进程中的革命意义是通过内容——课程教学——的跨境传播实现的。疫情导致的空间阻隔加速了国际课程的在线传播,留学生被

---

[1] 胡喆,温竞华. 什么是元宇宙? 为何要关注它?:解码元宇宙[EB/OL]. (2021-11-19). www.chinanews.com.cn/it/2021/11-19/9612627.shtml.

[2] BEELEN,JONES. Redefining internationalization at home[C]//CURAJ,MATEI,PRICOPIE,et al. The European Higher Education Area:Between Critical Reflections and Future Policies. Berlin:Springer-Verlag,2015:59-72.

迫在本国接受国外大学的在线课程教学,网络教学迅速取代了线下教学。特别是新冠肺炎疫情期间,中外合作办学的实体机构以及具有良好合作关系的中外合作办学项目的中方院校,正在成为本应在海外合作院校学习的中国学生开展线上和线下学习的重要载体。例如,上海纽约大学2020年根据原校园"Go Local"学习模式,租用了七层WeWork办公空间作为临时扩展校园,接受来自纽约大学和纽约大学阿布扎比分校的约2300名中国籍本科生和800名中国籍研究生,开设了近200门本科生课程和40门研究生课程①。中外合作办学由此产生了更多的实质性合作,课程、师资都实现了中外互动互通,促进了我国大学的国际化。虽然牛津大学的西蒙·马金森(Simon Marginson)教授认为在线学习、虚拟校园等近似于"幻想",在未来几年内不会实现,不会引起国际教育模式的根本性变化;但他也指出,如果这种状态持续两到三年,在线教育会因此占据"一方势力"②。

"在地国际化"的更大开放步伐来自本国学生对于课程的自由选择。如果对国际在线开放课程及其学分给予官方认定,允许国外的大学MOOC及其学分自由流通,学生将能够在不出国留学的情况下完成国外课程学习,获得毕业所需的学分,完成学业并获得国外的毕业证书。正如美国波士顿学院的菲利普·G.阿特巴赫(Philip G. Altbach)教授所言:"在地国际化使得大量中国和印度的学生不用出国求学,在本国就可以接受高质量的高等教育。"③如果世界各国及其大学允许本国学生、留学生可以在世界范围内,在人才培养方案或学习方案的指导下选择要学习的课程、教师,学分银行制度被广泛推广,那么,地球将变身为一个"大课堂"或者是一个"大校园"。如此,实体的、空间的大学将会消失,大学不再是一个育人的场所,而更像是一个鉴定学生学习成果、质量的"检验所"和学历学位授予的"认定中心"。届时,大学已经完全开放,学生的学习也完全开放。

这种更大范围、更加彻底的"在地国际化"必将摧毁弱势国家的高等教育系统,导致国外优质教育资源如洪水般涌入,本国教育生态、教育市场走向紊乱,国家教育主权受到严重威胁,国家间的教育发展差距将进一步拉大,教育殖民随之产生。因此,课程与学分的国际大流通在现阶段更多是一种设想。

三、本国全体学生的国际化

"在地国际化"的概念突破了传统的以跨境流动为特征的教育对外开放模式,突破了面向少数学生开展出国留学的开放形式,进一步走向更为本质的国际化,即面向所有学生的国际素养的培养。教育的对外开放从吸引国外留学生、向他国输出本国学生的少数派国际化,走向本国大学生的全体国际化。实质上,在地国际化引导大学走向了更为本

---

① 韩晓萌."在地留学"迎来新的发展机遇[N].中国教育报,2021-03-11(10).
② 西蒙·马金森.后疫情时代呼唤高等教育国际化格局重构[J].高校教育管理,2022,16(1):3-4.
③ 菲利普·G.阿特巴赫.新冠疫情加剧高等教育国际化变革[J].高校教育管理,2022,16(1):1-2.

质、更为整体性的内涵式国际化发展道路。我们不认为"在地国际化"是民粹主义、保守主义退守本地的国际化策略,而是认为"在地国际化"是高等教育国际化的高级阶段、高级形态。因为它更注重带领全体学生在国际语境中开展学习。

高等教育国际化内涵的变化,带来了对外开放机制和教学内容、教学方式、教育对象、课程设置的新变化。

(一)大学对外开放评价标准的转变

大学应当坚持"以我为主",将学校的国际化列入发展目标。在这里,高等教育的国际化评价标准不再仅仅限于来华留学生的规模、比例,还要看本校全体学生的国际化水平即中国学生海外访学、参与海外科研项目和工程项目、在地接受海外教师教学的情况等。在中外合作研究方面,"走出去"参与国外大学、企业、科研机构项目研究的标准,可能开始转变为我国大学研究项目团队中国际人才参与研究的比例。大学教师国际化的评价标准,不再仅仅局限于我国教师赴境外留学、访学和合作研究的比例,而更多要看我国学校教师中外国专家学者的比例。进而,大学治理理念、治理模式也应当全面国际化、董事会制度、监事会制度、教师决策组织的培育、学生决策组织的培育、大学捐赠制度、基于循证与量化的教育教学质量测评、全面融入国际评价体系等都应全面启动。

(二)大学要以培养国际人才为己任

大学开始真正把培养具有国际视野、世界胸怀,通晓国际规则的国际性人才作为人才培养的新目标、新方向。事实上,我国大学在培养国际性人才方面的自觉性、主动性还远远不够,国家的教育法律法规在人才培养规格、方向上也还不能适应全球化大趋势。它们过度地强调了为本国经济社会发展的服务职能,人才培养的国际化思维还没有建立起来。令人高兴的是,2020年6月发布的《教育部等八部门关于加快和扩大新时代教育对外开放的意见》指出,把培养具有全球竞争力的人才摆在重要位置,明确提出提升我国高等教育人才培养的国际竞争力,加快培养具有全球视野的高层次国际化人才[1]。此时,我国大学应当充分认识到,随着中华民族的伟大复兴进程的推进,中国已经成为世界第二大经济体,且当今世界日益一体化、日益走向共享共建共赢,我国大学必须以培养国际人才为己任,使之成为我国对外开放的重要人才支撑,使之成为服务全球经济社会发展的新生力量。

(三)大学人才培养方式的转变

在课程建设上,"在地国际化"更要求课程的国际化。除了加强双语教学之外,更要大幅增加以英语或目标国家语言为教学语言的课程。在课程标准、教学内容上要向国际发达国家的相关课程看齐、比照,以此研发出具有相当的产业前沿性、学术的前瞻性、国

---

[1] 邓晖.八部门部署新时代教育对外开放工作 实现优质教育资源"引进来""走出去"[N].光明日报,2020-06-19(9).

际通用性的课程标准、课程内容。大批基于本国实际、本国案例的教材,将被改造为具有相当的国际视野,对接国际职业能力标准、国际职业资格的教材。学生的专业实习实训可能被改为中长期的时间段,比如要求大学生必须进行为期1～2年的国外专业实践、访学,并将此纳入毕业条件。对外向型、出口型经济相关的产业和专业,其大学毕业生应有必要的国际学习、实践经历。在学习方式上,大学生可以在学校规定范围内选择国际高校的优秀在线课程进行专业基础理论学习和通识教育学习,并在专业实践环节必须完成短期或中期海外学习。

(四)大学教师结构的双向国际化

《深化新时代教育评价改革总体方案》发布以来,不少高校不再将大学教师的海外留学访学经历作为职称晋升的必要条件,对过度看重海外经历进行了纠偏。但我们也要看到,教育全球化中的人才流动趋势早已形成,"在地国际化"迫切需要一支有着丰富国际学习、教学、研究经历的教师队伍。没有国际化的教师,就不可能实现"在地国际化"。从这个意义上说,我们不能因此就停止大学教师赴海外留学访学工作,相反还要更大范围地将教师"送出去",鼓励广大教师到海外攻读博士学位,参与教学项目开发与实践,参与国际科研项目的联合研发,把提升本国教师的国际素养,当作高等教育国际化和在地国际化的重要举措。如同职业技术教育、应用型本科教育对"双师型"教师的普遍要求一样,我国应当尽快提高大学教师中有海外学习经历者比例。即使在东部发达城市的大学中,比如在职业技术学院、应用型本科院校中,这一比例常常也不到10%。而中西部院校的有海外学习经历的教师比例更低。我们要在近10年内,尽快将这一比例提高到30%左右,否则无法支撑我国高等教育的国际化。

在"走出去"之外,我国大学还要大力"引进来",大幅提高外籍教师在全校教师中的比例。国际教员占比(proportion of international faculty)历来是评价世界一流大学的重要指标,在QS世界大学排名指标体系中占据5%的权重。以2014年QS国际教师指标得分为例,麻省理工学院、剑桥大学、哈佛大学的得分分别为99.8、95.6、98.1,而即使我国排名最靠前的北京大学、清华大学,得分也仅分别为35.8、50.0,国际教师比例不仅落后于世界一流大学,而且差距呈现逐步拉大趋势[1]。在我国建设"双一流"大学的过程中,自上而下都应当重视国际教师比例这一指标。可以通过全球招聘、客座教授制度、联合项目研究、中国访学等方式,吸引全球更多的优秀学者教授任教于中国,提高我国大学的国际教员占比。

四、中外合作办学与海外办学的拓展

围绕着"在地留学","引进来"与"走出去"都大有可为。中外合作办学、海外办学在后疫情时代对"在地留学"的呼唤中,将面临诸多新的变化。

---

[1] 郭丛斌,孙启明.中国内地高校与世界一流大学的比较分析:从大学排名的视角[J].教育研究,2015,36(2):147-157.

第六章　教育对外开放的发展机制

在疫情持续影响下，我国的留学生无法返回留学国家进行线下学习，只得在国内进行网络学习。这无疑给了中外合作办学一个新的发展机遇，比如，国外大学很可能在国内大学建立分校、分教育中心。

长期以来，中外合作办学主要局限于课程、教材等教学资源的交流，教师的培训与互访等相对松散的教育合作。而后疫情时代的"在地国际化"进一步突破了诸多限制，开始进入到中外共建国内分校、重点专业、二级院系的实体化合作阶段。国外大学在国内大学中建立的实体教育机构，必然伴随着中外教师的交流、课程的合作，甚至在国内派驻知名教授、学者、管理人员，对国外留学生共同实施教学，共同参与院校治理，共同认证学生的学业水平，共同颁发毕业证书、学位证书。这既拓展了中外合作办学的深度、广度，也强化了中外大学的教育深度交流，还促进了我国大学教育治理的现代化。

与此同时，因为疫情的阻隔，来华留学生教育也受到了影响。我国大学也可以趁此在目标国家同当地大学共同建立海外分校、海外学习中心、海外培训中心、海外实验室、海外实训实习基地等，在目标国家实施来华留学生教育。借此机遇，我国大学的海外办学可以得到积极推动，海外办学的质量、合作的深度会也得到极大促进。

总之，疫情此起彼伏，国际局势风云变幻，发达国家的保守主义抬头，如何保障平安留学、健康留学、成功留学，是摆在政府和大学面前的新课题。

第七章　留学生教育与中外合作办学机制

按照托马斯·弗里德曼的观点,全球化3.0主要体现为人才的大流动①。教育全球化中的人才流动则主要体现为留学生教育。

自1847年容闳等3名学生赴美留学至今,我国出国留学已经有170多年历史。经过清政府的幼童赴美留学、20世纪初的"庚款"留学、新中国成立后的"留苏潮"、改革开放后的国家公派留学、1985年后的自费留学、21世纪以来的低龄留学,2016年我国出国留学与来华留学人数同步增长,成为世界最大的留学输出国和亚洲最大的留学目的国。教育部数据显示,2019年度我国出国留学人员总数为70.35万人,各类留学回国人员总数为58.03万人,中国留学生选择回国发展意愿增强。据不完全统计,改革开放40多年间,81%的中国科学院院士、54%的中国工程院院士、72%的国家"863"计划首席科学家均为留学回国人员。

不仅要"走出去",还要"引进来"。参与国际留学市场,培养更多优秀的面向世界的人才,大力发展来华留学生教育事业,也是我国教育对外开放的基本任务。其实,早在汉代、唐代,我国就是日本、高丽及西域诸国的留学目的国。新中国成立后,1950年12月,清华大学接收了14名外国留学生,他们是新中国接收的第一批外国留学生。经过数十年的来华留学事业发展,2019年,来华留学生人数达到49.2万人,其中学历生比例达到54.6%,"一带一路"沿线国家留学生占比达54.1%,中国与俄罗斯双向留学交流人员规模突破10万人。2021年10月,教育部部长怀进鹏在第二十二届中国国际教育年会上表示,"继续推进高水平教育对外开放……继续积极引进优质教育资源,继续支持出国留学,提升来华留学质量",为我国留学事业提出了方向性要求。

显而易见,相比我国的海外留学规模,我国的来华留学生教育的规模、质量都有很大发展空间。我们认为,高质量的来华留学生教育是我国教育强国的内容之一,因为只有这样,我们才能有实力参与国际市场的竞争。

第一节　"留学赤字"与教育质量优化

尽管我国已经发展成为亚洲第一留学目的国,招生规模在2019年达到了近50万

---

① 托马斯·弗里德曼.世界是平的:21世纪简史[M].何帆,肖莹莹,郝正非,译.长沙:湖南科学技术出版社,2006:25.

人,但从人才红利、教育收益来看,我国的教育服务贸易的"严重逆差"状况没有改变。解决来华留学生规模、在华就业问题的关键,依赖我国高等教育的教学质量、管理能力、学术声誉、教师水平、社会化影响力等无形资产的增加,只有这样才能构建真正的留学生教育竞争力。

一、关于"留学赤字"

我们试图从三个方面理解我国留学生教育中的"留学赤字"问题,而不仅仅限于规模。

(一) 留学输出与输入规模

根据全球化智库(CCG)和西南财经大学发展研究院共同编著的《中国留学发展报告(2020~2021)》蓝皮书数据,2018—2019学年在美国和中国的留学生人数分别为1 095 299人、492 185人,两国之间的差距进一步缩小。赴美留学规模的增长率从2009—2010学年的29.9%下跌至2019—2020学年的0.8%[①],说明赴美留学的吸引力在下降。但以教育部公布的数据来看,我国出国留学人数和归国人数仍然有较大差距。2019年度我国出国留学人员总数为70.35万人,较上一年度增加4.14万人,增长6.25%;各类留学回国人员总数为58.03万人,较上一年度增加6.09万人,增长11.73%[②]。虽然归国人数增长率明显高于出国留学生人数增长率,但绝对差距仍然较大。可喜的是,我国归国留学生人数不断增加,在疫情防控有利的情况下,2021年回国人数首次超过百万(见图7-1)。

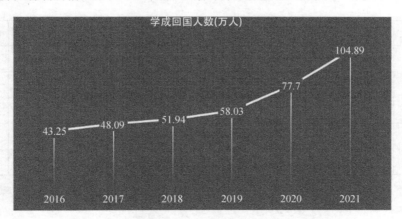

图7-1 我国归国毕业生人数统计表(2016—2021年)

(数据来源:国家信息中心大数据)

需要注意的是,留学生输入规模还包含来华留学生在华学习、就业的人数。广泛吸

---

① CCG中国留学发展报告2020~2021:留学目的地国已更加多元化[EB/OL]. (2021-03-02). https://baijiahao.baidu.com/s?id=1693103798429747733&wfr=spider&for=p.
② 教育部. 2019年度出国留学人员情况统计[EB/OL]. (2020-12-14). http://www.moe.gov.cn/jyb_xwfb/gzdt_gzdt/s5987/202012/t20201214_505447.html.

收国际人才服务我国社会主义建设,把我国打造成国际人才中心,是我们发展留学事业的应有观念。在2014年12月召开的全国留学工作会议上,国务院参事,全球化智库创始人王辉耀发言说:"中国是世界上最大的留学生输出国,但引进的来华留学生却还不多。广纳天下英才,大力吸引外国留学生,可以很好地平衡当前的留学逆差,让我国成为世界上真正的留学大国,同时参与到全球人才竞争中,享受全球智力共享、留学经济等'留学红利'。"①

(二)博士留学生比例

博士等高层次、高学历留学生比例,体现了一个国家的留学生教育质量、高科技水平和留学品牌力。根据OECD的数据(见表7-1),在2017年博士留学生占比统计中,瑞士、英国、瑞典、加拿大、澳大利亚、美国位居前6位,分别为55.3%、42.1%、35.1%、33.4%、32.5%和25.9%。仅拿2018年的数据来说,美国高校以及科研机构的博士学位获奖者中,中国国籍的学生数量多达6 182人,而其中有79.4%的博士毕业生决定留在美国继续工作②。根据我国教育部2018年的数据,在我国接受学历教育的外国留学生总计258 122人,占来华生总数的52.44%,博士研究生25 618人,硕士研究生59 444人③。其中博士留学生的占比为9.92%,与国际留学教育发达国家差距极大。而来华留学博士生留在我国就业的数据无从考证。

表7-1 在OECD国家接受高等教育的留学博士占该教育阶段群体的比例情况(2013—2017年)④

单位:%

各年份占比	瑞士	英国	澳大利亚	美国	瑞典	加拿大	OECD均值
2013年	52.1	41.4	33.0	32.4	31.5	27.5	22.9
2014年	53.4	42.5	33.5	34.7	32.8	28.9	24.0
2015年	54.3	42.9	33.8	37.8	32.7	29.9	25.2
2016年	54.9	43.2	33.9	40.0	34.7	31.8	25.6
2017年	55.3	42.1	32.5	25.9	35.1	33.4	22.0

资料来源:OECD数据

---

① CCG中国留学发展报告2020~2021:留学目的地国已更加多元化[EB/OL].(2021-03-02).https://baijiahao.baidu.com/s?id=1693103798429747733&wfr=spider&for=pc.
② 中国高端人才流失有多严重?权威数据:博士生留美率高达79.4%![EB/OL].(2022-01-03).https://www.sohu.com/a/513993298_531924.
③ 教育部.2018年来华留学统计[EB/OL].(2019-04-12).http://www.moe.gov.cn/jyb_xwfb/gzdt_gzdt/s5987/201904/t20190412_377692.html.
④ 胡雯.后疫情时代中国留学日趋多元:CCG发布《中国留学发展报告(2020~2021)》蓝皮书[J].中国对外贸易,2021(3):78-80.

(三) 留学收益

根据美国国务院和美国国际教育协会(IIE)发布的报告,2018—2019 学年,约有 110 万名外籍学生就读于美国高等教育机构,占美国整个高等教育入学人数的 5.5%。美国国际教育工作者协会(National Association of Foreign Student Affairs,NAFSA)估计,2018—2019 学年,留学生为美国提供了约 46 万个就业岗位①。美国国际教育协会(IIE)和美国国务院教育和文化事务局(ECA)于 2018 年 11 月 13 日发布了最新的年度国际教育《2018 美国门户开放报告》,数据显示,留学生的学费、食宿、额外消费为美国带来了 424 亿美元的经济贡献。另外,中国仍然是留学最大的生源国②。2019 年外国留学生为英国贡献了 240 亿英镑的收益,2017 年澳大利亚教育出口总价值达到 309 亿澳元。美国、英国和澳大利亚等留学生教育发达国家都通过吸引留学生和开展境外办学实现了文化输出、经济获益的目的③。

根据教育部 2018 年的留学生统计数据,中国政府奖学金生 63 041 人,占来华生总数的 12.81%;其他留学生 429 144 人,占来华生总数的 87.19%。同时,我国政府为留学生提供了较高的奖学金资助。从 2018 年的标准看,国家留学基金委员会的官方网站显示,中国政府奖学金每人是 5.92~9.98 万/年,包括全额奖学金免学费、住宿费及提供医疗保险、生活费。其中生活费,来华留学本科生每月 2 500 元(即每年 30 000 元)、硕士生每月 3 000 元、博士生每月 3 500 元(见表 7-2)。而 2019 年教育部发布的中国政府奖学金达到 39.2 亿元,比上一年度增长 18.1%。

表 7-2 中国政府奖学金资助标准(2018)

单位:人民币 元/人·年

学生类型	学科分类	学费	住宿费	生活费	综合医疗保险费	合计
本科生	一类	20 000	8 400	30 000	800	59 200
	二类	23 000	8 400	30 000	800	62 200
	三类	27 000	8 400	30 000	800	66 200
硕士研究生(普通进修生)	一类	25 000	8 400	36 000	800	70 200
	二类	29 000	8 400	36 000	800	74 200
	三类	34 000	8 400	36 000	800	79 200

---

① 环球网.外媒:包括中国留学生在内的 110 万名外籍留学生对美国经济有哪些贡献[EB/OL].(2020-07-09). https://baijiahao.baidu.com/s?id=16717290390961688646&wfr=spider&for=pc.
② 留学为美国带来百亿美元经济贡献? 留学生到底有多挣钱?[EB/OL].(2019-05-09). https://www.sohu.com/a/312843628_120141611.
③ 喻恺,胡伯特·埃特尔,瞿晓蔓."一带一路"倡议下我国高等教育国际输出的机遇与挑战[J].高教文摘,2018(6):20-23.

续表

学生类型	学科分类	学费	住宿费	生活费	综合医疗保险费	合计
博士研究生（高级进修生）	一类	33 000	12 000	42 000	800	87 800
	二类	38 000	12 000	42 000	800	92 800
	三类	45 000	12 000	42 000	800	99 800

注：1. 一类包括：哲学、经济学、法学、教育学、文学（除文艺类外）、历史学、管理学；二类包括：理学、工学、农学；三类包括：文学（文艺类）、医学。

2. 需要接受预科教育和汉语补习的留学生按照其留学身份享受相应的生活补助标准，教学补助标准按照本科一类标准向留学院校拨付。

3. 全英文授课的研究生和进修生，额外提供5 000元/人·年的教学补助。

近年来，各高校在评价指标的推动下，急剧扩大来华留学生规模，给予他们较高的奖学金补助、较好的住宿条件和各类服务，给予他们"超国民待遇"。同时出现了国人绕道海外的"伪留学生"报考国内顶尖大学的现象，个别来华留学生出现了学风不正、违反基本社会道德甚至违法的情况。以上现象，已经引起社会的广泛议论。不计办学成本，不考虑办学收益，不聚焦教育质量的来华留学生教育到了重新审视的时候了。

二、国际教育组织关于留学教育质量的建议

联合国教科文组织和经济合作与发展组织在2005年共同发布了《保障跨国界高等教育办学质量的指导方针》（简称《指导方针》）。《指导方针》的宗旨是，要保护学生和其他有关各方，使其免受办学质量低下或违规办学者之害，鼓励能够满足人文、社会、经济和文化需要的高质量跨国界高等教育的发展。为此，向跨国界办学的高等教育机构/办学者提出了如下建议：

（1）确保他们跨国界办学的课程与在国内开办的课程质量相同，而且他们的课程还应考虑到东道国的文化和语言的特点。最好就此作出公开承诺。

（2）要认识到优秀的教学人员和有助于进行独立而严谨的探索的良好工作环境是高质量的教学和科研的前提。所有的办学机构和办学者都应遵守联合国教科文组织《关于高等教育教学人员地位的建议书》及其他有关文书，保障良好工作环境和工作条件、学校管理和学术自由。

（3）制定、保留或修改目前的内部质量管理制度，使其能够充分地利用教学人员、管理人员、大学生和研究生等有关各方的能力，并担负起确保国内和国外颁发的高等教育学历水平相等的全部责任。除此之外，在通过中介机构向潜在的学生推荐其开办的课程时，应完全负责确保其中介机构提供的信息和指导是准确、可靠和容易得到的。

（4）在开办跨国界高等教育，包括远程教育时，应征求有关质量保障和资质认定机构的意见，并应尊重接收国的质量保障和资质认定制度。

(5) 加入国家及国际范围的部门组织和院校间网络,交流成功的实践经验。

(6) 发展和保持有关网络和合作伙伴关系,推动相互承认学历对等或相当的学历认证。

(7) 在有适用条件的地方,采用有关的良好做法规范,如联合国教科文/欧洲委员会的"跨国教育办学规范",以及其他相关规定,如欧洲委员会/联合国教科文"关于评估外国学历的标准和程序的建议"。

(8) 提供准确、可靠而容易获得的信息,介绍自己所颁发学历的国内和国外质量保障标准和程序,以及在大学和职业界得到承认的情况;提供完整的课程和学历的介绍,最好说明学生在正常情况下所应学到的知识、理解水平和技能。高等教育机构/办学者可以专门与质量保障和资质认定机构和学生团体开展合作,为传播有关信息提供便利。

(9) 确保本办学机构和/或所办课程财务状况的透明度。

三、来华留学生教育的质量优化

据英国高等教育信息服务托管会(Higher Education Information Services Trust, HEIST)于 1994 年对来自非欧盟国家(地区)的 1 206 名留学生进行的调查结果发现,除英语学习,留学生关注最多的是英国高等教育的资格认证和声誉良好的教育质量[1]。英美等国家十分注重留学生教育质量的建设。英国每所院校都接受政府严格的监督检查,高等教育评估体系完善。英国的小型课堂和导师个别辅导制度规定学生每周与导师见面一次,学生将自己一周内研究和撰写的论文向导师汇报。

(一) 建设世界科学中心和高科技产业中心

从英美的经验来看,海外留学生,尤其是硕士、博士等高层次留学生,选择留学国家和大学的原因,主要在于其卓越的科学研究能力及其世界性声誉。较低层次的留学教育主要采用短期访学、研修等非学历教育方式,注重语言学习、文化学习,停留时间短,留在本国就业的可能性更小。而高层次的留学教育能够吸引留学生以学历教育的方式,长时间地在本国从事学习和科学研究,大大提高本国就业比例。推动这种留学教育质量过渡的方法,就在于提高我国的科学技术水平,大力推动世界级科学中心、科学团队、实验室建设,培养或引进世界顶级科学家。借鉴硅谷模式,进一步推动学术研究与产业发展的良性互动,围绕世界科学中心、实验室以及学术团队创建先进的产业集群。二者的合作、共生,将形成强大的合力、凝聚力和影响力,有助于吸引全球优秀留学生,打造我国留学生教育的"升级版"。

(二) 加强教师和课程的国际化

国际化的优秀教师构成了来华留学生教育的吸引力,也构成了教育质量的保障。今

---

[1] 皮特·斯科特.高等教育全球化:理论与政策[M].周倩,高耀丽,译.北京:北京大学出版社,2009:32.

天，全国各地都在贯彻落实《深化新时代教育评价改革总体方案》，在"破五唯"中不少学校不再将海外留学经历作为教师评价、招聘的要求，对于过去的做法有了很好的纠偏作用。但从教育对外开放的角度看，我国需要提高外国教师或有留学经历教师的比例，努力提高教师的国际素养，比如尊重文化多元性、具有较好的国际理解能力、能够熟练运用国际语言进行教学和学术交流的能力、拥有世界性的责任感和胸怀等。保持我国大学教师的高国际流动性，通过境外访学、科研合作项目、短期研修、海外学术交流等方式帮助教师更多地"走出去"，去接触国际教育教学和学术研究的前沿进展；通过高校国际合作交流、跨国高端科研项目合作、全球科学家招聘等方式更多地将优秀国外教师"引进来"。简化国际学术会议审批程序，鼓励高校和学术团体积极承办国际性教育和学术论坛。

教师较高的国际素养必然推动课程的国际化，能够使课程以国际化视野改进教学方法、教学内容，跟踪国际性学科发展。课程标准也将更着力于培养具有跨文化意识、先进专业技术的世界公民。重点要在理学、工学、农学、医学等国际通用专业上不断提高课程体系的国际兼容性和可比性①。这需要：（1）增加政治学、经济学、外交学、语言学、历史学、宗教学、法学等通识课程，设置环境问题、宗教冲突、难民问题等重要国际性议题，帮助学生了解世界的昨天、今天和明天。（2）增加"双语课程"、中外教师联合教学课程比例，提高课程的国际适应性。（3）课程的教学内容要跟踪世界科学技术的最新进展，教学方法要勇于借鉴国际先进做法。（4）要在教材编写中大量吸收国外相关教材的精华，或者直接采用国外原版教材，增加英语学习资料。

调查表明，对来华留学生来说，"高水平学科"（39%）比"高额奖学金"（33%）更具吸引力，分别有43%和41%的受访者认为，人文学科和工程学科成为"中国对外国留学生最有吸引力的领域"。因此，扩大和深化教育对外开放应切实立足优势学科，根据全球趋势与本土需求布局学科专业，构建符合世界需求和中国发展的开放学科体系②。作为世界四大文明古国之一，中国的传统文化（包括哲学、历史、文学、艺术等）对海外留学生具有较高的吸引力。在来华留学生教育中，我国要加强人文学科、中国传统医药学科建设，以此传递中国理念，为疗治世界性难题提供新思想、新方案。对于"一带一路"沿线国家的来华留学生，我们要加强职业技术教育，从我国优势产业出发重点发展交通、土木工程、工业机械、电子信息技术、电子商务、物流管理、康养康复等应用学科。同时，我们还要围绕我国的世界领先技术和着力发展的战略性产业，在来华留学生教育中大力发展半导体技术、航空航天技术、纳米技术、环境工程、大数据分析技术、超级桥梁建设技术、无人机技术、量子通信技术、高速磁悬浮道岔技术、特高压输电技术等工程学科。另外，我们决不能忽略理论物理学、天文学、地球科学、高等数学、空间科学、化学、生命科学等基础学科。

---

① 教育部. 来华留学生高等教育质量规范（试行）[R]. 北京：教育部，2018.
② 徐小洲，阚阅，冯建超. 面向2035：我国教育对外开放的战略构想[J]. 中国高教研究，2020(2)：49-55.

(三) 完善质量标准体系

教育部在《学校招收和培养国际学生管理办法》(2017)、《中国政府奖学金工作管理办法》(2020)中对来华留学生的招生、管理、奖学金等做了进一步规范,而《来华留学生高等教育质量规范(试行)》则规定了留学生的入学标准、语言要求、教学管理要求(包括学籍、考勤、考试等)、学业标准。整体上看,该文件中的来华留学生教育标准不够细化。中国教育国际交流协会研制的《来华留学生高等教育质量认证标准》以培养"知华友华高素质国际人才"为目标[1],做了相对细化的工作,但仍需要进一步的细致探讨。我们认为,拟定来华留学生教育质量标准,既要对标国内本科生、硕士生、博士生的人才培养标准,也要比照西方大学的人才培养标准,并在"国际性"上有所突出:(1)身心健康标准。重点通过体育测试、心理测试考查其身体体能情况、心理健康状况。(2)对我国社会与文化的认知能力标准。要求其能够形成对中国国情、发展道路、传统文化、民风民俗的正确理解、合理尊重和科学认识。(3)学术创新能力与道德标准。重点考查其学术论文对既有学术成果的掌握、继承,以及在此基础上提出的新方法、新思想、新贡献,考查其学术研究中体现出来的思维的缜密性、系统性、逻辑性和学术道德、学术规范情况。(4)国际理解与适应能力标准。重点考查其对不同文化、民族、宗教的尊重与理解情况,对不同区域、国别的了解情况,在不同生产、研发环境中采用不同方案的能力等。

(四) 遵循教育标准的一致性原则

《来华留学生高等教育质量规范(试行)》要求高校将来华留学生教育纳入全校的教育质量保障体系中,实现统一标准的教学管理与考试考核制度,提供平等一致的教学资源与管理服务。这里的一致性主要指中外学生教育质量标准的一致性,主要包括:(1)统一招生标准。不分中外学生,统一招生标准,在招生考试成绩评定中统一标准。只是可以根据留学生情况对考试成绩,如语文、思想政治等的成绩进行一定的折算,而对英语等提出更高要求。(2)统一学业标准。中外学生在课程设置、成绩要求、实践标准、毕业实习要求等方面统一要求。(3)学术论文统一标准和流程。对来华留学生的学术论文的学术水准统一要求,同样实施全国论文盲审制度。(4)统一毕业标准。来华留学生的毕业资格条件同国内学生一致。出于质量提升的初衷,国内学生和留学生都应该限制毕业率,以"宽进严出"的方式督促留学生不断努力。(5)中外学生同处共进。当前,高校往往专门设立了国际教育学院,为来华留学生设立了专门的留学生公寓和留学生班级。这种同国内学生隔离的做法必须改变。来华留学生应该同国内学生在同一个教室上课,学习同一门课程,居住在同一个宿舍,实践同一个活动。只有这样,留学生才能获得同国内学生大致相同的学业质量,才能促进留学生对中国的深度理解,才能真正实现"民心相通"的"一带一路"框架的设置初衷,才能实现我国教育对外开放的初衷。

---

[1] 中国教育国际交流协会.来华留学生高等教育质量认证标准[S].北京:中国教育国际交流协会,2020.

(五) 开展教育质量的第三方评价

我国的第三方教育质量评价一直未能很好地发育起来。我国应该大力培养第三方教育评价组织,同时建构起大学生第三方教育评价制度。每一名国内学生、留学生都应当在获得毕业证、学位证之前,接受第三方教育评价组织的专业的学业水平达成标准评价。学生只有获得此专业评价证书,才能获得毕业证书,才能进入人才市场参与就业竞争。政府应当鼓励第三方行业组织制定行业认证标准、不同专业的学业标准,并对此类组织进行注册、审核,规范教育评价程序、认证证书的发放要求。要组织尽快开展试点认证工作,建立完善激励、认证、评估、督查等质量保障机制,逐步完善来华留学质量保障体系建设。

总之,在"一带一路"倡议下,做强"留学中国"品牌首要的工作是提升我国教育的综合竞争力,提高我国的高等教育质量。

第二节 区域人才流动与教育互通机制

当今世界,变"人才国际流动"为"智力跨国流动"和"知识跨国流动",是国际科技人力资源开发利用中出现的新趋势[①]。今天,"一带一路"合作倡议和2022年1月正式实施的《区域全面经济伙伴关系协定》(Regional Comprehensive Economic Partnership, RCEP)都为区域教育合作与交流提供了广阔的舞台。它们不仅仅提供了一种经济合作框架和区域全面经济伙伴关系,还提供了一种教育合作的载体。今天,我们要有这种从经济联盟到教育联盟的思维,包括新生的 RCEP,实现合作区域内的人才流动和教育互通;需要区域内各个国家学习欧盟教育一体化模式,拥有更加开阔的胸怀,努力实现区域教育的协同发展。

一、学分学历学位互认互授

联合国教科文组织一直致力于国际教育一体化,包括亚洲高等教育。1983年,该组织为了促进高等教育学术流动、消除服务贸易技术壁垒、推动知识与人才交流,坚持"除非存在巨大差异,否则各国高等教育学历文凭都应予以认可"的原则,在曼谷通过了《亚太地区承认高等教育学历、文凭和学位地区公约》[②],制定了共同的学历、文凭和学位认可行动框架。中国是缔约国之一。

正如货币可以在不同国家之间流通、兑换一样,大学生或留学生的学分也可以在适当的机制下实现流通、互认。如此,不同国家的大学生便可以在"一带一路"、RCEP 等区

---

① 杨克瑞,谢作诗.教育经济学新论[M].北京:人民出版社,2007:363.
② 2011年11月25日,该公约的缔约国大会在日本东京签署了修改后的公约,并更名为《亚太地区承认高等教育资历公约》。教育部时任副部长杜玉波代表中国政府签署了该公约。

域的不同国家内修习专业和非专业课程。学习的方式可以选择在国内的线上学习,也可以选择留学式的线下学习,但都必须达到学历学位主授予国或区域教育组织规定的学业标准。

不同国家的学习者由此就可以在学习领域中流动起来。这里存在一个重要的"选择机制",即学习者不再囿于本国的学习空间、学习组织,可以走入开放的"国际学习空间",依据自身的语言基础、学习兴趣,特别是依据课程授课教师和学术团队的教学能力、学术水平、世界声誉,以及整体性的教育质量,在广阔范围内来自主地选择所要学习的专业、课程和所要参与的学术研究团队、实验室等。这必然推动区域内各国加强专业建设、课程建设、学术团队建设,引起区域内国家之间的教育竞争,通过不断提高教育质量和学术影响力来吸引学习者的主动选择。这本身又进一步推动了区域教育水平的整体性提升。

学分互认之后,为了进一步推动区域内的人才流动,各国需要建立健全学历学位授予机制:(1)区域内国家学历学位的互认。区域内各国要能够认同他国授予的学历学位在其毕业条件、学业水平、专业标准等方面具有本国相当的质量,并能够确保同等学历学位的他国毕业生在攻读高一级学位或就业时获得与本国毕业生相当的待遇。(2)区域内国家学历学位的互授。各国可以签署与目标国家的学历学位互授备忘录,以官方文件形式确认学生可以在目标国家获得受到认可的学历学位证书。(3)区域内国家学历学位的联授。本国教育部门也可以通过专业第三方评价机构,对学历学位授予国家的毕业生的专业水平进行综合评价后,对其在留学国家的学历学位证书进行联合授予、联合签署。

这需要区域国家签署双边或多边的官方教育互认协议,为各国大学指引教育对外开放的方向。更高层次的,可以在区域内形成各国轮值的教育互认互授机制,以专业认定的方式和超国家的组织形态开展工作。在具体实施方面,各国可以采取"专业先行"的策略,不同国家组建互认互授的专业教育联盟,并提交各国教育部专业认证。除了上述自上而下的方式,也可以采取一种自下而上的方式,即区域内不同国家的大学之间达成互认互授协议,并提交各国教育部进行专业认证。《推进共建"一带一路"教育行动》就提出,鼓励沿线各国高等学校在语言、交通运输、建筑、医学、能源、环境工程、水利工程、生物科学、海洋科学、生态保护、文化遗产保护等沿线国家发展急需的专业领域联合培养学生。例如,2020年10月,北京建筑大学发起成立的"一带一路"建筑类大学国际联盟,吸引了27个国家的64所高校"加盟",可以视为一次有益尝试。

二、等值标准、资格和评价体系的共建

其实,上述构想都需要一个教育质量等值化的机制。从欧洲高等教育一体化的经验来看,等值化还伴随着一致化的要求。当然,欧洲国家有着类似的政治、文化、教育传统,有着相近的经济发展阶段,而"一带一路"沿线国家、RCEP国家涉及了东亚、东南亚、西亚、南亚、东欧、非洲、澳洲等区域,各国的语言、政治、文化、宗教有着较大差异,教育发展水平不同,经济发展阶段不同。既有达到世界较高教育水平的日本、韩国、新加坡等国

家,也有还处在温饱线以下、教育水平较为低下的最不发达国家。虽然教育等值化的难度远远大于欧盟,但"一带一路"沿线国家、RCEP国家的教育一体化并非没有可能。

(一) 大致相当的教育框架

区域国家要有相对统一的教育体制,包括幼儿园—小学—初级中学—高级中学(中等专业技术学校)—高等专科学校—普通本科学校的教育序列,初级教育—中等教育—高等教育—研究生教育的学历序列,副学士—学士—硕士—博士的学位序列,不同学习阶段实行不同学习时间的学制制度,等等。区域教育专家机构有必要在研究西方发达国家教育体制的基础上,进一步研究教育发展规律、人的阶段发展规律、经济社会发展需求等,形成建议性的区域教育框架,而不是以某国为教育体制的蓝本。

(二) 等值的专业标准

高等教育的人才培养质量标准,须以专业标准为单位,不同专业的人才培养质量难以进行统一衡量。区域国家的教育专业组织需要深入分析未来科学技术发展趋势、相关产业发展的技能要求,形成该专业人才的身心健康标准、专业技术标准、专业知识标准、专业创新能力标准、专业迁移能力标准、专业适应能力标准、专业实践能力标准、专业人文素养标准等。专业标准又必须落实于课程,因此,课程标准同样是促进区域人才流动的内容之一。各国组建专业联盟,研发区域通用的专业标准,能够为区域内各国专业教育提供宝贵的指引,有利于提高区域内高等教育人才培养质量和专业建设水平。

(三) 等值的学业质量标准

与上述专业标准紧密相关,我们还需要建立以学段为单位的学业质量标准。在学习内容上,规定基本的通识课程、专业基础课程、专业核心课程、专业实践课程。在学习形式上,规定基本的理论课时和实践课时。在学分获得上,规定毕业的总达标学分要求以及不同课程类型、学习形式、学习内容(通识学习和专业学习)的达标学分要求。在学制上,规定必需的最短和最长学业完成时间,能够科学控制学习进度、教学计划。在学业结果上,规定必需的基本人文素养、学科基础素养、专业技能水平要求。可以看出,学业质量标准必须兼具定性与定量两种标准。

(四) 等值的职业资格标准

从专业、学业质量标准出发,促进区域人才流动可以授权国家或国际专业组织颁发的国际技术等级证书,作为一种技能鉴定证书,允许其在各国人才市场进行流通。在此基础上,对接专业标准,还可以颁发国际职业资格证书,用作行业、企业的执业资格凭证。研发"一带一路"沿线国家、RCEP国家通用的职业资格标准,就此可以打通各国的人才市场,使人才能够在各个国家顺利就业,为人才的国际流动做好准备。

(五) 专业权威的评价体系

如今,世界上已经形成了联合国教科文组织、世界银行、欧盟教育委员会、美国卡内基委员会、世界经济合作与发展组织等权威教育咨询、评价、标准研发的国际机构。为了促进"一带一路"沿线国家、RCEP 国家的区域人才流动和教育互通,我们同样需要建立这样一个超国家的教育咨询组织,用于研发符合本区域教育现状和利益的教育标准,对各国教育行为进行指导、咨询和督促,对各国教育状况、各国教育改革的成效进行评价。其重要功能是对各国的教育体制、教育质量、专业标准等进行评价,对各国的人才培养质量是否达到了教育要求、行业要求进行评价。该组织研发的人才评价标准,可以用来指导各国政府及第三方教育评价组织开展人才学业达标评价。除了国际组织之外,各国政府也可以鼓励第三方评价机构开展商业化的人才评价,并对评价结果进行再评价。

需要注意的是,教育全球化容易引发教育趋同和教育霸权。因而,上述超国家组织所提出的标准、框架都应当是指导性、建议性的,不应成为发展教育强权、教育霸权的温床。该组织必须在承认各国的教育主权,尊重学习者的选择权的前提下开展工作。

三、建立有助流动的国际人才市场

以信息科技为显著特征的知识经济时代,使人才也成为一种可以全球流动的资源。经济全球化与教育全球化需要考虑如何促进人才合理流动、促进人才资源的科学配置、提高人才市场效益的问题。教育的对外开放不仅仅体现在参与国际人才的竞争,吸引区域优秀人才来我国留学、就业,也表现在我国人才红利的国际分享,为区域经济社会发展提供智力支持。因此,我们就要在国内人才市场的基础上,再建国际人才市场。

(一) 我国的国际人才市场

为了促进我国人才与他国人才的双向、多向流动,需要增加我国人才市场的对外开放度。因此,我国政府的主动作为、人才市场的开放性改革就变得极其重要。

首先,我国政府要有高度的紧迫感、主动性,要出台有力措施促进人才市场的对外开放。一是制定国际人才引进的程序、标准和激励机制,参与国际优秀人才的争夺,面向区域和全球为中华民族的伟大复兴积聚优质的人力资源。二是以知识服务、新型劳务输出的方式,向海外区域各国政府、企业、大学派出优秀产业人才。这不仅作为一种国际人才支持、国际援助,可以锻炼我国产业人才的国际适应力、综合竞争力,也可以输出我国的产业标准、技术标准和管理模式。

其次,我国人才市场的国际开放性还远远不够。我们必须加大力度推进全球招聘,使用线上、线下方式向全球宣传我国的人才政策、福利政策、科研政策,向全球推介我国的优秀企业、大学和国家级重点实验室、工程中心、科学中心。以国家名义,设立专门的中国国际人才开放周、开放月,向欧美、澳洲等地区的大学、硅谷等高科技中心、高科技企业进行集中推介。以官方名义,在全国各个城市设立国际人才绿色招聘通道,设立海外人才招聘专场,吸引留学人员回国创业和外国人才参与我国科技研发创新。

再次,要扶持我国国际人才中介服务行业的发展。引入社会资本,发展国际人才猎头,在人才招聘、分析、联姻方面发挥资本、市场的灵活性、主动性。在未来,中高级人才的中介委托服务可能将成为活跃于国际人才行业的重要力量,尤其在初级、中级、高级人才的流动方面。当然,尖端科技人才还需要更加具体的流动措施。

(二) 区域国际人才市场

欧盟有意识地建立了统一的流动人才机制,包括通行的学历学位制度、学分互认制度,以及大量的访学机会。在世界范围内,区域合作中光有建设统一的人才市场的观念还远远不够,人才还不能像货币一样进行自由流通。

对此,"一带一路"沿线国家、RCEP国家可以面向全球和区域内所有的大学毕业生、社会人才,搭建一个国际人才交流平台,允许区域内各国企业、大学、研究院在平台发布招聘信息,允许求职者在全域、全球范围内选择心仪的就职单位。建立区域教育智库,运用大数据分析技术,完成招聘者与求职者的匹配性分析,帮助二者尽快找到合适的对象。做好区域整体的人才调查分析工作,就本区域的紧缺人才、紧缺专业以及过剩人才、专业进行发布、预警。研发区域人才年度报告,形成区域人才趋势分析、人才总览。加强国别研究和国别人才指导,通过分析国别产业发展阶段进行人才发展趋势的前瞻,通过国别教育分析、人才需求状况分析,为该国教育发展、人才规划确定方向。

区域范围内的国际人才交流市场,还需要建立便捷的学分、课程、学历学位的区域审核、认可机制,探寻便捷的就业信息获得方法,搭建便捷的短期研修、访学、技术合作、职业培训、职业资格认证的信息网络,为区域人才流动创建通道、扫除信息障碍。

四、发展民间交流

"一带一路"倡议把民心相通作为其重要使命。区域人才流动和教育互通机制,最终都要落实在文化理解和心灵相通上。相比官方而言,民间组织的教育交流机制更加灵活、高效,也更容易拉近不同国家人民群众的感情。当然,其中的人才交流、教育交流必不可少。

(一) 友好城市

近20年来,我国各大城市同国外城市纷纷建立了友好合作关系,比如"友好省州""姊妹城市"等,经常就城市管理、招商引资、人才引进、产业发展、合作办学等展开洽谈合作。友好城市中的教育互通机制带有半官方性质,往往以友谊、合作的形式存在,更具有教育的亲和力。

(二) 大学

在教育全球化时代,大学的全球化意识还不够。今天的大学必须以高度的自觉意识和使命感,站在教育全球化的高度承担起促进全球人才流动和教育互通的重要主体责任。其职能包括:

(1) 在学生交流方面,以中外合作办学、国际访学、国际研修、国际实践等方式培养具有国际视野、世界胸怀的国际化人才,努力把中国毕业生推向全球;努力发展来华留学生教育事业,以优质教育质量培养优秀留学生。

(2) 在教师交流方面,以政府留学基金项目、境外研修、短期访学、短期培训等方式培养具有国际视野、世界胸怀、掌握世界先进科学技术和管理理念的国际化教师队伍;以全球教育招聘、世界科学家驻校制度、客座教授制度等吸引优秀国际人才加盟中国大学。

(3) 在学术交流方面,通过跨国科技合作项目、联合实验室项目、世界联合攻关项目等促进人才和技术交流。

(4) 在人文交流方面,开展中外青年大学生联谊活动、驻校活动、住家活动和国际大学生公益活动等,将中外青年群体凝聚一体。

(三) 非官方教育组织

教育组织因其结构性、集体性,往往凝聚了较多的人力、物力、财力。其群体性行为使得教育互通与交流更具有序性、机制性、长效性。

1. 大学联盟

一类是基于共同发展愿景、共同战略目标、共同解决世界性危机的决心、共同价值观的大学之间的综合性组织联盟。数百年来,西方形成了美国的常春藤联盟(Ivy League)、英国的红砖大学(Red Brick University)、英国的罗素大学集团(Russell Group)、澳洲的八大名校(Group of Eight)等著名的国内大学联盟。而近20年来,世界性的大学联盟纷纷成立。其中,最著名的、全球最活跃的教学和科研联盟组织当属世界大学联盟(WUN)。截至2018年1月,世界大学联盟共有来自13个国家的23所成员大学,其中中国成员有香港中文大学、浙江大学、台湾成功大学和中国人民大学。

二是基于专业建设与合作的大学联盟。如国际大学创新联盟(International Universities Innovation Alliance,IUIA)、国际大学气候联盟(International Universities Climate Alliance,IUCA)、世界大学气候变化联盟(Global Alliance of Universities on Climate,GAUC)、世界能源大学联盟(World Energy University Network,WEUN)、国际研究型大学联盟(International Alliance of Research Universities,IARU)等。近年来,我国大学纷纷从专业建设出发,主动加入各类国际大学联盟。以工科为例,不少理工大学加入了中欧工程教育联盟(SINO-EU Engineering Education Platform,SEEEP)、中俄工科大学联盟(Association of Sino-Russian Technical Universities,ASRTU)、中国-东盟工科大学联盟(ASEAN-China Network for Cooperation and Exchanges among Engineering and Technology Universities,ACNET-EngTech)、中英工程教育与研究联盟(University Consortium on Engineering Education and Research,UCEER)等大学联盟。

大学联盟在科学研究、促进知识创造和转化、加强专业人才培养、提高教学质量等方面开展了有效的交流合作,整合成员大学的资源、优势学科和学术优势,整体性地增强了联盟的人才交流和教育互通的水平。

2. 基金组织和国际交流组织

美国非常重视国际交流组织的建立,创建了美国艾森豪威尔基金会(Eisenhower Fellowships)、美国国际教育基金会(USIEF)、美国国家教育基金会(UNEF)、美国南丁格尔文化教育基金会(NICEF)、美国教育基金会(AIEF)、美国国际医学教育和研究促进基金会(FAIMER)等,对于美国吸引国际人才起到了重要作用。日本2003年成立了日本国际交流基金会(The Japan Foundation),通过综合并有效地开展国际文化交流事业,加深各国对日本的了解,增进国际相互理解,以有助于建立良好的国际环境和维持并发展和谐的国际关系。我国也于1981年成立了中国国际交流协会,2019年合并成立了中国国际人才交流基金会,2020年成立了中国国际中文教育基金会,开展国际化人才培养和科技人才国际化建设工作。我国同其他国家的民间组织之间也成立了美中教育促进基金会、斯里兰卡-中国友好协会、印度-中国经济文化促进会等国际交流组织,实行双向交流互动,促进了民心相通和教育互通。

整体上看,我国同"一带一路"沿线国家的教育合作很不平衡:在东盟比较全面,在南亚较为薄弱,在阿盟则严重不足,在中东欧则除了孔子学院外都较薄弱,在高等教育合作平台与机制、学生交流、教师交流、研究合作与合作办学诸方面都存在很多不足[1]。"一带一路"区域教育互通的实质性进展,不能停留于语言文化学习、传统文化学习和中外教育资源的交换上,要从促进人才流动、发展教育共同体、建设人类命运共同体的高度,从更深更广的视角思考教育对外开放的有效机制。

第三节　中外合作办学的优化升级

进一步扩大对外开放,是我国对世界的承诺,也是改革开放下一个40年的主方向。到2020年初,我国已经允许农业、采矿业、制造业、电信、教育、医疗、文化、铁路、电网、运输、互联网、金融、证券等22个领域对外资开放,普遍落实"非禁即入"的宽松市场准入机制,展现了新时代我国推动更高水平开放的勇气和决心。

进一步扩大对外开放的一个面向便是扩大进口,向世界购买优质产品、资源和服务,解决中国特色社会主义新时代的新矛盾,满足人民群众日益增长的对美好生活的需要。我国引进外资、扩大进口的大门正在进一步向世界打开。中国国际进口博览会(China International Import Expo,CIIE)已经举办了4届,2021年11月举办的第四届中国国际进口博览会意向成交金额707.2亿美元,显示了中国市场的巨大购买力。同理,扩大教育进口,能够向人民群众提供更多个性化、多样化的教育供给,丰富和改善我国高等教育

---

[1] 李盛兵.中国与"一带一路"国家的高等教育合作:区域的视角[J].华南师范大学学报(社会科学版),2017(1):62-65.

的类型、结构、布局,推动高等教育加速实现现代化和国际化。

正如学者所言:"高等教育国际化是我国对外开放总体框架的组成部分和先行设计。"①改革开放的第一个40年,在学习国外办学经验、接轨世界教育潮流的教育开放思想指导下,我国发展起来了完备的高等教育体系,形成了自己的教育教学模式。截至2019年4月,我国已与24个"一带一路"沿线国家签署高等教育学位学历互认协议,共有60所高校在23个沿线国家开展境外办学,与46个重要国际组织经常性开展教育合作与交流。截至2020年6月,我国经教育部批准和备案的各层次中外合作办学机构和项目近2 300个,其中本科以上机构和项目近1 200个。进一步扩大对外开放,实施"引进来+走出去"的高等教育国际化战略,应当是改革开放下一个40年的高等教育发展主线。

按照教育部颁布的《中外合作办学暂行规定》,中外合作办学是指外国法人组织、个人以及有关国际组织同中国具有法人资格的教育机构及其他社会组织,在中国境内合作举办以招收中国公民为主要对象的教育机构,实施教育、教学的活动。其主要类型有:中外合作办学项目、不具有法人资格的中外合作办学机构、拥有独立法人资格的中外合作大学(见表7-3)。

表7-3 中外合作大学名单(截至2020年1月)

序号	设立时间	学校名称	所在地	中方合作者	境外合作者
1	2005	宁波诺丁汉大学	浙江	浙江万里学院	英国诺丁汉大学
2	2005	北京师范大学-香港浸会大学联合国际学校	广东	北京师范大学	香港浸会大学
3	2006	西交利物浦大学	江苏	西安交通大学	英国利物浦大学
4	2012	上海纽约大学	上海	华东师范大学	美国纽约大学
5	2013	昆山杜克大学	江苏	武汉大学	美国杜克大学
6	2014	温州肯恩大学	浙江	温州大学	美国肯恩大学
7	2014	香港中文大学(深圳)	广东	深圳大学	香港中文大学
8	2016	深圳北理莫斯科大学	广东	北京理工大学	莫斯科国立罗蒙诺索夫大学
9	2016	广东以色列理工学院	广东	汕头大学	以色列理工大学

中外合作办学被称为"体制内"的办学形式,是与公办学校、民办学校并列的推动中国教育改革和发展的"三驾马车"之一②。中外合作办学已经走过了40年的历程,对我国的对外开放办学的贡献是不容置疑的。但是,我们也看到,不少地方教育主管部门和大学的中外合作办学定位模糊,把中外合作办学看作政绩工程、牌子工程和创收工程,出现

---

① 王志强.新时代高等教育中外合作办学的历史变迁与未来展望[J].黑龙江高教研究,2019,37(8):74-78.
② 林金辉.中外合作办学规模、质量、效益研究[M].厦门:厦门大学出版社,2016:65.

合作对象层次不高、合作流于表面而缺乏内涵性与实质性、学历证书遭受质疑、学费高昂等问题。2018年7月,教育部依法终止了234个本科以上中外合作办学机构和项目,标志着中外合作办学进入了提升质量和内涵的优化升级阶段。

优化升级的主要指向应该是进一步扩大我国高等教育领域的对外开放,提高中外合作办学的质量。具体而言,中外合作办学的发展目标应当包含:(1)增加高等教育的多样化供给,满足人民群众对高等教育多样化的需求;(2)培养、引进更多的能够融入全球化趋势的国际化人才,改善我国人力资源的质量和结构;(3)推动我国高等教育现代化,突破我国大学发展的惯性与惰性,激发高等教育改革新动能。(4)扩大教育市场开放,吸引更多教育投资。一句话,中外合作办学需要坚持主体性原则,最终落脚点是我国高等教育的高质量发展。要实现上述发展目标,我们需要对现行的中外合作办学作深刻反思,进行大胆的机制性探索,因为教育机制是解放中外合作办学生产力的关键。

一、质量保证机制

质量是中外合作办学的生命线,所有的机制建设都应当围绕质量提升、解决发展中的质量问题开展。《中国教育现代化2035》提出了"提升中外合作办学质量"的要求,质量建设应是中外合作办学升级版的主要内容。

(一)准入与退出

把好中外合作办学的入口,需要严格中外合作办学的审批机制。摒除审批中的杂音很重要,教育主管部门要反对地方政府部门及相关利益者的行政干预,杜绝平衡式的、主观化审批,更要反对不加甄别的松散审批。围绕高端化、内涵化的办学目标,将低端的外国大学、社区学院、专业、资源挡在门外,否决貌合神离、专注于向国外输送生源和办学资金的"假合作"。组建专家团队,对上报的中外合作办学方案的科学性和可行性,外方合作大学的专业优势、教学质量、办学信誉,合作办学中的运行过程、管理体制、利润分割,人才培养模式、教学方法、课程体系的先进性,学费和住宿费的合理性,中长期可能的成果产出等方面进行详细论证,评估中外合作办学运行中的困难和可能产生的问题,对中外合作办学提出预期性的判断。

新时代的中外合作办学应当以控增量、减存量、保质量为主,严格的退出机制有利于中外合作存量机构与项目的内涵式发展。对于那些层次不高、教学质量没有保障、存在办学污点的合作大学一票否决,对于那些仅仅停留于浅层次合作、以购买国外教育资源为目的的采购式合作坚决淘汰,对于那些可能无法达成合作预期、教育效益低下的中外合作办学给予否决,这不仅仅是严格教育准入的问题,也是做好当前中外合作办学存量建设的问题。提高淘汰率,对于抽逃办学资金或办学资金不到位,用知识产权作价入股而失去先进性、可借鉴性、中外大学成立的董事会、理事会或联合管理委员会未充分发挥管理职能,外籍教授未能有效实施教学、违规和不合理收费等情况给予明确退出,并追究当地教育主管部门、中方大学的责任,将相关的外国大学列入"不信任清单"或"负面清单"。

(二) 标准与评估

过程管理是中外合作办学质量提升的法门,而实行非终身制则是中外合作办学过程管理的起点。教育主管部门要给予中外合作办学适当的成长周期,每三年对办学质量进行一次全面评估和诊断。建立学校、教师、学生三方面教育教学过程的数据填报采集平台,全过程动态掌控办学指标的达成情况,第一时间撤销不合格、不达标、触及红线或不按约执行的办学项目或机构。引入相关利益者的评价机制,支持学生、家长的教育维权和对办学过程的实时监督投诉。对于过程管理,教育部推进了中外合作办学监管工作信息平台、颁发证书认证工作平台("两个平台")和中外合作办学质量评估机制、执法和处罚机制("两个机制"),但精细化、网格化以及地方教育主管部门的工作传导机制尚显不足。

质量提升的重要路径是制定成果导向和数据导向的科学办学标准体系,因为办学标准将为办学机构提供明确的工作目标,也为办学质量评估提供了清晰的评价指标。《中外合作办学评估实施方案》(2019)为办学机构评估设置了 9 个一级指标、21 个二级指标,为办学项目评估设置了 8 个一级指标、22 个二级指标;《高职高专中外合作办学评估指标体系》(2015)设置了 7 个一级指标、19 个二级指标,给出了办学质量评估的详细依据。在流程上,《中外合作办学评估实施方案》(2019)规定在办学单位自评基础上,通过教育行政部门评价、学生及社会评价、同行专家通信评价等进行综合评议。学校《中外合作项目自评报告》包含"基本情况信息""办学情况简介""办学情况自查""分项自我评价"四个部分,特别要强调对毕业生质量的评价,聚焦合作办学中的学生发展。中外合作办学的优化升级的重点之一是建立中外合作办学国家质量标准,"逐步实现政府以标准管理,学校以标准办学,社会以标准监管"[①],使各级机构的工作有据可依。同时,需要提高现有办学指标体系的标准和要求,注重成果产出和社会评价,确立清晰的低中高分层次的量化指标,为中外合作办学提供质量指引和晋级方向。实行垂直化、匿名化的评估机制,减少中间环节、杜绝行政干预和"跑路子"等教育腐败,确保中外合作办学评估结构的客观性。

(三) 高层次化与国际化

在进入门槛上,要求合作机构必须是世界 QS 大学排名前 500 名的大学,或者在所在国家排名前 50 名的职业技术大学。引进的教材、课程、标准应当具有国际先进性,教育理念科学,教学内容紧贴行业、技术前沿,教学方法有创新,国外授课教师一般应具有副教授及以上职称。在学历层次上,要重点发展硕士、博士层次的中外合作办学,使用国外优质教育资源培养我国高层次人才。在办学类型上,由于办学项目难以触及教育治理的

---

① 林金辉.中外合作办学的政策目标及其实现条件[J].教育研究,2018,39(10):70-75.

根本，容易出现浅层次合作，建议重点发展"合作办学机构"。根据2022年2月的数据，硕士及以上的中外合作办学机构仅有72个(其中1个机构停办)，主要集中在北京、上海、江苏等省市。

高水平中外合作大学的特征是国际化[①]。不少人认为，中外合作办学是为了给少数想出国学习而不能出国的学生办的学校，或者就是为了引进西方的优质教育资源。其实，中外合作办学应当立足于我国高等教育的国际化。一是使我国高等教育能够通过学习教育强国的先进教育理念、教学方法、教育资源，向发达国家的教育水平、教育质量看齐。二是帮助我国更多大学生接受国外发达国家的高质量教育，拓展他们的国际视野，提高他们的国际竞争力，为国家培养更多的国际性人才，而不是让少数家庭条件优越的学生专享国外优秀的资源。因此，中外合作办学的更高阶段、更高追求应该是面向全体大学生的"普惠性"教育。三是注重对引进教育资源的本土化消化销售。我国要站在跨文化的角度理解不同的知识体系，兼收并蓄，从而形成一种更高层次的具有民族特色的本土教育模式。

二、主体性的导向机制

缺乏导向性的发展思路只能造就行业平均化、普遍化的平庸格局，无益于行业优秀项目、高峰项目的培育。导向机制能够引导人才、资金的流向，赋予特定方向以动力源泉，发挥积极的资源聚焦和配置作用。中外合作办学的"导向机制"建立在对我国经济社会需求和高等教育发展问题的深度分析基础上，包含着排斥性和激励性两种方向。而这些都应该聚焦于"以我为主""自我发展"的主体性目标。

(一) 国家需求导向

中外合作办学的中国主体性是其当然属性，扎根中国大地办学、把中外合作办学看作服务我国经济社会发展的优势力量是对这一属性的尊重。教育主管部门要通过设立合作办学的金牌、红牌、绿牌等专业需求等级，引导办学者服务国家的人才需求、产业转型和经济发展战略。要重点围绕国家新兴和急需的自然科学与工程科学专业建设，在高新技术、关键核心技术、原始创新等方面促进中外人才培养和学术研究合作。政策导向应当鼓励外方机构同本土大学一起，助力中国经济社会转型，解决经济社会发展中的难题。

中外合作办学要坚持问题导向，引导中外机构围绕新时代新矛盾中的"不平衡不充分"规划办学行为：(1) 导向"平衡"。东西部不平衡、城乡不平衡、南北不平衡的发展失衡问题困扰着中高速发展的中国。根据教育部中外合作办学监管工作信息平台2022年2月17日发布的数据，教育部审批和复核的本科及以上中外合作办学机构及项目共有1 000个，数量上较2019年有所减少。就中外合作项目的所在区域来看，90%集中在京津

---

① 华长慧,孙珂.高水平中外合作大学研究:理论建构与实践探索[M].北京:高等教育出版社,2018:56-58.

冀、长三角、珠三角三大发达城市圈(见图7-2),宁夏、青海、西藏尚无1个中外合作办学机构或项目。中外合作大学则全部集中在北京、上海、广东、江苏等东部开放度高的省市,中外合作办学其实拉大了东西部的教育发展差距。接下来的办学审批应向中西部地区、不发达地区乃至贫困地区引导,使中外合作办学服务我国中西部发展,助力我国扶贫攻坚工程。(2)导向"充分"。教育审批部门应当引导中外合作办学机构和项目将"不充分"的领域视作"教育蓝海",有针对性地开设相关专业,培养国家急需的人才,直面我国新时代经济社会发展中的系统性问题,使中外合作办学与中国特色社会主义伟大目标相契合。

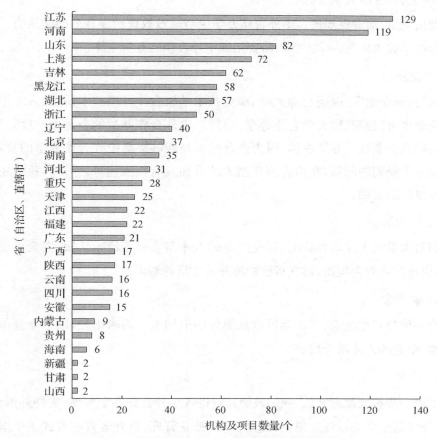

图7-2 我国本科中外合作办学机构与项目数量统计

(数据来源:教育部中外合作办学监管工作信息平台,截至2022年2月17日)

(二)教育现代化导向

林金辉教授认为,完善中外合作办学政策制度,需要有明确的政策目标指引,主要包括:促进高等学校学科建设和管理体制机制改革,推动"双一流"建设;促进中国教育走进世界教育中心,为全球教育教学改革和教育规则的制定提供"中国智慧"和"中国方案"[①]。显然,此类目标导向就是站在我国高等教育发展的主体性视角上。《中国教育现代化2035》提出了8项2035年目标,中外合作办学应当围绕建设学习大国、人力资源强国的总体目标,在建成全民终身学习现代教育体系、提升职业教育服务能力、提升高等教育国际竞争力、提升我国高校教育治理能力等方面,给予项目审批上的倾斜。近几年,不少中外合作项目被取消,释放了从严治理、严把质量的风向,只有服务我国高等教育高质量发展的项目才可以获得审批。

三、办学主体的多元化机制

治理出质量,治理促规模。中外合作办学应当通过教育治理释放办学活力。目前的中外合作办学的主体是大学。我们需要拓展中外合作的办学主体:

(一) 企业

我国"出海企业"可以同当地大学、职业技术学校合作开展技术研发、人才培养。外国在华企业也可以同我国大学合作办学。目前,中外合作办学的企业参与度几乎为零,我们必须调动企业这一办学主体,因为企业的参与能够提高中外合作办学的技术水准,有效解决办学经费的问题,在培养应用型人才方面具有极大优势。另外,我们还要借助下面两种组织的帮助:

(二) 行业协会

它们对大学的人才培养状况、行业产业的人才需求有着清晰认知,完全可以发挥中介作用,组建产业教育集团,建立行业的海外人才培养基地。

(三) 基金会

作为一种公益性组织,基金会可以从海外的迫切人才需求出发,以中介身份促成国内外大学、企业的人才联合培养。

(四) 外资

为了进一步扩大教育开放,我们鼓励外资进入中外合作办学领域,支持外国大学、外国企业、外国基金会等以独立招生、独立投资、独立管理、独立运营的方式在中国大地上承办大学、培育中外合作办学项目。在给予外资独资办学国民待遇的基础上,我国应当把外资办学当作扩大教育进口的重要举措。《中华人民共和国外商投资法》为我国高等教育领域进一步扩大开放,促进外商的教育投资提供了法律依据。按照市场原则,相关的投资方也应当获得办学收益,这种建立在利益驱动和利益共享机制基础上的资本合作,对于中外合作办学的可持续发展具有积极意义。

[①] 林金辉.中外合作办学的政策目标及其实现条件[J].教育研究,2018,39(10):70-75.

四、教育市场的对外开放

我国对WTO教育服务贸易做了明晰的承诺。从承诺的范围讲,不包括义务教育和特殊教育服务(如军事、警察、政治和党校教育等),除此之外的各级各类教育均为承诺的范畴。从限制的角度讲,对跨境交付方式下的市场准入和国民待遇均未作承诺。从开放的意义上讲,允许中外合作办学,并允许外方可获得多数拥有权,但不承诺国民待遇;允许境外消费;允许自然人流动,有条件地承诺国民待遇;中外合作办学学校的土地使用期限为50年。另外,对初等、中等和高等教育服务实行政府定价[1]。履行《服务贸易总协定》开放性的承诺、义务,适当放开我国的教育市场,吸引外国教育机构来中国办学,有利于引入新的教育理念和新的办学主体,改善我国的教育结构。

20年前就有学者认为开放教育市场是经济全球化时代中国教育的必由之路[2],是中国高等教育发展的理性选择[3]。由于涉及教育主权,各个国家的高等教育市场对外开放都十分审慎。因此,我们在机制设计上要实施"审慎的开放"。

(一) 从优势领域开始的逐层开放

在国际上,新西兰、墨西哥因过高地估计了自身的教育竞争力,贸然大幅度开放教育市场,结果成了发达国家的教育附属市场。汲取两者的经验教训,我国应当广泛展开对国外教育市场需求、优势、劣势、国家政策的调查研究,运用SWOT模型深刻分析我国高等教育的状况,科学制订教育市场开放计划,我国应从自身优势出发,有序、逐步地开发教育市场,在条件不成熟的情况下,更多发展中外合作办学,有限度地开发教育市场。当然,提高我国高等教育质量和综合竞争力才是教育市场开放的基本条件。

(二) 不完全市场的管控方式

允许国外办学机构以备案制进入我国教育市场,允许国内外教育机构之间在政府指导下展开市场竞争。我国政府和地方教育主管部门应严格评估来华办学机构所提交的办学方案,从我国和地方的人才需求、产业布局出发,对其开设专业、学历层次等进行综合布局,要避免国外办学机构提供的教育产品同我国高校正在提供的教育产品的同质化。根据所提供教育服务的质量实施官方指导定价;同时,允许教育专家、学生代表、家长代表、雇主代表进行协议定价,探索市场化定价方式。保护学生的合法权益,允许学生就国外高校的收费、教育行为、教学质量等进行投诉、监督。承认国外办学机构的商业性质和市场主体身份,允许其在办学过程中营利,依据自身教育服务的质量先行自我定价,接受消费者的市场化选择。政府在发挥自由竞争市场的积极的资源配置功能的同时,要适度调节教育市场的供求关系,管控市场风险。

---

[1] 章新胜.加入世贸组织与我国高等教育[J].北京教育(高教版),2002(3):4-10.
[2] 许云昭.开放教育市场:经济全球化时代中国教育的必由之路[J].中国高教研究,2001(11):12-16.
[3] 张金福.开放教育市场:中国高等教育发展的理性选择:一种历史与现实的视角[J].江苏高教,2002(2):34-37.

五、制度安排

我国对中外合作办学出台文件近10部,主要包括《中华人民共和国中外合作办学条例实施办法》(2004)、《教育部关于当前中外合作办学若干问题的意见》(2006)等。在新形势下,文件中许多规定的局限性显露了出来,需要进行一定程度的修订。

比如,中外合作办学的主要合作内容是学科、专业、课程,没有提及学术协同、联合治理、办学资金投入等深层次合作。文件规定中外合作办学不设立教育机构,无法涵盖具有独立校园、独立法人资格的中外合作大学。从"享受民办学校的扶持与奖励措施"来看,国家对中外合作办学机构的政策支持视同营利性的民办学校,而又认为"中外合作办学属于公益性事业""中外合作办学机构不得从事营利性经营活动"。文件规定:引进外国优质资源时,中方办学者可以与社会组织或个人签订协议引入办学资金,但该社会组织或个人"不得担任理事长、董事长或者主任,不得参与中外合作办学机构的教育教学活动"。

在把握上述基本界定的基础上,我们可以进一步审视中外合作办学的制度设计。从《中外合作办学评估方案(试行)》来看,同本科教学评估相比,中外合作办学评估的针对性有待加强:(1)评估范围过于狭窄。目前,教育评估对象限定在依法批准设立和举办的本科以上高等学历教育的中外合作办学机构和项目。事实上,高等职业教育中外合作办学项目和机构的数量占据半壁江山,是一个庞大的合作办学群体;而且,低层次的浅合作、办学质量低下、名不副实的现象更加严重,恰恰应当是重点的教育评估对象。评估主要针对学历教育,而不少海外交流、交换生、语言修习、文化考察、短期培训等非学历教育,存在着乱收费、高收费而教育效果差等问题,也应当纳入教育评估的范围。(2)评估内容过于注重规范性。目前主要关注管理机制、资金管理、招生和学籍管理、文凭证书管理、师资状况、教学组织以及教学质量监督等方面的管理规范性,还应该重点突出毕业生质量、雇主评价、学生与家长的满意度以及办学效益。目前,评估的另一个重点是办学的合规性,其实,合规性是一个基本的评估,更应该走向发展性评估,即把中外合作办学的可持续性、成果产出能力作为评估的关键点。(3)评估等级的划分过于简单。目前,主要分为合格、有条件合格、不合格三个等次,最高等次的"合格"也仅仅指办学项目和机构基本符合中外合作办学的政策法规,办学效果比较好。这使得中外合作办学质量的区分度极低,等级差距不明显,不能向办学机构传达不断进取、追求卓越的明晰导向,助长办学主体"不求有功,但求无过"的办学心态,也不能向社会公众传达不同办学项目和机构办学质量的明确排名,不能很好地向高考生推介优秀项目。(4)问题意识不足。目前的问题主要是引进资源的高端化及其对中方大学教育教学改革的推动作用、外方参与中方大学治理改革、外方教师的层次及其实际参与授课情况、外方资金的投入与利益分割等方面的不足。办学指标要提高《教育部关于当前中外合作办学若干问题的意见》规定的"四个三分之一"原则的分值比重,坚持引进的外方课程和专业核心课程应当占中外合作办学项目全部课程和核心课程的三分之一以上,外国教育机构教师担负的专业核心课程的门数和教学时数应当占中外合作办学项目全部课程和全部教学时数的三分之一以上。另外,《中外合作项目自评报告》指标"Ⅱ-3 机构经费筹措与管理使用"中,没有提出外资的办学经费投入比例,而在"分项自我评价"资金资产管理指标体系中又特别强调了"公益性原则执行情况""非营利性原则执行情况",不利于中外合作办学资本的深度介入和治理的改革,也有悖于国外民办高校的市场化原则。

教育对外开放、教育进口的新形势要求修订现有中外合作办学相关法律法规,也可以制定外国教育投资条例专门法,明确外国教育机构、教育基金会、教育企业在中国办学的国民待遇、教育资产的保护机制、教育利润的分成机制,明确外国独资大学的扶持、鼓励、发展措施,给予外国独资大学办学自治权,消除意识形态差异、政府控制带来的外资办学顾虑。新立法的目标是积极促进外商的教育投资,保护外商教育投资的合法权益,规范外商教育投资管理,推动形成全面教育开放、教育进口新格局。

根据 CCG 发布的《中国留学发展报告(2020~2021)》蓝皮书,新冠肺炎疫情期间,中外合作办学的实体机构以及具有良好合作关系的中外合作办学项目的中方院校,正在成为本应在海外合作院校学习的中国学生开展线上和线下学习的重要载体[①]。因此,中外合作办学在后疫情时代,迎来了扩大规模、提高质量、不断推动中国教育对外开放的新时机。

---

① 胡雯.后疫情时代中国留学日趋多元:CCG 发布《中国留学发展报告(2020~2021)》蓝皮书[J].中国对外贸易,2021(3):78-80.

第八章　对外教育输出机制

长期以来,我国在国际教育中扮演着"学习者"的角色,大力引进国外大学的教材、课程资源、教育模式、教育理念。少数的教育输出主要是对非洲等国家的国际教育援助,比如向受援国提供教育经费(无偿捐赠、提供贷款等)、扩大发展中国家校长和教师来华培训规模、向联合国教科文组织非洲能力建设中心和女童妇女教育中心提供援助等。

但早在10年前,学者们就认为:继"中国制造"遍布全球之后,中国将成为职业教育输出大国[1]。多份国家级报刊都纷纷发出了"教育输出"的号召,如《职业前景:中国将成为职业教育输出大国》(《中国青年报》,2012年08月13日)、《加拿大媒体:中国输出高等教育会成功吗》(《环球时报》,2013年6月22日)、《我国高铁教育首次输出 济南为泰国培养高铁人才》(《大众日报》,2013年12月12日)、《"日本式教育"何以输出海外》(《东方早报》,2015年12月9日)、《职业教育输出典范:越南大学生在南通学技术》(《新华日报》,2016年10月19日)、《职业教育既要引进也要输出》(《南方都市报》,2016年7月22日)等。而且,"一带一路"倡议也为我国的教育输出提供了广阔的舞台,为推动区域教育大开放、大交流、大融合提供了良好契机[2]。以"一带一路"倡议为契机,高等职业院校的教育输出意识比较强烈,从高职院校的"国际影响"[3]来看都进行了教育输出方面的探索。而从一个负责任的教育大国的角度和全面参与全球教育治理的角度看,我们要从教育援助走向教育输出来看待我国的教育对外开放。

第一节　贡献何种教育公共产品

自中世纪欧洲的巴黎大学、博洛尼亚大学以来,知识就被认为是超越国界的公共产品,学生与教师也被赋予自由流动的权利。这为欧洲高等教育一体化奠定了基础,也为高等教育国际化提供了核心观念和基本模式。今天,我们致力于打造"一带一路"教育行

---

[1] 李剑平. 继"中国制造"遍布全球之后,中国将成为职业教育输出大国[N]. 中国青年报,2012-06-04(11).
[2] 喻恺,胡伯特·埃特尔,瞿晓蔓."一带一路"倡议下我国高等教育国际输出的机遇与挑战[J]. 高教文摘,2018(6):20-23.
[3] 中国教育科学研究院,新锦成研究院. 2020中国职业教育质量年度报告[M]. 北京:高等教育出版社,2021:101-103.

动升级版,其核心就是扩大教育国际公共产品供给。加强我国的教育输出,必须思考我们该向世界贡献何种教育公共产品的问题。我们常常说,"要讲好中国故事"。在教育领域,就是要向世界,特别是发展中国家,输出我国的教育发展理念、教育模式,提供中国的教育发展方案。那么,具体应当是什么呢?又当如何促进这种教育公共产品的输出呢?

一、我国的教育公共产品财富

(一) 知识产品

我们认为,一个国家可以向世界贡献的首先应该是知识产品,包括原创性的基础理论、科学原理和应用性的关键技术,在教育领域还应该包括世界级的优秀课程、教材、杰出科学家等知识成果。但由于我国基础研究的相对薄弱及教育发达国家的资源垄断,我国的知识产品输出十分有限。知识成果是高等教育质量的根本,我们需要增强自身的原始创新能力,这才是教育输出的根本保障。

(二) 教育品牌

客观地说,我国具有相当国际影响力的教育品牌还不多,"留学中国"吸引的来华留学生主要来自亚非拉等发展中国家,对欧美等发达国家学生的吸引力还不足。"留学中国"在"一带一路"倡议的加持下,加上中国疫情的有力管控,优势越来越明显,其未来的品牌力也会增强。当前影响较大的教育品牌是"鲁班工坊"和"孔子学院"。前者作为我国职业教育培训的品牌,在非洲、亚洲、欧洲等实施职业技能的教学、培训和职业资格一体化的教育,在世界范围内发展起来了20多个职业教育培训中心。后者作为我国语言、文化传播的国际平台,在北美、欧洲和其他地区发展迅速,成为中国优秀传统文化"走出去"的重要平台。尽管2012年以来,美国等以政治借口和冷战思维不断打压、停办"孔子学院",但随着中国的崛起,世界了解中国、学习中国文化的需求不断增长,中国的语言文化输出亦不可阻挡。

(三) 教育模式

我们可以向世界输出何种教育模式?

1. "鲁班工坊"的工程实践创新项目教学模式

该模式将理论教学与实践教学融为一体,在真实的工作情景中,以实际工程项目为导引,以实践应用为导向,培养学生的科学探究能力和问题解决能力。它凝练了我国和发达国家的职业教育经验,形成了系统的职业技能培训模式,能够有效而迅速地解决处于工业化时期的国家的技能人才需求。

2. 职业教育模式

该模式不同于德国的"双元制",把职业教育看作教育与产业紧密结合的大系统,注重校企合作、产教融合,在校内理论学习的基础上,以模拟或虚拟的专业实践训练专业技能。该模式形成了"思想政治教育课程+文化通识课程+专业基础课+专业核心课+专业实践课"的课程体系。在教学上,实施任务驱动教学法,以模拟或真实的企业生产任务为学习内容,形成了基于产业实际的专业学习方法。在大学毕业前一年,要求学生在校内学习的基础上进入企业进行顶岗实习,然后再回到大学校园进行知识强化、总结,突破了德国"双元制"的线性思维。

3. 创新创业教育模式

我国形成了专利申请、创业项目孵化、创业路演、投融资相互融合的创新创业模式,实行基于创业实践的"理论教学+创业计划"的教学方法。而互联网+、挑战杯、彩虹杯等创新创业大赛,同样有效地孵化了一些优秀的创新创业项目。而目前不少大学正在将自己定位为"创新创业型大学",也许可以重塑我国大学的发展进路。

4. 三全育人、五育并举的教育模式

我国教育遵循马克思主义关于"人的全面发展"学说,提出全员育人、全程育人、全方位育人的教育思想,并进而发展出课程育人、科研育人、实践育人、文化育人、网络育人、心理育人、管理育人、服务育人、资助育人、组织育人"十大育人"体系。该教育模式把教育过程看作一个综合性的活动,是十分科学而辩证的。"德智体美劳"全面发展的教育模式不同于西方核心素养的思想,要求大学落实立德树人的根本任务,坚持以德立人、把思想政治教育放在重要的统领地位上,同时注重学生的专业技能学习能力、健康的身心素质、艺术审美能力,并于近年来大力提倡劳动教育。

5. 职业技能竞赛与职业资格模式

我国大学对接《中国制造2025》国家行动纲领,职业教育的发展注重通过省级、国家级分专业的职业技能大赛来选拔人才、深化职业技能,以此为重要的牵引或抓手引领职业教育在教学内容、教学方法、教学模式方面的改革。职业技能竞赛、专业教学与岗位职业资格一体化,实现了大学生专业学习的双向强化。

6. 疫情期间的教育经验

我国教育能够从容、迅速地面对新冠肺炎疫情,在"停课不停学""有序复学复课""在线教学与质量监控"等方面积累了丰富的经验,成为教育应对公共危机的一个典范,可以作为一个范式性的成果向世界推广。

7. 教育治理理念

如果按照西方的教育治理模式,我国没有形成科学的教育治理思路。但如果从中国传统文化入手,其实我国可以大力发展道德治理和情感治理,发展校长的道德领导力和情感领导力,着力强化大学教育的"立德"功能,创造和谐的大学教育生态。目前,我们的教育治理模式还处于学习西方、唯西方是瞻的阶段。其实,我国完全可以从自身文化基础出发,发展出自身的独特的教育治理模式,作为贡献给世界的大学治理智慧。

二、教育公共产品输出的促进机制

"酒香也怕巷子深",我国优秀的教育公共产品要想"走出去",必须从打造中国教育国际影响力、参与国际教育治理、提升中国教育综合国际竞争力的战略高度等方面,去设计中国高等教育输出的促进机制。

(一) 塑造教育品牌

第一,引领国际教育标准,提高我国教育质量。在硬件保障上,要增加教育经费投入,提高国际教师比例和科学研究实力,从未来人才需求、未来产业发展趋势、未来科技发展等方面入手制定具有前沿性、前瞻性的课程标准、专业标准,力求引领国际教育标准。加强教育学、心理学等基础研究和国际先进教育经验研究,量化与质性研究结合,发展科学的教育思想,挖掘更为本质的教育规律,为中国教育的高质量发展提供一流的学术支持。

第二,凝练教育特色。固然国际借鉴不可缺少,但言必称希腊,却无益于我国教育综合竞争力的提升。在"十四五"发展规划和2035年中长期发展目标的指引下,我国高等教育必须有建设教育强国的决心,同时有从我国教育自身发展状况出发,吸收传统教育智慧,创造中国特色教育模式的教育信心。

第三,实施品牌延伸与联合。教育品牌可以向产品(如文化衫、科技产品、爆款纪念品、影视作品、图书等)、行业企业、杰出人物延伸。根据一致性、相关性原则形成品牌矩阵或品牌伞效应,将相关性、周边性的要素凝聚于品牌。我国教育品牌与世界500强企业、国外大学、国外教育品牌、国内外消费品牌联合推广、合作办学,都能有效地推进品牌塑造工作。

第四,加强教育宣传。扩大接收国际学生的短期研修、访学的规模,扩大来华留学生的学历教育,把中国教育打造成活跃的流动空间。向世界推介中国教育成就,参加各类国际教育交流。对教育品牌实行可视化塑造,如统一的LOGO、颜色、服装、教育场景、教育资料、空间设计等,建立品牌与教育消费者(学生和家长)之间的心理"契约"。制作中国教育宣传片,在联合国教科文组织等重要国际教育组织进行播放。加强优秀科学成果、优秀科学家、优秀毕业生、世界技能大赛得主的宣传工作,使之成为我国高等教育的名片。如同申报夏季、冬季奥运会一样,积极承办国际学术会议、国际技能大赛,让世界充分了解中国教育的巨大成就。

(二) 参与国际教育评价、测评和竞赛

首先,我们可以邀请国际权威教育评价机构到中国进行教育质量评价。国际教育评估协会(IAEA)、基本科学指标数据库(ESI)、英国教育标准局(OFSTED)、世界大学排名(QS)、利基公司(Niche),有着优秀的历史和丰富的教育评估经验。它们能够运用丰富的指标体系,秉持先进的评价标准,实施学生学业分析、教师科研能力分析、学校治理能力分析、教学质量分析、雇主分析、学生综合素质分析等。其评价结果在国际上具有较高的可信度、美誉度,能够提升中国教育品牌在国际上的通达性。

其次，要积极参与国际教育竞赛和测评。国际大学生超算竞赛(SC)、ICAN大学生创新创业大赛、美国大学生数学建模竞赛(ICM)、世界大学生超级计算机竞赛(ASC)、国际编程大赛(ACM-ICPC)等，强调研究和解决方案的原创性、团队合作、交流及结果的合理性，能够综合性地测评大学生的综合素质，具有较高的可信度。在这些竞赛获奖，能够显示国家教育发展水平，有利于我国高等教育的品牌化和教育输出。

经济合作与发展组织(OECD)的国际学生评估项目(PISA)、教学与学习国际调查(TALIS)、社会情感学习(SEL)在世界范围内享有较高声誉和影响力。使用同一标准、同一测量技术进行的国际测评，推动了不同国家的教育国际比较。我国应当积极参与这些教育测评，上海、苏州等城市已经融入国际教育测评体系中。华东师范大学袁振国、黄忠敬团队主持了大型国际比较研究项目"社会与情感能力测评项目"，并于2021年9月发布了中国青少年社会与情感能力测评的系列研究成果，引起了国内外的广泛关注。

（三）培育政府主导下的优质输出项目

我国应当把教育输出视为国际服务贸易的一种类型，重视其产业性质。很多国家已把吸引国际留学生作为一种教育产业来运行，实行跨境教育产业"国家主导"发展模式[①]。我国也应当以政府力量着手推动教育输出，发展我国对外贸易的新业态、新类型。

项目凝聚了人力、物力、财力，在内部构成某种具有逻辑性、关联性、整体性的体系，其运行往往具有良好的协调性、呼应能力，因此能够较好地达成目标。我国教育主管部门应当重视高等教育输出项目的培育和资助工作。建议从市、省、国家逐层筛选优秀教育输出项目，如同申报教学成果奖一样，引导高校凝练教育输出经验、做法，科学设计教育输出路径，不断孵化教育输出项目。专门设立国家教育输出专项资金，在人才、税收、信贷和行政审批等方面提供优惠政策，扶持我国教育输出项目的壮大。从项目实施的过程、成效、影响力出发，实施严格的项目质量评价。以宁缺毋滥的做优做强的态度，挖掘优秀教育输出项目，对务虚无效的项目实施退出机制。

政府要增加政策供给，支持高校与出海企业、国外高校通过订单培养、分段培养、劳务输出、职前培训、职后培训、教师互聘、学生互访互换进行教育输出，把控政治、法律风险，规范办学行为，界定海外办学资质，协调各方利益关系。同时，组织我国教育智库加强"一带一路"等国家的国别研究，向高校和企业提供政治、经济、文化、宗教、风俗、法律的基本状况及产业发展、人才需求、学校发展方面的信息。

（四）实施职教集团的产教协同输出

我们通常所讲的校企合作、产教融合，一般限制在一个国家内部的社会范围内的产教合作。而今，我们需要以教育全球化的视角重新审视校企合作，即把校企合作看作一个国家教育对外开放的新形式。高校和企业都要改变之前"单兵作战"的出海方式，因为

---

① 潘奇."十四五"期间中国教育对外开放：提质增效与路径创新[J].教育发展研究,2020,40(23):43-49.

教育的智力产出能力、产业的人才需求、资本的加持能够提升教育输出的效率和广度。如今,我国优秀企业已经成长为以产业为中心的"巨型集团",无论从企业自身的发展,还是从校企"走出去"的需求,都需要教育链、人才链与产业链、创新链有效衔接,在互相借力中共同发展。

我们要鼓励高校与拓展"一带一路"海外业务的企业和职教集团联合"走出去",去服务出海企业的业务开展、本地人才培训和企业的技术攻关。《教育部关于深入推进职业教育集团化办学的意见》就指出,职业教育集团要服务国家"一带一路"倡议,支持职业教育集团"走出去"。教育部公布的《示范性职业教育集团(联盟)指标体系》(2019)把国际合作视为改革创新的重要观测点。亦即,我们可以理解为服务于教育对外开放已经成为我国职教集团高质量发展的新要求。

高职院校要与"走出去"企业进一步建立职业教育集团,由院校派师资加入企业海外培训部门,共同开展"出海"员工的培训。与当地的企业骨干共同开展因海外公司、办事机构和业务需要所聘用当地劳动力的上岗培训和各类技术技能提升培训[①],培养项目后期维护、建设所需的本地化人才的同时,由此可以建立海外分校。我们要改变教育社会开放中出现的校企合作耦合不紧、利益不联的问题,努力把教育对外开放中的校企建设成为命运的共同体、共享的共同体、利益的共同体、基于产业的共同体。

(五)主动参与全球教育治理

全球教育治理(Global Educational Governance)是指国际社会各利益相关方通过协商、合作及博弈等多种方式参与全球教育事务的管理,以维持或确立合理国际秩序的活动[②]。我国近年来已经有了主动参与全球教育治理的意识,"一带一路"倡议及其《全面推进共建"一带一路"教育行动》可以作为我国参与全球教育治理的机遇和舞台。

1. 参与国际教育话语体系建设

参与制定国际教育规则,开展话语支配式的"软治理"[③]。中国作为世界上最大的发展中国家,在职业技术教育、乡村教育、产教融合、脱贫人口教育、妇女儿童教育、民族团结教育等方面做了诸多有效的探索,这些经验和教育方案理应成为共同的国际教育智慧。我国需要"逐步实现从谨慎观望者到全面学习者,再到深度参与者的角色转变"[④],重点是参与国际教育规则的制定,即寻求话语权,实施话语治理,包括:参与国际法、国际公约的制定,参与联合国教科文组织、经济合作与发展组织、世界银行等重要国际教育组织的教育发展报告、共识、宣言、研究报告、文件的起草,组织或发起重要国际学术会议、论坛,参与基本教育原理、概念、教育价值、教育模式的讨论和研究,参与教育监测工具研

---

① 凌镜."一带一路"背景下高职教育输出助推经济国际化的若干思考[J].教育与职业,2019(1):38-42.
② 孙进,燕环.全球教育治理:概念·主体·机制[J].比较教育研究,2020,42(2):39-47.
③ 丁瑞常.经济合作与发展组织参与全球教育治理的权力与机制[J].教育研究,2019,40(7):63-72.
④ 袁利平,杨文杰.全球教育治理的范式转换与中国应对[J].湖南师范大学教育科学学报,2021,20(6):81-93.

发、教育质量评价、国际教育指标框架的研发。提高我国参与联合国教科文组织的治理水平,是我国通过教育、科学和文化领域在国际社会构建人类命运共同体的重要环节[①]。我国要在联合国教科文组织中主动设定议题、参与研究,成为全球教育治理的"规范力量""推动力量"。另外,我国还要代表发展中国家,在国际教育舞台上主动维护发展中国家的教育主权、利益,代表发展中国家发声,提出适宜发展中国家的教育方案。对此,我们要向国际教育组织不断输送我国教育专家,担任教育智库研究员或教育组织的官员,传播全球教育治理的"中国声音"。相较于韩国、日本,我国向国际组织输送人才的力度有待加强。

2. 加强中国教育标准的出口

在技术领域,中国的"标准出口"已经初见成效。非洲的蒙内铁路、乌兹别克斯坦的卡姆奇克隧道都使用了中国技术、中国标准,已经启动的中国—白俄罗斯超级电容汽车标准国际化试点,将中国标准变成了白俄罗斯国家标准[②]。相比而言,我国的教育标准出口同样滞后。当前,世界各国都在争夺教育标准制定权,美国工程技术认证委员会(ETAC)组织开发的《工程技术专业认证标准(2016—2017)》、美国工程与技术认证协会(ABET)的 EC2000 认证标准、《悉尼协议》(Sydney Accord)学生认证标准、《华盛顿协议》(Washington Accord)的国际工程教育标准都已获得了国际认可。中国作为制造业大国和工程技术教育大国,输出教育的"中国标准",应当是我国教育对外开放的重要组成部分。先进的教育标准不仅仅是为我国确立一种根本性的教育规范、评价尺度与教育制度,而且也是融入国际教育标准体系、提高我国教育的国际认可度和通行能力的内在要求。2018 年 1 月,教育部发布了《普通高等学校本科专业类教学质量国家标准》,这部首个国家教育标准涵盖了普通高校本科专业目录中全部 92 个本科专业类,包括全部 587 个本科专业、涉及全国高校 56 000 多个专业点,明确了适用专业、培养目标、培养规格、课程体系、师资队伍、教学条件、质量保障等各方面要求。我国要坚定不移地推行并向海外输出"教学质量国家标准"(包括课程标准、专业标准、专业人才技术技能标准、职业资格标准等),为国际教育教学标准体系建设提供中国方案。在"一带一路"教育共同体建设中,也要注重教育标准的输出。例如,欧委会就提出,欧洲"需要在整个欧洲层次建立一个共同的质量核心标准",欧洲教育一体化也得益于这个共同标准。我国要循着"借鉴标准—遵循标准—超越标准—输出标准"的教育标准发展道路,对接国际产业发展要求、产业前沿技术、国际通用职业资格证书,提出具有引领性、科学性、可行性、可量化的中国教育标准,提高我国教育标准的可通行性。

[①] 杨进. 提升我国参与联合国教科文组织治理水平[J]. 神州学人,2021(12):29-31.
[②] 赵磊. 融入"一带一路"建设 企业要"走出去""走进去""走上去"[N]. 经济日报,2017-05-14(5).

第二节　高校境外办学促进机制

　　世界上较早的境外办学出现于二战后，1955年美国约翰斯·霍普金斯大学就在意大利创办了分校，但其蓬勃发展则在20世纪90年代。英国无边界高等教育观察组织（Observatory on Borderless Higher Education，OBHE）认为，大学海外分校是一所高校的离岸实体，以外国高校名义由主办高校独立运营或与他方合作运营，颁发母校的学位[①]。境外办学是大学母体在海外的附属实体，在教育全球化中抢占教育市场，输出本国教育理念。综合来看，"在输入国拥有实体机构和授予输出国学位，是大学海外分校有别于其他跨境教育类型的两个基本要素"[②]。按照我国文件，所谓境外办学是指中国高等学校独立或者与境外政府机构、具有法人资格并为所在地政府认可的教育机构或其他社会组织合作，在境外举办以境外公民为主要招生对象的教育机构或者采用其他形式实施高等学历教育的教育教学活动[③]，即WTO框架下教育对外开放中的"商业存在"形式。

　　实施高校国际化战略，开展境外办学，是现代大学的战略发展和高等教育的必然阶段。有学者断言：若现代社会的大学丧失了国际性，就没有了存在的意义。只有积极、主动地同国际社会交流人才、信息、学术等，才能不断自我更新、自我完善、自我发展；封闭自囿、作茧自缚，办不成现代化的高等教育，培养不出适应现代社会的人才，更谈不上对人类科学文化做出贡献[④]。境外办学是一种更有力、更直接的教育输出。而且，从国际经验看，海外办学是世界发达国家的一种新型的教育输出模式。这里的境外办学已经超越了"鲁班工坊"的培训模式和"孔子学院"的语言教育，是更为彻底的教育输出。

一、我国境外办学的状况与问题

　　我国高校境外办学自21世纪初有了一定的发展，较早的海外办学机构有厦门大学马来西亚分校、老挝苏州大学、厦门大学马来西亚分校、同济大学意大利佛罗伦萨校区、云南财经大学曼谷商学院、北京语言大学东京学院、北师大-卡迪夫中文学院、清华大学米兰设计学院。2018年，北京大学在英国牛津的"一塔湖图"新校园内开办了北京大学英国校区。截至2019年4月，教育部支持了60所高校在23个沿线国家开展境外办学，16所高校与沿线国家高校建立17个教育部国际合作联合实验室。为了支持高校根据自身发展实际和国际化发展战略自主开展境外办学，教育部于2015年废除了《高等学校境外办学暂行管理办法》，取消了由教育部负责实施的本科以上高等学历教育境外办学审批

---

① BECKER. International branch campuses: New trends and directions[J]. International Higher Education，2010（58）：3-4.
② 薛卫洋. 境外大学海外分校发展的特点分析及经验借鉴[J]. 高校教育管理，2016，10（4）：85-90.
③ 教育部. 高等学校境外办学指南（试行）[R]. 北京：教育部，2019.
④ 余立. 现代教育思想引论[M]. 上海：华东师范大学出版社，1986：309-310.

权、由省级教育行政部门负责实施的高校赴境外举办专科教育或非学历高等教育审批权,并制定了《高等学校境外办学指南(试行)》(2019年版),以规范境外办学的可行性分析、筹备建设、教育教学、组织管理。

我国高校的境外办学还存在着办学定位不清、机制不活的问题。具体表现在:把汉语教学和文化传播作为办学重点,与孔子学院的教育任务重叠;缺乏远期规划,往往将分校当作暂时性的海外培训基地;承担了较大的财务压力和投资风险;没有完善的质量保障体系来对境外办学的质量进行监控①。从更为宏观的视角来看,我国高校的境外办学还存在政策保障措施缺乏、高校自身国际竞争优势不彰、人才培养模式滞后等问题②。这些问题都说明,我国的境外办学事业还处于初级阶段,政府和高校的推进机制还有待进一步探索和加强。

二、促进境外办学的发展

根据WTO的《服务贸易总协定》,我国在教育服务贸易领域同样享有世贸组织所有成员提供的最惠国待遇、国民待遇,有权直接参与国际教育服务贸易新规则的制定,并能够获得稳定、透明、可预见性的多边贸易体制的保障。因此,我们到海外办学受到了世贸组织规则的保护,各级各类高校、教育团体、社会组织、企业是可以在世贸组织的制度框架内大胆推进海外办学的。然而,"问题在于我们的学校对国际规则、标准、市场及所在国政治、经济、社会的熟悉程度和自身的国际竞争力的强弱"③,要想在海外办学中扭转教育服务贸易逆差,关键还要靠我国高等教育自身的发展质量。练好"基本功"当然是境外办学的首要前提,但各种促进机制也可以提升我国高校境外办学的质量和效率。

(一)重新定义办学目标和办学形式

目前,我们对境外办学的认识还比较单一,没有更加系统、全面地去看待它。

境外办学的目标应该是多元的。美国高校境外办学主要有服务国家安全、创造经济效益、输出美国价值等目标④。不同于美国,我国境外办学的目标应该更加多元:(1)对非洲、拉美、亚洲、东欧等国家的教育援助;(2)加强教育交流,向世界传播中国教育模式、中国教育方案,扩大我国在世界教育版图中的话语权和教育规则的制定权,同时,还向其他国家学习先进教育思想,丰富、完善我国教育机制,服务我国教育现代化;(3)传播中国优秀传统文化,引导世界学习中国文化,了解中国;(4)参与国际教育市场竞争,锻炼我国高校的国际适应力,在教育服务贸易中抢夺市场份额;(5)加入产业化视角,勇于获取办学收益,为扩大办学规模、提高办学质量注入可持续发展的资金支持。

---

① 鄢晓.我国高校境外办学的动因分析和对策建议[J].高校教育管理,2016,10(3):66-70.
② 李淑艳.我国高校境外办学:特点、问题与推进策略[J].高校教育管理,2019,13(1):98-103.
③ 章新胜.加入世贸组织与我国高等教育[J].北京教育(高教版),2002(3):4-10.
④ 王陈欣,金慧.走稳高校境外办学之路[N].中国教育报,2021-06-24(10).

而境外办学形式常常被认为就是建立海外分校,实际上,其办学形式非常多样:(1)可以借力外国大学,在境外大学开办二级学院、设立人才培养基地、境外技术人才实践基地、境外人才培训基地;(2)联合出资、管理开办中外联合研究实验室、中外联合创新中心或基地;(3)中国高校独立出资、独立管理运营的境外分校;(4)同出海企业一起设立校企联合人才培养中心、企业行业大学、校企技术攻关中心;(5)同境外基金会、行业协会联合开办职业资格培训中心、行业人才培训中心、基金专项教育合作项目等。

境外办学的办学主体也不应限于高校。出海的企事业单位、基金会、境外华侨、具有办学意愿的企业家和文化人士等都可以成为境外办学主体,开创社会力量参与高校境外办学的新模式。

办学目标、形式、主体的扩展,不单单是认识上的深化,还可以循着它们发现更多的办学形式、合作内容、发展方向,从而扩大境外办学的范围,发展出更多的可能性,有利于增强境外办学活力、扩大办学规模。

(二) 教育质量提升计划

第一,提高专业建设、课程建设水平。专业标准、课程标准应当体现世界科技的前沿,对接国际标准。加入相关的享有盛誉的国际教育联盟,接受国际评价机构的质量评价,增强办学专业、课程的国际通行能力。

第二,建设面向海外学院的国际化教师队伍。全球招聘海外学院院长、学术带头人,聘任有着丰富境外办学经验的管理人员、教师加盟海外学院。我国本土培养的教师要有1~3年的海外学习、教学经验。

第三,确立先进、科学的教育思想。要创新人才培养模式,改革传统的灌输式的教学方法,学习学生自我规划、自我评价与成长的教学思路,发展探究性教学、项目式教学。注重学生的创新力、批判力、思维力的培养,对接21世纪学生核心素养改革教学内容和课堂组织方式。

第四,实施评价与退出机制。高校境外办学质量也应当被纳入我国教育高质量发展的规划和评价体系,实施常态化评估。我国教育主管部门应筹备国际教育评估委员会,打造一支海外办学教育质量评估专家团队。每3年一次,通过课堂听课、雇主意见分析、学生技能与专业水平测量、大学治理分析等定量定性分析,评估境外办学机构的办学水平。实行许可证制度,通过评估者继续颁发境外办学许可证,未通过评估者合并或有序退出。

(三) 顶层设计与行政服务

高校和政府层面都应当强化境外办学的顶层设计:第一,加强教育输出的教育规划。"双一流"本科学校和中国特色高水平高职学校应当统一思想、提高站位,在"十四五"规划中明确设立境外办学目标。各级政府、教育主管部门应当在教育发展规划中设立教育输出目标,明确境外办学路径。将教育输出的成效,列入"双一流"和双高院校评价标准体系。第二,政府要推出各类扶持、激励措施。在现阶段的境外办学中,我国高校与英美等发达国家的高校相比还没有明显的资源优势,政策支持是很多高校"走出去"的重要条件[①]。要设立境外办学专项资金,以境外办学项目的方式进行申报,对优秀项目给予教育经费支持。在教育所得税收方面,给予免征税收优惠。设立官方层面的境外办学荣誉制度,用于表彰在境外办学中做出突出贡献的教师和高校。第三,加强业务督导和评价。对境外办学项目实施年审或年度考核制度,一年进行一次办学调研,出具调研报告;每3年开展一次境外办学质量考核,并出具报告。以诊断式评价、持续改进的评估思想,科学评估高校境外办学的优势与问题,并提出改进策略。第四,改革教育机构设置。高校应当设立专门的海外学院,配备优秀的领导干部、管理人员和公共课、专业课、实践课教师。对此,英国成立了专门从事教育出口的部门和人员,"所有大学都建立了从事国际宣传、招生、合同谈判、广告、资金筹集、校友联系以及福利资助等活动的团队"[②]。还应在分校内设立专门的党委领导班子,把控意识形态风险。第五,加强宏观规划与调控。科学预判各国、各区域教育、政治、外交、文化状况和人才需求状况,对我国高校境外办学的区域、国家、方位及办学布点统筹整体布局。

（四）风险管理

建立两个方面的常规联络制度:第一,建立境外办学机构与所在国家领事馆、办事处的常规联络制度,每年实行一次汇报交流活动。以官方力量保障境外办学机构的合法权益,合作解决办学中的政治、经济、外交方面的问题。第二,建立境外办学机构与国内大学及其主管教育部门的常规联络,以及时掌握海外办学中的状况、问题。

省级教育主管部门和教育部应当成立境外办学指导中心,着力管控高校在境外办学过程中出现的宗教冲突、政治冲突、法律冲突,协调中外机制差异;管控境外办学机构的财务风险,就其投融资、办学成本、债务风险等进行评估,及时介入,防止其因财务风险而被迫关闭。做好公共关系维护和境外办学的法务管理,全方位了解办学地的法律、教育法规,聘请熟悉当地法律的服务机构或法务团队进行知识产权的管理、处理境外办学过程中出现的各类纠纷等法律事务[③]。疏通信息渠道,加强与国内外法律机构的沟通,建立起良好的仲裁机制。

美国的境外办学起步早、发展快,有着战略思维。根据美国跨境教育研究小组（C-BERT）统计,截至2020年11月,58所美国高校在英国、法国、德国等35个国家设立境外分校86所,占全球高校境外分校总数的28.01%,总数位居世界第一。我国要积极借鉴

---

① 鄢晓.我国高校境外办学的动因分析和对策建议[J].高校教育管理,2016,10(3):66-70.
② 皮特·斯科特.高等教育全球化:理论与政策[M].周倩,高耀丽,译.北京:北京大学出版社,2009:61.
③ 李淑艳.我国高校境外办学:特点、问题与推进策略[J].高校教育管理,2019,13(1):98-103.

美国经验,把教育输出放在突出的战略地位上,把教育输出放在实现教育现代化、建设教育强国的高度去认识。

第三节 高职教育输出的江苏样本①

以教育开放推进教育现代化,是江苏教育的基本发展方向。2010年,江苏省成为全国首批"完善留学生培养体制机制,扩大留学生规模"试点省份,2015年全国首个高等教育国际化示范区在苏州独墅湖科教创新区成立。在《2018中国高等职业教育质量年度报告》发布的"国际影响力50强"榜单中,江苏省占据18个席位,比2017年增加4所学校,占比为36%,稳居全国第一位。可以说,江苏已经成为中国高等教育开放办学的风向标。研究江苏省高职教育输出的经验和做法,能够为我国高职教育国际化发展提供有益借鉴。

一、立足教育现代化,制度设计生成教育输出合力

教育政策对于教育实践具有重要的导向意义,发挥着教育资源分配、教育行为引导、教育效果评估的积极作用。制度设计,是江苏省高职教育输出大放异彩的重要推手。

在教育政策的制定中,江苏高职教育输出的价值和地位得到明确。为了改善留学生教育整体发展环境,丰富"留学江苏"品牌内涵,增强省域外国留学生吸纳能力,该省做了丰富细致的制度建设。其中,《江苏省教育厅关于大力发展外国留学生教育的意见》鼓励高职院校适应企业海外发展需要,积极开展留学生教育。《留学江苏行动计划(2014—2020年)》提出,要建设以南京、苏州、苏北为中心的3个外国留学生规模增长极,确保2020年江苏成为外籍人士来华学习的主要目标省份,每年在江苏就读的各类外国留学生达到5万人,要求包括高职院校在内的各类高校加快全英文授课课程建设。2016年启动的江苏省高等职业教育"卓越计划"提出了"输出高职教育江苏品牌"的目标和任务,支持高职院校积极参与国际教育分工、合作和竞争,支持"留学江苏"的纵深发展。在认可本科院校在留学生教育中的主体地位的同时,鼓励高职院校大力发展留学生教育工作。《江苏教育现代化建设高校监测评估细则》则设置了"教育开放度"一级指标和"国际化水平"二级指标,把"各类来江苏留学人员数≥5万人""职业院校相关专业的核心课程与国际通用职业资格证书对接比例≥20%"作为重要监测点,高职教育输出被纳入教育现代化评价体系。《〈高等职业教育创新发展行动计划(2015—2018年)〉江苏省实施方案》,则把"提升江苏高职教育的对外开放水平、国际影响力和竞争力"列入五大总体规划,要求着力建设高水平示范性中外合作项目,落实留学江苏行动计划,加快国际人才建设,推进教育品牌境外服务。通过以上政策梳理,可以看出,江苏省意在把高职教育输出放在教

---

① 本节发表于《职业技术教育》2019年第29期,收入本书时略有改动。

育现代化的大框架中去考量,将高职教育输出视为提升江苏高等教育国际化程度以及江苏教育对外开放综合实力的重要支柱,视为建设世界一流院校和国内优质院校目标的重要举措。

在基本保障方面,江苏高职教育输出获得了同等的资金支持。早在2010年,江苏就面向学历教育(博士、硕士、学士及高职专科)学生以及江苏友好省州郡县双边国际交换学生设立了茉莉花留学江苏政府奖学金,目前奖学金额度已经达到每年1 500万元。江苏还在设立茉莉花留学江苏政府奖学金的基础上,推动地方政府、高职院校设立留学生奖学金,建立了多方面的留学教育工作资金保障体系。其中,专科生全额奖学金(包括减免学费、住宿费、基本生活费、综合医疗保险)生均资助标准达到3万元/年。江苏还率先建立外国留学生生均财政拨款机制。从2015年起,高职院校在学历教育外国留学生生均拨款政策等方面与本科院校享受同等国际化政策与资源支持,鼓励江苏高职院校积极服务企业海外发展战略,为目标国培养培训技术技能型人才,为高职院校的留学生教育解除了办学资金障碍。

一定的教育规模是外国留学生教育发展的基础和重要指标。2016年,江苏省启动了"留学江苏目标学校"计划,遴选了40所基础较好、发展愿望强烈、改革成效显著的高校,作为"留学江苏"的目标学校和培育学校,并对每所高校提出具体的年度任务和阶段目标。之后,将根据考核和验收结果实行动态调整,对达成目标、增幅较大和建设质量较好的高校给予经费奖励。经过大力培育,2016年3所高职院校入选"留学江苏目标学校",7所高职院校入选"留学江苏培育学校",分别占比13%、41%,高职院校已经成为"留学江苏"教育的新增长点。

作为教育输出的主体,高职院校教育输出的意愿强烈,自觉性明显,普遍把高职教育输出作为争创江苏省卓越院校、优质高职院校短期办学目标与"国内一流、国际知名"长期办学目标的重要发展路径,写入院校发展的"十三五"发展规划、创新发展行动规划。其中,继续推进来华留学生招生、强化海外本科直通车等中外合作项目,是较为普遍的国际化策略,而国家示范高职院校则把海外办学、海外人才基地建设、留学生教育的内涵建设作为重点工作,以输出江苏乃至中国高职教育品牌的使命感、责任感,以更高的姿态、更鲜明的教育自信开展教育输出工作。

可以看出,江苏省高职教育输出的政策导向清晰,制度设计完备,从宏观设计到微观细化都走在全国前列,从而,推动了两大合力的生成:一是政府部门各项政策的指向性更加聚焦、明确,加速了教育输出理念共识的建构,引导高校、企业及社会资本的各类资源向高职教育输出这一典型教育实践汇合,逐渐形成了政策合力;二是高职院校与教育主管部门的政策响应度紧密联系,在自身学校的发展着力点上与主管部门的规划要求之间具有高度的协同性,在理念共识的基础上形成了教育输出执行力的合力。

二、强化教育自信,不断谋求国际化办学的大升级

在教育领域,江苏省对外开放意识强,教育实践久,具有良好的教育开放基础。江苏高校从 1955 年开始成批接纳外国留学生。1993 年金陵职业大学同澳大利亚昆士兰大学合作举办双联课程,成为国内高职教育领域首个跨国分段式合作办学项目,是江苏高职教育国际化的第一阶段。

第二阶段是推进中外合作办学。江苏高职教育以 3+0、3+2、3+1 中外合作办学、海外本科直通车、教师海外业务培训、学生海外学习交流等项目形式,实行联合学历教育、衔接教育,实现人员、项目、机构的跨境流动,"在中外合作办学历史上创造了'4 个最',即最早、最多、最优和最好"①。江苏省教育厅推动国家示范高职院校中美高素质技能型人才联合培养"百千万"交流计划(简称中美"3+2"项目)等高端教育合作项目,实行高位阶合作:一是中外教育合作双方必须是同层次同类型院校,杜绝与同低层次、教学水平差、濒临倒闭的普通社区学院合作,乃至要同 QS、泰晤士高等教育世界大学排名前 500 名的发达国家本科高校开展教育合作。推行重点、特色专业或者区域经济急需专业的本科分段培养,实行两种教学模式,获取专本两种证书。二是注重高端引进,包括国外先进的专业建设理念、教学方法、优秀外教、原版英文教材等。截至 2018 年 2 月,江苏高职高专层次中外合作办学机构及项目 199 个,占全国的 20% 以上,稳居全国第一。2018 年江苏省中外合作高水平示范性建设工程培育点,高职院校在 11 个培育点中占据 3 个席位。这一阶段的目标是着眼教育供给侧改革,为学生和家长提供多样的教育选择,同时着眼于借鉴域外资源,革新自身的教育理念,建构属己的教育体系,提升我方高职院校办学能力和人才培养水平。

经过近 20 年的引进和培育,江苏高职教育的特色和优势逐渐凸显,职业教育的江苏模式、江苏经验获得全国乃至国际职教界的认可,具备了教育输出的基本能力。随之,江苏高职教育的站位发生了变化,从仰视式的引入、学习、送出到平视式的共建、共培发展,教育的自信力逐渐成长。

第三阶段是发展留学生教育和海外办学,输出江苏职教模式的时期。在这一阶段,同样存在着江苏高职教育输出的不断升级。首先,2014 年以来江苏高职院校的留学生教育获得了蓬勃发展。从 2015 年的 1 030 人到 2017 年的 3 900 人(占全省留学生总人数的 30% 左右),平均每年以近 100% 的速度增长,"高职留学"正成为"留学江苏"计划的新兴力量。其次,创新教育模式,加强高端人才培养合作。2018 年,20 所高职院校成功入选"江苏外国留学生优才计划高技能人才项目",采用订单班方式培养国外留学生,为中国驻海外企业输送本土优秀高技能人才。同年,老挝"供用电技术"高技能人才订单培养等 8 个江苏项目入选首批"中国—东盟高职院校特色合作项目"和"中国—东盟双百职校强

---

① 郭新宇.高校引进境外优质教育资源标准探析[J].世界教育信息,2016,29(1):63-66.

强合作旗舰计划",占全国的40%。境外高技能专项人才的订单式培养、境外高校教师专业培训、境外学生短期访学等普惠式、教育援助式开放有序发展。这说明,江苏高职教育的模式和质量得到了国际职教领域的认可,对外国外学生的吸引力正在逐步增强。再次,反向培训逐渐成为常态。江苏向来重视教师的海外短期培训,2003—2016年共派出2.1万名教师出国培训。而在2015年,江苏职业教育实现了反向培训零的突破,其中,印度尼西亚工业部工业教育与培训中心的教师培训项目、缅甸职业教育师资定向学历教育培养、中新(南通)国际海事培训中心(2011)、柬埔寨西哈努克港经济特区共建培训中心等,为他国培训了大量的机械制造、高铁技术、数控、网络信息工程等专业的师资,培训水平得到了国外同行院校专家的高度认可。从次,共建职教人才技术培训中心。江苏高职院校依托专业优势,共建了南铁院中俄高铁实训基地(2015)、南工院苹果区域教育培训中心(RTC,2017)、南铁院欧亚高速铁路国际化人才南京实训基地(2015)、南信院海外(柬埔寨)培训与实训基地(2016)、江苏信息职院老挝磨丁经济特区苏信培训中心(2018)等,主要为"一带一路"沿线国家培养本国急需的先进技术人才。进而,江苏高职大力推进境外办学。早在2013年,江苏省运行的境外办学机构及项目就已达24个,覆盖了欧洲、亚洲、非洲、大洋洲以及美洲等五大洲,建设了众多境外职业人才培养培训基地[①]。其中,几内亚江苏海院韦立船员学院(2016)、江苏建筑职业技术学院老挝分校(2017)、南京科技职业学院印尼德龙学院(2018)等依托电子商务、物流管理、自动化技术、物联网技术、轨道交通施工技术、旅游管理等优势专业,在弥补了所在国产业人才需求的同时,构建了以江苏高职院校为核心,多校多专业资源共享、优势互补的国际职教合作大格局,初步形成了"一带一路"职教发展共同体。

三、对接国际标准,大力推进教育改革和质量提升

高职教育输出的重点是提高国际通行能力,也就是在理念的科学性、教学质量的优良性、教学模式的先进性、行业发展的贴近性、教学评价的标准性、教育实践的广泛适应性等方面获得国际职教界的高度认可,将我国的职教模式上升为国际职教界可以普遍实行的模式或标准,从而被其他国家或地区借鉴、引进。职教国际通行能力最终体现于教育教学质量。开发国际生源市场,参与国际教育竞争,必须建设具有国际标准的质量保证体系,提高教育质量的国际认可度。推动教育思想的国际化转化,加强教学能力建设,是江苏打造教育输出核心竞争力的关键措施。

(一)课程建设国际化与本土化并举

提高英文课程建设数量和质量,是江苏高职促进留学生教育提质增效的重要抓手。省级外国留学生英文授课精品课程建设工作于2014年启动,计划到2020年建成300门省级英文授课精品课程。为此,江苏省依托政府公派留学奖学金项目、高校优秀中青年

---

① 施蕴玉.高校境外办学:江苏的现状、形势与对策[J].扬州大学学报(高教研究版),2013,17(6):7-11.

骨干教师海外培训项目和海外教师培训计划等,每年投入1个亿左右,建设国际化师资队伍。经过多年的建设,成果明显。例如,在江苏高校省级外国留学生英文授课精品课程立项中,高职院校占比从2015年的11%增长到2018年的14.3%,课程类型上也从基础性、文化通识课程向专业课程发展。高职院校以高规格、高要求对待英文课程建设,在国家级、省级重点专业和精品课程基础上,组织行业、海外专家进行课程建设研讨,配备优秀师资,精心编制职业技能培养目标、课程标准、教学单元设计、教学组织方案、技能实训项目,注重教学内容的前沿性、权威性、系统性、完整性,更注重遵循国际惯例、体现中国特色。

对于国外优质课程资源,江苏高职教育不满足于中外合作办学时期的复制式引进,而是迅速走向改造式引进和共同开发,通过吸收融化,实现海外引进课程的本土化。其要点是,建立基于学分互认的中外课程衔接机制,对专业核心及基础课程进行1对1资源引进与转化,对照国际课程标准对校本专业课程进行逐一改造,按照职业技能要求和岗位任务重新组合课程,将课程分解成一个个知识点,再将知识点的逻辑关系整合成为相对独立的知识单元,实现专业课程建设标准国际化。这一过程,重在结合我国相关优势产业建立的技术标准,融入产业发展的前沿技术,开发更具有适应性的实践项目,使得课程建设既以国际标准为基础,具有了标准课程的统一性,又超越标准,具有更坚实的产业基础和更强的岗位适应能力。这种动态的课程开发思路及其成果,又返回欧美职教界,获得了课程标准认可以及学分互认,实现了课程建设从引进到输出的飞跃。如"高速动车组运用检修"等系列课程已陆续在美国加州大学、斯坦福大学以及俄罗斯多所铁路高校上线。获得国外高校学分认可后,江苏高职一方面减轻了中外合作项目中学生的课业负担,理顺了国内外学习的衔接关系,另一方面又实现了我方课程国际化,开辟了以课程输出为先导的教育输出模式,增强了国际职教界的课程通行能力。

（二）引进国际通用职业资格证书

推进高职院校专业课程与国际通用职业资格证书衔接,是江苏省现代职业教育体系建设、高等职业教育卓越计划(2016)的基本指标之一,《〈高等职业教育创新发展行动计划(2015—2018年)〉江苏省实施方案》提出,到2018年,20%的专业课程要与"国际通用职业资格证书"对接。

根据无锡职业技术学院戴勇教授的研究项目"江苏高职院校国际通用职业资格证书分析研究"的成果,截至2015年下半年,江苏省已引进国际通用职业资格证书的院校共有75所,已引进的国际通用职业资格证书共计153个,证书主要来自美国、德国、英国、澳大利亚等9个国家和地区,引进主要采用中外合作办学项目、非学历教育与职业培训、校企合作(外方在华代理公司或分公司)等方式,对接模式主要采用嵌入式[①]。SGAVE

---

① 崔凤娟.江苏省职业院校引进国际通用职业资格证书现状调查与分析[J].机械职业教育,2015(12):15-18.

项目、常州中德教育 AHK 项目等，通过与国外教育集团、跨国企业、中外合资企业、国外高职院校、政府部门进行证书培训合作，引进了大量国际化通用的专业教学资源。对接国际先进职业资格标准，开发专业标准和课程体系，有利于培养具有国际就业资格的国际化人才，也有利于引进国外证书的课程体系、教学方法、课程标准、能力目标，并在引进过程中开辟课程建设、专业建设的新方向、新思路，开阔专业教师的国际视野，提高师资队伍专业、课程的国际化建设能力、岗位技能指导能力和国际职教发展的竞争能力，从而最终提高高职院校的教育输出能力。

（三）工程技术教育的国际接轨和国际认同

《悉尼协议》是国际工程联盟（IEA）制定的三个国际教育协议之一，是由澳大利亚等部分发达国家和地区制定的关于工程专业技术人员学历资格互认的权威协议。2016 年在南京成立的《悉尼协议》应用研究高职院校联盟，围绕专业核心能力指标、课程大纲设计、专业认证工作实施方法、专业诊断与改进开展实践性研讨，旨在推进我国高职院校工程专业质量保障与学历认证标准的研究和实践，致力于打造"实质等效"的高职工程技术教育。

由此，不少江苏高职院校展开了对接《悉尼协议》的大规模的教学改革。这项改革以成果导向的工程教育理念为切入口，改变传统的"以课程中心、内容体系化、投入为主"的专业与课程建设惯性思维，应用"成果倒推""反向设计"思维促进学校《悉尼协议》范式教学设计改造，从课程导向向产出导向（OBE）转变、从以教师为中心向以学生为中心转变、从质量监控向持续改进转变。在教学设计中，形成了"职业需求—培养目标—毕业要求—毕业指标点—课程体系—教学要求—教学内容"的反向思路，解决了教育结果与职业需求的不贴合的问题。在教学质量评价与监控中，实行"评价—反馈—改进"反复循环的持续改进措施，持续地改进培养目标，以保障其始终与内外部需求相符合；持续地改进毕业要求，以保障其始终与培养目标相符合；持续地改进教学活动，以保障其始终与毕业要求相符合。这些教学改革，以全球化工作场所工程技术人员的能力为设计目标，坚持职业教育的职业性和国际性两个属性，提升了江苏高职人才的职业适应能力和国际流通能力。

（四）质量管理进入精细化阶段

江苏高职院校致力于推动留学生和本国学生培养工作同质化，为此，建立了聘请教学检查员听课指导制度、同行教师听课评议制度、教学信息员信息反馈制度、学生对教师教学质量评价制度和校内网络信息搜集制度的"五制并举"的教学质量监控与评价体系，其本质是推进留学生结果目标考核向培养过程考核的转变。同时，在留学生教育的管理工作上，进一步精细化，纷纷成立了留学生招生、事务管理委员会，并颁布了《外国留学生学籍管理办法》《外国留学生违纪处理规定》《外国留学生公寓管理规定》等系列规章，留学生管理走向规范化、制度化。

四、借力发展,搭建联盟与平台谋求高职教育话语权

江苏高职教育输出注重集合效应,实施职业教育集团化办学,产生了政府主导型、院校主导型、企业主导型、教育中介主导型的办学模式,在各实体间搭建多赢的互补性联盟。

第一,承接"一带一路"沿线国家政府职业教育培训项目。"一带一路"倡议是江苏高职教育输出的基准框架,服务"一带一路"的嵌入式发展是江苏高职教育输出的借力发展策略。江苏省充分挖掘高职教育在东南亚、非洲、中亚等区域的输出潜力,引导高职院校积极承担沿线国家的长短期各类非学历教育。高职院校纷纷派遣骨干专任教师赴印度尼西亚、泰国、柬埔寨、埃塞俄比亚、南非等国执行境外教育教学任务,派遣经验丰富的学管人员在当地承担学员的管理任务,派遣管理人员与企业共同做好日常管理和教学任务的安排。

第二,服务优势行业、企业的"走出去"战略。江苏省高职院校携手"走出去"企业开展留学生现代学徒制试点,大力培育"熟悉当地人文社情、具有国际视野、通晓国际规则的本土高技能人才"。项目采用跨国双主体育人,创新构建出了"标准引领、平台支撑、文化交融、校企联合"人才培养模式,实现外国留学生招生培养就业一体化,有效缓解了中国"走出去"企业对本土高技能人才的需求,彰显出中国职教的实力与魅力。积极服务"江苏企业走出去",与柬埔寨泰州商会共建"江苏经贸柬埔寨职业教育中心",与印度尼西亚南钢武龙钢铁有限公司筹建"江苏经贸印尼南钢职业教育中心"。服务中国高铁"走出去"战略,为印度尼西亚、泰国和老挝等国家培养高铁国际化人才。

第三,加强与本科院校的联合。如南京铁道职业技术学院与清华大学高速铁路技术研究中心合作建设高铁人才培养O2O创新中心,充分利用清华大学铁路学堂MOOCs平台,合作开发线上高铁MOOCs课程,该校高速铁路综合实训基地作为清华大学MOOCs线下配套基地用于实践教学。

第四,依托国际职教联盟平台。打造教育主场,分享教育权益、发出江苏教育声音,江苏职教在这些平台中发挥了积极作用。依托中国高铁、交通施工技术、通信技术、电子商务等智能制造、现代服务业的行业优势、技术优势,江苏高职教育输出呈现出鲜明的行业特色,出现了一批中外行业联盟。江苏高职院校在欧亚交通高校国际联合会、中国教育国际交流协会职业技术教育国际交流分会(CEAIE-VEC)、中国—东盟职教合作联盟等重要国际职教组织中担任副主席单位、理事长单位、秘书长单位、成员单位或牵头单位,承办了第八届欧亚交通高校国际研讨会(2015)、欧亚铁道院校校长论坛(2015)等国际职教学术会议。江苏省共有28所高职院校成为中国教育国际交流协会会员单位。在这些国际职教组织内,江苏高职院校积极致力于增强联盟内部师资流动、访学与培训,推动联盟内部合作办学和学生流动,促进校际学分互认与学生交流,合作进行留学生招生

和培养。在亚、欧、美等国家的职教高校中,传播江苏职教的课程理念、课程标准、职业技能指标,阐述江苏的职教思想和模式,分享江苏的职教成果和经验,输出江苏职教的质量标准、评价标准,获取国际职教领域的话语权。

第五,依托政府搭建的职教交流平台。江苏省人民政府、教育厅搭建多种交流互动型的教育平台,展示江苏职教成就,以政府之力将江苏高职推出去。其中,江苏省教育厅组织的哈萨克斯坦、乌克兰等国"留学江苏"高等教育展及招生推介会(2017),就带领省内10所高职院校参展,充分展示了"留学江苏"品牌内涵,有力推动了江苏与境外学校的交流与合作,进一步扩大了江苏教育对外开放的影响力。世界职业教育展(2016)、"留学中国"教育展等大型留学推介活动,开拓了"丝绸之路经济带"沿线国家的招生渠道,建立了较为稳定的政府间、高校间境外招生合作关系,建设了较为稳固的留学生生源基地。

多年来,江苏高职教育输出走出了开放融合、系统培养、协同育人的江苏特色之路,是高职教育领域响应国家扩大开放战略的协同共振的典型和样板。政府鼓励和支持高职院校积极参与国际教育分工、合作和竞争,高校服务省域城市、企业、人才"走出去"战略,企业补全"走出去"的人才短板,出现了省域集团化教育输出的共生共存的良性局面。在援助东盟、开展"一带一路"沿线国家技术技能培训和学历职业教育中,用"江苏话语"向世界充分地展示了职业教育的"江苏经验"。

第九章 "一带一路"教育共同体建设机制

根据国家统计局数据,2020年我国对"一带一路"沿线国家进出口总额93 696亿元,其中"一带一路"沿线国家对华直接投资(含通过部分自由港对华投资)新设立企业4 294家[1]。后虽然因疫情略有下降,但毋庸置疑的是"一带一路"沿线国家与我国已经形成了经济共同体。截至2021年6月23日,中国与140个国家和32个国际组织,签署了206份共建"一带一路"合作文件。"一带一路"建设已经成为当今世界百年变局中的重要公共产品、建设人类命运共同体的重要平台,进一步扩大对外开放特别是教育对外开放的重要载体,是中国教育走向世界舞台中央的路线图[2]。《推进共建"一带一路"教育行动》(2016)、《推进共建"一带一路"教育行动国际合作备忘录》(2019)都从共建人类命运共同体的高度,提出建立"一带一路"教育共同体,重点实施"丝绸之路"留学、合作办学、师资培训、人才联合培养与教育援助计划,推进政策、渠道、语言、民心与学历的相通与互认,发挥教育在共建"一带一路"中的基础性和先导性作用。

第一节 教育共同体建设的理念与原则

建设"一带一路"教育共同体是适应教育全球化、促进沿线国家民心相通、提高沿线国家教育竞争力、履行中国的大国责任的需要。其可行性也源于"一带一路"沿线国家的诸多相通性:沿线国家大多处于同一经济社会发展阶段,面临着同样的教育需求;在教育上,普遍产生了经济发展与教育发展不相匹配的矛盾;在教育的发展过程中,沿线国家出现的教育问题是共通的,也迫切需要探寻教育出路。当然,"一带一路"教育共同体的建设也面临着沿线国家的宗教文化、教育发展水平、各国对全球化的态度的较大差异的难题,还面临着教育共同体建设可能被意识形态化的问题。

教育共同体是"一带一路"命运共同体的重要组成部分,必然惠及沿线国家的教育发展和教育现代化、增强"一带一路"区域教育竞争力。建立教育共同体,是一个涉及政治、经济、文化多方面因素的系统工程,必须综合确立科学的建设理念和原则。

---

[1] 国家统计局. 2020年对"一带一路"沿线国家进出口总额93 696亿元[EB/OL]. (2021-03-01). http://brisbane.mofcom.gov.cn/article/jmxw/202103/20210303041678.shtml.

[2] 教育部. 全面推进共建"一带一路"教育行动[EB/OL]. (2019-02-20). http://www.gov.cn/xinwen/2019-02/20/content_5367017.htm.

一、教育共同体建设的目标指向与基本理念

建设"一带一路"教育共同体,还需要思考我们应当把它引向何处,应当奉行何种价值指向,走向何种建设目标。只有确定这种发展指针,才能更好地汇聚人力、物力、财力,使它走在健康发展的道路上。

(一)确立服务性质

我们要确立共同体的服务性质,为"一带一路"沿线国家的经济社会发展做出贡献。我们可以看到,沿线国家除了新加坡等,其他国家都是发展中国家,都面临着能源枯竭、产业转型、产业附加值不高等共同的经济发展困境,也面临着社会贫富分化、性别及宗教纷争等社会问题。如何追赶发达国家的脚步,在信息技术产业、半导体产业、汽车产业、新能源产业取得突破,尽快实施生态环境保护,建设高效有力的政府组织,一直是"一带一路"沿线国家经济社会发展共同面临的问题。"教育共同体"不应仅仅限于教育领域,而要以更为开阔的视野、更强的国际责任感,促进沿线国家的经济社会发展与转型。当然,教育共同体不能直接促进经济社会发展,而是通过人才培养体系的建立来实现的,即通过改造专业结构和人力结构,来推动经济社会的变革。

(二)确立人文性质

我们需要确立共同体的人文性质,为"一带一路"沿线国家的文化交流做出贡献。"一带一路"倡议旨在促进沿线国家的政策沟通、设施联通、贸易畅通、资金融通、民心相通。其中,"民心相通"的实现渠道就是促进各国人民,尤其是青年的文化交流、相互理解,即必须依靠教育的发展。教育共同体的建立,将让沿线国家人民群众,尤其是青年学生,了解多样而丰富的异质文化,认识不同文化背后的历史根源、社会基础、发展条件,从而,帮助他们拓宽文化视野,接纳文化的多元性,理解各国政治文化体制的合理性,减少不同国家、不同制度之间的文化偏见、制度隔膜。这既是教育共同体发展的目标,也将为"一带一路"经济共同体、政治共同体、外交共同体奠定文化基础,同时,也有利于消除"一带一路"区域内的政治、文化、宗教冲突,促进区域和平发展。

(三)确立教育性质

我们需要确立共同体的教育性质,为"一带一路"沿线国家的教育改革做出贡献。教育共同体的建立,依赖各国以高度的教育开放胸怀,在一定范围内履行共同体制定的教育计划、教育标准,加入教育共同体的学制体系、学历资格体系、课程体系、专业标准体系,开展学分、学历的等值互换机制,推动"一带一路"范围内的教师和学生的自由流动。共同体的教育目的始终是首要的,主要包含:

1. 探索适应"一带一路"发展中国家经济社会发展阶段的教育方案,推动沿线国家的教育改革,促进沿线国家的教育质量提升;

2. 参与全球教育治理,为"一带一路"沿线国家和发展中国家争取更为充分的教育话

语权和教育发展权益;

3. 建立新的世界级学习中心、世界级留学中心,促进人才流动。共同体的教育使命,要求它始终围绕沿线国家的教育发展而不向政治、宗教等方面偏移。

(四) 确立开放性质

我们还要确立共同体的开放性质,为"一带一路"沿线国家的教育合作做出贡献。"一带一路"倡议作为中国提出的全球层面的治理构想,不同于西方带有严重政治、军事壁垒的防卫性质的、封闭的共同体概念,带有鲜明的中国文化特色。"一带一路"共同体所强调的就是一种共同的理念,不是你的或我的,而是"我们"的,"一带一路"倡议下的共同体汲取了中国古代天人合一、天下为公、和而不同的思想[①]。国际教育合作必须建立在平等互利、尊重主权的基本原则之上,只有尊重沿线国家的政治文化差异和教育发展水平差异、国家的教育发展思想差异,才能有共同体和谐共建的可能。因此,教育共同体的建设要以开放、包容的心态,进行教育资源的共享共建,推进人才流动,吸取先进教育教学经验,改革本国教育,提高本国教育教学水平和人才培养能力。

可以说,"一带一路"教育共同体是在尊重各国差异和特色的基础上进行的资源共享、优势互补[②]。这使得"一带一路"教育共同体成为一种新型的教育合作方式,本质上也是发展中国家实现教育互助、教育共进的共同努力。

二、建立"一带一路"教育共同体的原则

确立原则,往往意味着划定底线和根本性要求。制定教育共同体建设的基本准则时,需要综合考虑共同体建设的发展目标、沿线国家的国情差异,要在尊重沿线国家政治、经济、文化发展状况的基础上划定共同遵守的红线。确立这些原则,既是对欧盟教育一体化发展经验的借鉴,又是"一带一路"教育共同体建设与发展新准则的探索。

(一) 非政治原则

不同于欧盟教育一体化,"一带一路"沿线国家政治制度多样,除了中国、越南是社会主义政体之外,多数国家实行资本主义制度,沙特阿拉伯为君主专制政体。戴着政治有色眼镜看待教育,时刻以政治制度划分教育的区隔,必然难以成就教育共同体。这就需要沿线国家撇开对政治体制的偏见,实行避开关涉政治内容的教育合作。

(二) 非宗教原则

欧盟国家多为基督教国家,在宗教信仰上不容易发生冲突。"一带一路"沿线国家几乎聚集了全球所有的宗教类型。在"一带一路"沿线国家的总人口中,有宗教信仰的人口

[①] 张力玮,徐玲玲."一带一路"倡议打造新型全球治理模式和新型共同体:访中国人民大学国际关系学院王义桅教授[J].世界教育信息,2017,30(20):7-13.
[②] 郄海霞,刘宝存."一带一路"教育共同体构建与区域教育治理模式创新[J].湖南师范大学教育科学学报,2018,17(6):37-44.

大约占总人口的80%,其中穆斯林、基督徒、印度教徒、佛教徒、民间宗教信仰人口数之比大致为16:14:10:5:5[①]。虽然我们不否认构建人类命运共同体中的宗教认同作用[②],但其对于分裂教育共同体的影响也不容小觑。如果在教育中掺杂宗教因素,必然在教育共同体中加剧宗教纷争,破坏共同体的利益共通性。

(三)互利互补原则

中国建立起了产业类型最为完备的经济体系,也建立了规模最为庞大、专业类型丰富的高等教育。在"一带一路"教育共同体建设中,中国可以输出自己的优势学科、课程、教材资源,输出人才培养标准、教学标准,惠及其他国家的教学质量。同时,由于资源不同、发展历史不同、产业发展的重点不同,不少国家也形成了自己的强势专业、优秀教学科研团队,或者已经发展出一系列先进的教育理念、教学模式。只有教育上的互补互鉴,双向或多向的教育交流,才能保障教育共同体的长远发展。

(四)尊重教育主权原则

民族国家与超国家组织之间,始终存在着教育主权的争夺问题。对于一个国家来说,任何侵犯教育主权的行为必然遭到抵抗。比如,教育市场的过度开放,导致外国政治、经济、文化势力掌控本国教育,推行外国的政治意识形态、文化观念,从新一代培养对外国文化的认同感和归属感,导致教育偏离本国发展需要,成为本国发展中的对立面和客体,这种一体化不会得到该国政府的允许。或者,建立所谓的"超国家组织",对成员国的教育指手画脚,直接参与成员国的教育决策,掌控成员国的教育标准、财政投入、人才培养方向等,这种入侵式的"教育共同体"也不会得到成员国的允许。因此,超国家组织必须在有限范围内开展工作,其主要工作方式是通过发表共同体的政策指引、教学质量指标和质量报告、年度教育概览、教育倡议、教育诊断、教学和科研项目申报、教育基金投放等有倾向性地去"影响"他国教育发展,实施"柔性领导",而不是入侵式的直接教育干预。可以看出,超国家组织不具有权力性质和强迫执行的能力,而是以"影响"和"建议"的方式开展工作。因此,如何在施加影响与维护成员国教育主权独立方面取得平衡就成了建立"教育共同体"的难题。

第二节 "一带一路"教育共同体的建设

当今世界深处种族冲突、意识形态冲突、政治冲突之中,世界的分裂性与区隔性越来

[①] 一带一路沿线国家宗教格局及其沟通策略[EB/OL].(2018-02-12). https://www.sohu.com/a/222452310_682144.
[②] 郭志云.论宗教交流与"一带一路"战略[J].天津市社会主义学院学报,2016(4):46-49.

越明显。在此背景下,"世界非常需要能在一体化、和解和团结方面发挥作用的影响力"[①]以弥合当今的世界性割裂。联合国教科文组织显然更加推崇教育系统,尤其是学校在推动和解和社会一体化方面带给世界的希望。

一、从国际经验看教育共同体的合作机制

教育相通促进文化交流和民心相通,必然在"一带一路"人类命运共同体建设中发挥重要作用。"一带一路"教育共同体不同于欧盟的博洛尼亚进程,有着自身的特点。我们需要借鉴其他国际教育组织一体化的先进经验,又需要结合自身进行机制创新。

(一) 资源共享与教育合作

非均衡是资源配置的正常状态。不同的国家,在不同方面的资源的丰富性、有效性上是不同的。教育资源的共享可以是强强联合,比如一个国家的先进实验室同另一个或多个国家的优秀科研团队的联合,比如一个国家的优势学科同另一个国家的先进教育技术的联合。教育资源的共享也可以是强弱联合,以强带弱,提高教育弱势国家的教育教学水平。比如,职业教育强国的人才培养模式与弱势国家的共享,优秀校长和教师给予教育弱势国家的教育援助等。

除了资源共享交流之外,教育共同体更要加强教育合作,尤其是在重大攻关项目方面的合作:一是重大科研攻关项目的跨国合作。沿线国家可以跨国组建教授团队和优秀博士团队,共同面对国家发展中的难点、重点,尤其是关系到该国公民生活水平、医疗健康水平的重大议题。在教育共同体中形成的"科技共同体",必然大大提高教育共同体的整体科技水平。二是教育发展重大攻关项目的跨国合作。比如发展中国家的教育适应第四次工业革命问题、工科人才培养规格、面向 21 世纪的大学生核心素养、教育大众化与精英化协调发展、教育普及化中的教育质量、学生学业能力测试方法与标准等,需要"一带一路"沿线国家召集各国教育部长、教育家和产业界进行集中攻关性研讨。

(二) 质量标准化与互认互通

欧盟开启的博洛尼亚进程旨在建立人力资源的自由流动机制,而这种流动机制是以欧盟成员国相对稳定、统一的教育框架和一致的行动标准、教学质量标准为前提的。"一带一路"教育共同体同样需要促进沿线国家内部的人才流动,推动共同体内人才的自由就业,使之真正成为"人才的共同体"。这需要"一带一路"沿线国家建立相对统一的学制体系,制定相对统一的课程体系、教学模式,以及专业建设标准、课程标准、学生能力标准、技能操作标准等标准体系,从而建立可比较、可学分互认的教育质量体系,为教育共同体内的互通互换互认奠定基础。

为了进一步推进共同体内的教育流动,需要推行不同国家颁发的毕业证书的效力、

[①] 联合国教科文组织总部.教育:财富蕴藏其中[M].北京:教育科学出版社,1996:175.

学力认定。统一的教学标准、课程体系使"一带一路"沿线国家实行"学分银行"和学分互认成为可能。学生因此就可以在不同国家获得不同课程的结业证书,并可以凭借学分获得情况到不同国家申请毕业证书,随之也可以此毕业证书到不同国家就业。如此,教育共同体内的教育合作便具有了实质内容,学生流动机制便建立起来了。建立区域性的资格框架制度体系的意义在于,建立统一可比的"学力等值"标准,各国遵循同一标准开发课程模块和培训教师,为师生在沿线各国和地区的流动奠定基础[1],即破除"一带一路"留学生教育的学力机制障碍。需要注意的是,这种互认互通机制应当坚持区域的内部性和本地性,正如欧盟的《里斯本公约》。它与原有公约的共同点表现为,它们都是内向型的开放公约。之所以内向,是因为公约的目的是为了协调欧洲地区国家内部的教育资格认可的关系,不强调欧洲地区作为一个整体如何同其他地区进行教育资格认可的合作[2]。

(三)产教协同

根据欧洲一体化的经验,"现实的欧洲一体化最早开始于经济领域,随后才推广至政治、军事、文化、教育等领域"[3]。经济利益结成的共同体,建立在互利共赢基础上,往往一体化成效更为明显,基础也更为牢固,即教育共同体在利益共同体中才能真正建立起来。对应教育共同体,应当围绕沿线国家的产业发展、巨型跨国公司发展的需要,在产教融合中建立经济与教育协同的共同体合作机制。中东欧国家处于后工业化时期,对航空航天、信息技术产业的人才需求大,西亚北非国家的人才需求集中在石油开采、石油加工等能源类传统工科领域,东南亚、南亚、东亚和中亚工业实力较弱,在农产品加工、制造业、采矿业和纺织业等传统工科领域存在潜在人才需求[4]。教育共同体不在于沿线国家专业布局的趋同,形成统一的人才培养方案,而在于以教育共同体的力量,针对所在国家的优势产业、国家产业发展规划,能够起到扶助和促进作用。只有这样的教育共同体,才能被沿线国家所需要、所支持。

(四)教育市场的开放

教育市场的开放也应当作为教育共同体合作的要义。教育服务贸易兼具经济和教育的双层价值,在关贸总协定的经济谈判中,教育作为一种贸易形式被要求有限地开放。从近十年来的教育开放来看,教育开放越来越与资本流动融合,越来越具有教育服务贸易的特征。在资本推动下实现合作办学和境外办学,虽然存在资本逐利性的问题,但在推动教育适应教育输入国的经济发展需求、解决办学资金、实现教育治理多元化方面显

---

[1] 郄海霞,刘宝存."一带一路"教育共同体构建与区域教育治理模式创新[J].湖南师范大学教育科学学报,2018,17(6):37-44.
[2] 胡焰初.《欧洲地区高等教育相关资格认可公约》述评[J].武汉大学学报(哲学社会科学版),2007,60(1):129-134.
[3] 李化树.建设欧洲高等教育区:聚焦博洛尼亚进程[M].北京:人民出版社,2014:21.
[4] 林健,胡德鑫."一带一路"国家战略与中国工程教育新使命[J].高等工程教育研究,2016(6):7-15.

示出极大的优越性。我们难以想象不求任何经济利益的教育合作会具有持续性,也不能期待优质大学和优质教学资源的纯粹公益性质,资本加持的教育合作将更具潜力。沿线国家开放教育市场,允许大学之间就优势专业进行合作共建,实施3+1、3+2、4+1等分阶段教学和分阶段学业证书制度,为沿线国家提供多样的教育形式。允许在工程人才培养、专科培养方面具有优势的大学在沿线国家开办境外分校,能够为教育输入国提供先进的教育经验、教学模式、人才培养标准和教育管理观念,有助于提升输入国的教育质量。

（五）发展战略的衔接

服务"一带一路"沿线国家的教育发展,是教育共同体的使命。共同体应当牵手沿线国家或组织的经济、教育发展战略,与这些国家的发展愿景精准对接,形成战略协同。比如,欧盟的"容克计划"、俄罗斯的"欧亚经济联盟"、蒙古国的"发展之路"、哈萨克斯坦的"光明之路"、波兰的"琥珀之路"、沙特的"2030愿景"、非盟的"2063议程"、匈牙利的"向东开放计划"等。

共同体还负有传达、贯彻国际重要教育共识、价值观的责任,保持同重要国际组织的教育思想、发展战略同步。今天,国际上在教育公平、环境教育、教育的人文价值、非洲教育援助、以人工智能提高教育质量、女童教育、终身学习、全民教育、学习化社会、未来教育等方面形成了诸多共识和价值观。共同体建设不但不应相悖于它们,而且要致力于维护、服务于这些价值观。共同体还要同重要国际教育组织的教育决议、战略相衔接,如联合国教科文组织的《变革我们的世界：2030年可持续发展议程》（*Transforming Our World*:*The 2030 Agenda for Sustainable Development*）、《2030年可持续发展议程框架下的可持续发展教育》（*Education for Sustainable Development in the Framework of the 2030 Agenda for Sustainable Development*）,经济合作与发展组织（OECD）"素养的界定与遴选：理论和概念基础"项目（DeSeCo）,以及欧盟的"标准化战略"（2022）、欧盟的"欧洲教育区2025行动计划"（2021）、《数字教育行动计划》（2021—2027）等。事实上,这些组织也正期待更大范围的教育合作。比如,欧盟就提出了加强与中国等战略合作伙伴的教育合作的诉求,释放了教育领域合作的积极信号[①]。

（六）教育政策和计划的区域一致化

欧盟教育一体化的巨大成功为"一带一路"教育共同体的发展提供了宝贵经验。欧盟通过《欧洲教育绿皮书》《普通教育和职业教育教学与学习白皮书：通往认知社会的道路》《普通教育和职业教育绿皮书：跨国流动障碍的考察》《为了一个知识的欧洲》等重要教育文件,为各国提供教育发展指导。而博洛尼亚进程和彗星计划、欧洲技术网计划、坦帕斯计划、伊拉斯谟计划、佩特拉计划、语言计划、达·芬奇计划、苏格拉底计划、欧洲学分转换体系等教育计划,则为各国提供了发展路径,使各国处于大致相同的发展阶段,走

---

① 杨进.欧盟教育改革确定新方向[N].中国教育报,2021-01-15(5).

进进程大致一致的发展区间,为一体化提供了"等值资格"的框架。这种一致化进程的威力深深地影响了拉美地区政府和高等教育机构,加上欧盟主动与其他区域进行合作,于是,"欧洲—拉美高等教育合作区"得以建立[①],使教育共同体同其他共同体进入良性互动阶段,扩大了欧盟教育共同体的影响空间。

二、"一带一路"教育共同体的共建策略

建设"一带一路"教育共同体是一个庞大而系统的工程。从欧盟、东盟的教育共同体建设经验看,共同体的发展有赖于形成积极合作、互利共赢的共识,并在政府推动下制定具体的教育合作策略。

(一)政府主导下的多元主体共同参与

我们需要将教育共同体定义为一个政府间组织,即要求政府以官方形式拟定合作框架,搭建国家间合作平台,签订国家间学分互认、学历互认的关于教育通行性的合作备忘录,并在国家内部执行教育共同体的相关教育决议。所有的政策文本,需要以国家名义得到确认,才能获得在国家内部和国家间通行的可能性。我国政府已经举办了两届"一带一路"国际合作高峰论坛,推动各方的战略合作对接,深化伙伴关系和联动发展机制,取得了包括教育在内的数百项合作成果。而对于"一带一路"教育共同体来说,民间组织的积极参与更加重要。《推进共建"一带一路"教育行动》要求加强各国人民,特别是青年人之间的民间交流,增进感情和理解。"一带一路"沿线国家复杂的政治、经济、文化状况,要求减少政府组织的强力干预,通过企业、学校、社会组织的非官方、非政治的民间交流来增强各国人民群众"命运共同体"的意识。同时,"五通"的落实主要依靠企业、学校等社会组织来实现,若没有产业、教育作为依托,共同体建设就无处落地。

(二)服务智库及其教育支持

根据东盟、欧盟的经验,"一带一路"教育共同体要建立各国教育部长联席会议制度,或者执行轮值主席制度,定期召开教育部长联席会议,报告各国教育发展成就与困难,提出教育发展策略,形成具有建设性的教育宣言、教育共识或教育框架。教育部长会议或教育战略联盟,作为教育政策、规划的顶层设计者,起到宏观规划沿线国家教育发展的职能。作为教育政策、决议、宣言的具体实施者,教育共同体还需要成立智库组织,比如"一带一路"教育委员会、教育执行委员会、教育研究中心等。其作用是监测"一带一路"沿线国家的教育发展状况,分析教育发展中的问题,对照各国国情和国际教育发展趋势,分析教育发展的问题和对策。该智库组织应当开展"一带一路"沿线国家教育的国别研究、宏观政策研究和实践案例研究,分析各国产业发展趋势和人才需求,监督各国执行相对统一的先进的教育发展标准,做好教育质量保障和等值互换机制。例如:世界银行为越南

[①] 李长华. 推进欧洲高等教育一体化的博洛尼亚进程[J]. 外国教育研究,2005,32(4):69-72.

实现在2016—2020年阶段经济社会发展计划中所提出的优先目标提供了大力支持;世界银行也曾发布过针对中国教育的国别研究报告《21世纪中国教育战略目标》。还要建立"一带一路"大数据服务平台,做好"一带一路"沿线国家教育统计、教育数据分析、人才需求、招生就业信息发布、留学生信息发布等。各国高校还可以成立高校联盟,就课程建设、专业设置、实验实训室建设、科学技术研究等方面进行广泛的合作。为防止共同体的建设走向弥散化、松散化,要持续不断地开展工作,定期召开会议,建立长效合作机制,以巩固"一带一路"教育共同体的合作关系。

(三) 从教育共同体到命运共同体

互相需要,才能建立起真正的共同体。共同体建设必须基于两大原则:一是问题驱动,即共同体能够以高度的专业水平、开阔的国际视野,深入分析沿线某一国家教育发展中的难题、困境,制定出本地化的教育改革方案。只有取得了良好的教育改革成效,以高质量的教育促进了本国经济社会发展,教育共同体的专业水平才能得到认可,其凝聚力才能增强,其存在价值才能够得到确认。二是资源互通,即课程标准、教材、课程设置、教学计划、人才培养标准、教学数字资源以及优秀教师资源的互动与交流,也包括科学研究方面的合作、特定国家重大科研项目的联合攻关、科学实验室的共享共建等方面。"一带一路"沿线国家需要以高度开放的姿态,广泛吸取其他国家的教育经验,引进先进教育资源。从互相需要、互相支持出发建立起来的教育共同体,将更好地联结各国人民,将使各国从教育共同体走向命运共同体。这是教育建设"一带一路"命运共同体的主要方式。

(四) 从产业共同体走向教育共同体

"一带一路"工业发展阶段的共同性,使得产业能够成为筑造沿线国家"职教命运共同体"的桥梁。我国的"鲁班工坊"是以服务合作国家产业发展、培养合作国家职业技能人才为主要宗旨的共同体建设模式,形成了我国参与全球职业教育治理的合作网络[①],现在看取得了较大成功。我们认为,"一带一路"教育共同体的主要使命是服务沿线国家的产业升级转型,改造夕阳产业,改善所在国家的就业率和人民的收入水平,提高沿线国家的科技竞争力和综合竞争力。教育共同体要建立服务产业发展的观念,深入调研沿线国家的产业发展政策和产业规划,调研沿线国家企业的人才需求,有针对性地培养产业人才。再具体地说,教育共同体就要服务于企业,可以采用订单班、本地职业技能培训等方式,解决企业发展的人才瓶颈。教育与产业不相分离,教育共同体也要走产业协同的道路。如此,"一带一路"教育共同体才有更实际的经济依托,教育实践才能有更为坚实的产业基础和现实依据。

---

① 王岚,杨延. 全球职教命运共同体:基于"鲁班工坊"看中国参与全球职业教育的网络治理[J]. 中国职业技术教育,2021(6):12-19.

三、"一带一路"教育共同体建设的保障机制

单单厘清合作内容,对于教育共同体的顺利运行来说远远不够,有效的促进与保障机制显得更为重要。

(一) 政府搭建合作平台,为教育共同体提供载体

除了资本推动以外,政府的深度参与是"一带一路"教育共同体建设的关键。中国政府注重共同体的平台建设,分别于2017、2019年主办了两届"一带一路"国际合作高峰论坛,发布的联合公报包括共同体建设的原则、愿景,并围绕政策沟通、设施联通、贸易畅通、资金融通、民心相通,分别取得了270多项、283项务实成果。第一届论坛注重深化教育、科技、体育、卫生、智库、媒体以及包括实习培训在内的能力建设等领域务实合作。中国教育部与俄罗斯、哈萨克斯坦、波黑、爱沙尼亚、老挝等国教育部门签署教育领域合作文件,与塞浦路斯签署相互承认高等教育学历和学位协议,与沿线国家建立音乐教育联盟。第二届提出的主张是:我们重视加强在人力资源开发、教育和职业培训方面的合作,以增强民众更好适应未来工作的能力,促进就业并提高人民生活水平。这种政府间的合作协议,以最高公信力促进共同体的建设。从欧盟、东盟的教育共同体看,虽然在初期教育交流的比重不高,但随着经济共同体建设的深入,教育共同体将受到越来越多国家的重视,甚至作为推动区域一体化的重要文化载体。

(二) 创建中立的超国家教育组织,为教育共同体提供运行组织

在全球化时代,权力进一步多元化和国际社会化,超国家组织、非政府组织"在全球管理中成了真正的第三支力量"[①]。伴随而来的超国家权力和国际社会权力"在一定范围与限度内,可以影响乃至强制一国或多国的国家权力服从国际权力,促使或迫使一国的法制朝共同的国际规范接轨、趋同"[②]。欧盟委员会专设教育和文化委员,联合国专设教科文组织,经济合作与发展组织专设教育专业委员会,此外还有东南亚教育部长组织、南亚东南亚大学联盟等超国家组织,它们为推动世界或区域教育共同体的发展做出了重要贡献。"一带一路"教育共同体同样迫切需要成立一个超国家的、为沿线国家提供教育咨询、决策、研究服务的工作机构,推动教育决议的执行、研究教育标准与教学模式、形成区域教育共识。当然,这种超国家组织的运行机制仍然需要我们思考。这个超国家组织提供的教育方案应当具有相当的先进性、前沿性和与沿线国家教育实践的适应性,其推行方式是建设性和建议性的而非强制性的。这里的"中立"不代表对教育状况不加批判与反思,而代表着"去政治化""去意识形态"以及地方性的价值观念植入。同时,"一带一路"超国家教育组织必须在尊重沿线国家教育主权的前提下开展工作,所有的教育数据的获得、教育实证考察都需要获得官方授权,对沿线国家的本土教育决策和教育改革保

---

① 郭道晖. 权力的多元化与社会化[J]. 法学研究,2001(1):3-17.
② 郭道晖. 社会权力与公民社会[M]. 南京:译林出版社,2009:45.

持客观理性的评价与指导,任何控制沿线国家教育市场、教育决策的行为都将把教育共同体引向危险境地。

(三)加强沿线国家研究,为教育共同体提供理论支持

学者们认为,由于"一带一路"沿线国家的国情差异,"对各个国家的政治、文化、历史等的了解以及未来经济、社会发展趋势的预测成为'一带一路'这一国家级顶层合作倡议落实的关键"[①]。应该说,在政治、经济、文化、宗教方面,"一带一路"沿线国家比欧盟、东盟、非盟共同体国家要复杂。各方面的巨大差异将形成互相掣肘、彼此冲突的局面,往往容易形成政治风险、经济风险、主权信用风险和社会风险[②],进而导致教育共同体建设面临困局。尽管"一带一路"沿线国家整体上属于发展中国家,但工业发展阶段、能源条件等不同,国内的政治文化环境对教育的要求也不尽相同。因此,教育共同体的建设需要加强教育的国别研究,在深入分析各国产业布局、人才需求、教育质量状况、国家政策导向等方面的基础上,提出具有适应性的国别教育发展建议。"一带一路"的"大区域"与地理位置、国情、文化相近的"小区域"又可以相互支持,在教育共同体的大框架下推进"小区域"的教育一体化研究。如此,既能保障教育的国别化,又能在大的教育框架内提升教育共同体内的整体教育水平。

综上所述,"一带一路"教育共同体是我国对外教育开放的高级形式,或者说是更高层次的教育对外开放。因为,教育共同体的建构兼具教育输出与教育输入,从本国发展走向了共同体的协同发展。随着教育全球化,"一带一路"沿线国家的教育合作必然走向教育共同体,而教育共同体也必然为人类命运共同体的建设做出贡献。

回顾欧洲教育共同体的发展,我们会发现,教育问题在欧洲一体化建设初期并没有受到太多的重视,但随着一体化进程的不断深入,人们愈发认识到教育有可能在促进欧洲认同和经济发展方面发挥更大的作用[③]。相较于"一带一路"经济贸易一体化、基础设施建设一体化、国际关系协同化,"一带一路"教育共同体的发展还是相对滞后的。区域一体化最终都将落在文化相通上,因为只有不同价值体系、观念体系的相互包容、理解才能促进区域内的民心相通。而这些,则依赖于通过建立"一带一路"教育共同体,促进区域内的教育交流和人才流动来达成。

第三节 "一带一路"教育共同体中的联盟机制

"一带一路"教育共同体是一个超越了地域、文化和语言界限,以共同利益、共同责任

---

① 屈廖健,刘宝存."一带一路"倡议下我国国别和区域研究人才培养的实践探索与发展路径[J].中国高教研究,2020(4):77-83+97.
② 胡俊超,王丹丹."一带一路"沿线国家国别风险研究[J].经济问题,2016(5):1-6+43.
③ 李晓强.超国家层面的欧盟教育政策:影响及其限度[J].外国教育研究,2007,34(8):27-30.

为核心，建立在平等和尊重基础上的多元文化群体，具有关联性和互通性、开放性和包容性、差异性和多样性等特征①。教育共同体建设，需要国家之间的官方推动，通过制定区域的资格框架、教育标准、学分学历学位互授联授实现，也可以鼓励各国大学、企业、专业组织加强民间互通互联，从大共同体到小共同体有步骤、有层次地发展。当然，还可以如同设立国际自由贸易区一样，在"一带一路"区域内设立若干先行先试的国际教育对外开放试验区，先行探索建立小型的区域教育共同体的机制和方法。

一、建立专业教育联盟

教育共同体必须建立在知识共享的基础上，其凝聚性源于知识的可传递，共同体内各教育组织在人才培养过程中共同的目标，服务国家和国际产业发展的共同价值追求、利益诉求。因此，专业可以成为联结共同体的有力黏结剂，也可以成为创建区域教育共同体的有效切入口。

在"一带一路"国际合作高峰论坛、中国—东盟国际教育交流周、中国国际教育年会等活动平台和教育部、中国教育国际交流协会等组织平台的推动下，我国高校主持或参与建设了数十个专业教育联盟（见表9-1）。2014年以来，我国大学、企业联合国外政府、大学、企业共同成立了区域专业教育联盟组织近100家，主要围绕专业（交通、艺术、制造、矿业、信息技术）开展课程建设、人才交换访学、教师交流培训、合作研究等方面的合作。各个专业教育联盟大多在政府部门指导下制定了章程，达成了教育或产业发展共识（如《敦煌共识》《贵阳共识》《深圳共识》《上海共识》），通过会议方式定期进行学术、教育交流。但部分联盟的机构或成员单位构成相对单一，或者以高等院校为主，或者以企业为主，校企合作、产教融合的成效不足。部分院校出现了为了抢夺"发起单位""理事单位"、分中心而重名不重实的跑马圈地、自立门户的"务虚现象"。而且，部分联盟除了在创建时期较为活跃以外，其他时间的专题活动、合作项目、教育交流及活跃度大幅降低，工作机构、活动平台建设不够，甚至处于无实质活动的僵尸阶段，显示出合作机制创新力、合作发展的推进力不足。

对此，我们提出如下机制方面的建议：(1) 科学制定教育联盟章程。界定联盟职能要紧密结合"一带一路"倡议的"五通"使命，明确本联盟的专业行业属性和互利共赢的原则。在成员设置上保持足够的宽容度，减少壁垒性设置，以大的行业领域或专业集群为发展区域。(2) 建立良好的工作机制。减少发起单位唱"独角戏"的现状，实行国内外成员单位轮值制度，增加治理理念、发展理念的多元性，增加成员单位平等地位、共同利益的维护机制。设立专门的工作机构，建设高效、前沿的研究机构、调研机构和有效的督导机构。(3) 建立发展基金和资金分配制度。不涉及利益的联盟无法长久，教育联盟应当

---

① 郄海霞，刘宝存."一带一路"教育共同体构建与区域教育治理模式创新[J].湖南师范大学教育科学学报，2018，17(6)：37-44.

表 9-1 "一带一路"专业教育联盟

序号	创建时间	发起单位	联盟名称	参与体数量	主要活动或平台
1	2018	成都纺织高等专科学校	"一带一路"国际艺术教育联盟	20多所高校	"一带一路"国际文化艺术周（蜀绣）
2	2017	广东轻工职业技术学院	广东省"一带一路"职业教育联盟	70多个成员单位	"一带一路"职业教育联盟年会
3	2016	北京交通大学、南京铁道职业技术学院等	中国—东盟轨道交通教育培训联盟	54家成员单位	中国—东盟轨道交通教育培训高峰论坛
4	2018	全国交通运输职业教育教学指导委员会	中国—东盟交通运输职业教育国际联盟	60多所大学、企业	交通教育服务"一带一路"高峰论坛
5	2015	中共中央对外联络部、复旦大学等	"一带一路"智库合作联盟	23所/家企业、交通类职业院校	专题论坛
6	2019	上海市信息服务外包发展中心	"一带一路"信息产业发展联盟	60多家理事单位	"一带一路"信息产业国际合作高峰论坛
7	2018	中国科学院	"一带一路"国际科学组织联盟	9个理事会成员单位，28个其他成员单位	"一带一路"科技创新国际研讨会
8	2017	陕西职业技术学院等	"一带一路"职教联盟	54所联盟院校，31个企业、3个政府机构	"一带一路"职教联盟年会
9	2015	兰州大学	"一带一路"高校战略联盟	170多个高校成员	
10	2019	山东外贸职业学院	山东省"一带一路"职业教育国际联盟	18所/个职业院校、企业	中白国际金融研究等
11	2020	山东科技职业学院	"一带一路"纺织服装职业教育联盟	40多家成员单位	
12	2017	中央音乐学院	"一带一路"音乐教育联盟	37个国外成员，24个国内成员	"一带一路"音乐教育联盟大会
13	2014	华大基因	国际大学创新联盟	500多个企业和大学	中国梦想空间，国际创新与投资论坛，百千万创新创业人才培养基地，IUIA 创业导师团

* 本信息来自院校、联盟官方网站，可能因更新问题数据有偏差，且仅展示了部分教育联盟，排名不分先后。

实施会员制,成员单位应缴纳联盟发展基金,通过会员费的再分配保障联盟的运作、资助优秀合作项目。同时,加强会员服务,严格实施资格审核,对长期不参与活动的成员单位实施退出机制。(4) 定期交流制度。例如,学生、教师的互访互换,项目研究的联合申报、合作研究,区域教育发展状况的定期检视,定期的教育督导等。2019年4月,北京大学"一带一路"书院同巴西 FGV 大学、俄罗斯莫斯科国立大学等 11 所合作联盟院校商学院共同启动"未来领导者"国际本科项目试行国际学生合作培养,前两年学生们在自己的国家、大学学习,第三学年和第四学年在"一带一路"书院学习,完成学业后获得国际双学位[1]。此种合作模式为"一带一路"如何组建大学联盟、如何培养人才提供了经验。(5) 增加学术支持。主要举措包括:成立专门的区域教育学术研究机构,建立区域教育发展智库,定期召开年度学术会议、理事会议;发布关于教育质量、教育发展状况的报告,提出专业教育、产业发展的前沿报告,发布建议性的课程标准、人才培养方案、职业资格框架,评价优秀区域教育案例和发展经验;研发通用性的区域教育文件、教育资源,为区域教育发展服务。(6) 建立区域人才交流平台。包括区域内大学生中长期留学、访学平台,人文交流项目平台,区域内大学生招聘机制,建立区域内的专业人才市场等。

二、加入世界教育联盟

只有融入世界教育体系,才能增强各国对中国教育模式、教育思想的了解。

《悉尼协议》2001 年首次缔约,是由西方多个发达国家的各类工程教育学会共同签署的国际工程教育资格互认协议,奉行以学生为中心、以结果为导向,倡导持续改进、尊重专业个性,运用成果导向教育(OBE)模式,要求成员国提供专科工程教育"实质等效"的建设标准体系和人才培养方案,主要针对国际上工程技术人员学历(一般为 3 年)进行资格互认。目前,该协议的成员有澳大利亚、加拿大、美国、韩国等多个国家和地区,而中国大陆至今没有加入。这需要我国重塑国际化、标准化、有效化的专业发展思维,按照国际认证标准改造专业建设流程,落实"持续改进"理念,形成全质量保障体系[2]。《华盛顿协议》于 1989 年由来自美国、英国、加拿大等 6 个国家的民间工程专业团体发起和签署,主要针对国际上本科工程学位(一般为 4 年)教育及工程师培养质量的认定。我国于 2013 年以预备会员的身份加入,2016 年成为正式会员。《都柏林协议》于 2002 年签订,它是针对层次较低的工程技术员学历(一般为 2 年)认证,目前其正式会员有加拿大、爱尔兰、南非和英国。除此之外,还有全球工程教育联盟(GE3)、世界大学联盟(WUN)、国际大学创新联盟(IUIA)、国际研究型大学联盟(IARU)、国际高等职业教育联盟(IVEN)等。另外,加入类似《东盟互联互通总体规划 2025》(MPAC2025)的产业联盟也可以获得以联盟

---

[1] 郝孟佳,张瑜. 北大启动"未来领导者"国际本科项目[EB/OL]. (2019-04-28). http://edu.people.com.cn/n1/2019/0428/c1053-31055007.html.
[2] 黄旭伟. 引入《悉尼协议》加强高职工程技术教育类专业建设[J]. 高等工程教育研究,2017(3):197-200.

方式进行教育输出的机会。上述以国家或地区名义签约的教育联盟,对于完善我国工程教育及继续教育的标准、机构的认证,以及学历、工程师资格认证等十分有益,有利于我国向世界展示教育成就。

而且,我国也开始有意识地创建世界级教育联盟,比如2019年在深圳成立的"新工科教育国际联盟",吸引了美国佐治亚理工学院、天津大学等55所高校。

三、以教育品牌串联教育联盟

经过数十年的发展,我国形成了"鲁班工坊"和"孔子学院"两个具有较高知名度的教育品牌。它们不仅输出了我国的优秀传统文化、教育理念、教育模式,也像一条红线一样串联起了"一带一路"沿线国家,对于"一带一路"教育共同体的发展做出了重要贡献。

"鲁班工坊"是中国职业教育走出国门与世界分享的重要平台,首个工坊于2016年成立于泰国。目前已经在亚洲、欧洲、非洲等建成"鲁班工坊"20多个。其中,在非洲的埃及、南非、摩洛哥、马达加斯加等国建成了13个"鲁班工坊"。2022年1月,天津城市建设管理职业技术学院与塔吉克斯坦技术大学在"云"端举行了塔吉克斯坦"鲁班工坊"建设合作备忘录签约仪式。而"孔子学院"作为中外合作的国际中文教育机构,自2004年首次在韩国首尔设立。截至目前,中国已在162个国家(地区)建立了550所孔子学院和1 172个中小学孔子课堂。

尽管二者都具有教育的公益性,但在机制上,我们还是可以借鉴"总部+分校"的商业连锁模式,先由职业院校或文化教育企业在体外培养,等到成熟后纳入"鲁班工坊"和"孔子学院"体内,以此不断扩张办学规模和国际影响力。总部发挥"教学指导中心"的功能,对教师进行统一培训,制订相对统一的教学计划、课程目录、实践要求以及毕业标准,对所有的分校实施指导、督查、评估。总部可以统一培训教师,通过派驻分校的方式进行教学。分校之间可以是并联关系,总部实施平行管理,扁平化的教育管理有利于统一的教育要求、教育规格能够迅速抵达分校。分校也可以采用理事单位、成员单位的分层制,根据各个分校的教育水平和质量进行分层指导。教育品牌还可以采取"母—子—孙"的发展模式,允许子公司在总部的指导下发展自身的特色,灵活、创新地发展自身的教学方法、教学进度、教育模式,并以此培育孙公司;还可以采用"加盟制",允许当地具有良好职业培训能力、良好师资的教育机构加入我国的教育品牌,给予教育经费、管理运行、教学评估等方面的指导,而分校因为借用了我国的教育品牌,也更容易在所在国家打开市场,扩展市场份额。上述机制探索借鉴了市场化的商业发展模式,需要允许分校能够适当营利,也应给予分校相当的灵活性,使我国的教育品牌能够迅速在不同国家和地区扩展开来。教育的事,不仅仅从教育的视角看,跳出来以跨界的、开放的思维去发展,也许能够创造出更具有活力和生命力的教育开放格局。

在教育共同体建设中,我们也不应限于"一带一路"沿线国家,还可以扩展到东盟、非盟、二十国集团、金砖国家、亚太经合组织等区域组织,构建教育合作的多边机制。我们还应看到,"一带一路"教育共同体建设存在诸多悖论。比如,共同体内教育模式的统一性与不同国家的多样性、国家内部的自主性与共同体范围内的公共性、领导力建设中国家力量与超国家组织、教育霸权与反教育霸权等。所以,共同体建设任重而道远。

尾声：开放办学的文化审思

尾声：开放办学的文化审思

到本书的最后，我们越发觉得，仅仅探讨教育开放的实践、机制层面远远不够，还需要从文化的角度进行一个整体性的审视。我们想在此反思教育开放的文化保障、市场化的底线、意识形态的困境、教育同化与个性的两难处境、教育主权的守护等问题，以期将教育开放议题上升到一个文化层面，对其获得更加全面、丰富的认识。

第一节 培育开放文化

我们会发现一个有趣的现象：组织行为最终会沉淀为一种文化。一个社会组织依靠共同的文化信念指导其组织行为，而其组织行为又进一步强化或修正了这一文化信念，也可能形成了新的组织文化。组织行为最终都要落实在组织文化上。在其后长久的发展中，组织文化保障了组织行为的有序运转。

人们普遍认可1978年以来的开放政策对中国面貌的极大改变，是中国从站起来、富起来到强起来伟大飞跃的重要法宝[1]。但早在2010年，中国（海南）改革发展研究院迟福林院长就认为，相比开放实践，我们的开放文化建设滞后于甚至严重滞后于改革开放进程[2]。如今，改革开放40年的实践已经在中国社会形塑了一种开放文化，使社会民众认可开放的发展价值，还同时形成了"走出去""引进来""包容多样""共赢共享""闭关锁国必然落后""破除封锁与限制""人类命运共同体"等开放性文化观念。

我们认为，高校开放办学是中国改革开放大潮的协同者，是中国开放式发展在高等教育领域的重要体现。只是，我国高校的开放文化建设明显落后于开放办学实践。今天，高校开放办学已经走到了深化阶段，就不应仅仅停留在机制探索、政策执行、教育实践等行为层面，到了在高校及高等教育领域开展"开放文化"建设的时候了。

一、凝聚价值认同和文化共识

加强舆论宣传，以广播、报纸、微博、微信、展板、专家讲座、学习平台推文等形式向师生宣讲开放和开放办学的意义。在全校范围内开设人类开放史、中国改革开放史、大国崛起等在线开放课程或选修课程，引导学生理解开放与发展的关系。要通过对人类史、

---

[1] 习近平. 在庆祝改革开放40周年大会上的讲话[R]. 北京：庆祝改革开放40周年大会，2018.
[2] 迟福林. 着力推进开放文化建设[J]. 开放导报，2010(5)：14.

发达国家发展史、中国改革开放史的分析,使师生认识到开放能够促进不同生产要素、不同资源的重新整合,是一个社会组织或国家自我革命、自我更新的推动力量,具有发展价值和改革价值;进而引导师生认识到开放办学是学校内涵式发展、高质量发展的必然选择,是学校适应教育全球化、建设教育强国的必然选择。

二、依据开放原则设计学校和师生的发展路径

在学校发展规划的顶层设计方面,包括五年发展规划、政策文件制定和人才招聘、课程建设、专业建设、招生就业等,贯彻开放办学的思想体系和思维方式,将学校的开放办学列入学校发展规划,并在实践层面予以执行,比如推进校企合作、产教融合、社会招生、来华留学生教育、专业的动态调整、集团化办学、混合所有制、资本适度开放、校内外的权力开放、中外合作办学、境外办学等。在评奖评优、职称晋升等方面引导教师主动服务社会,为企业解决技术难题,主动同海外大学、企业开展协同研究,主动出海培训非洲等地区的产业工人,培养海外学生等。在评奖评优、就业推荐等方面引导学生参与学校教育决策,积极到企业参与技术研发、生产实践、市场开拓,主动到海外进行实习,培养自身的国际视野、世界胸怀和国际竞争力。

三、培养开放性思维

所谓开放性思维是指突破传统思维定式和狭隘眼界,多视角、全方位看问题的思维[①]。我们认为,高校开放办学的开放性思维可以具体化为四种思维。

（一）大系统思维

高校要充分认识到,自身处于社会大系统的网络状关系中。如同人体一样,高校内部作为一个子循环系统或系统的局部,同外部系统之间构成了交流、贯通的关系。它同其他子系统一起,构成了循环往复、流动不居的系统发展状态。高校要把自身看作大的社会组织的一个组织类型,能够认识到社会组织中的其他组织能够促进或阻碍高校组织的发展,内外部之间能够互相影响。这需要高校发展中不能"闭着眼睛走路",必须注意周围的发展环境：一是把开放办学看作大的教育系统的一部分,将开放办学放在中国教育现代化、教育强国建设的中长期发展目标中。二是把开放办学看作大的中国开放战略的一部分,努力以开放办学响应并服务于我国"一带一路"倡议和习近平总书记"进一步扩大开放"的承诺。三是把开放办学看作大的世界潮流的一部分,以开放办学融入全球化,提升自身的国际化水平,参与国际教育治理。

（二）鸟瞰思维

高校开放办学需要有一种高瞻远瞩、高屋建瓴、洞彻历史与未来的思维品质和胸怀气度,能够把开放办学放在更为宏观、高远的时空中去看待。首先要横向鸟瞰。高校要

---

① 屠春友.论邓小平的开放性战略思维[J].学术研究,2002(10):13-17.

将自身同欧美教育强国的高校、日韩邻近国家的高校进行横向比较,考察其发展战略、改革发展动向,以此确定开放办学的方向、路径。高等教育还要同我国及其国外的其他领域,比如经济领域、政治领域、外交领域、科学技术领域等横向比较,发现其他领域发展的新趋势、新动向。其次要纵向鸟瞰。要从时间纵轴或中外教育发展史的纵轴来审视现时高等教育的发展阶段,评估高校的办学方向。经过考察可以发现,教育的社会开放与对外开放,是高等教育发展到较高阶段的必然道路。因为,知识经济使教育与产业紧密相连,无法分割。而随着交通工具、通信工具、互联网技术的发达,经济全球化及其伴生的教育全球化必然出现,世界级人才中心、科学中心、教育中心必然出现,人才流动、知识流动之下的高等教育必然进入到知识共享、开放办学的时期。再次要战略鸟瞰。当今世界面临着"百年未有之大变局",大国的战略博弈、力量角逐集中在高等教育领域,就是提高教育质量,参与世界教育治理。展望未来,预计2030年中国将超越美国,成为世界第一大经济体,中华民族伟大复兴必将实现。在此宏大战略之下,我们必须充分认识到:在经济上,高等教育必须为民族崛起注入强大的产业支持,为产业转型升级、新型城镇化、老龄化等新常态发展服务;在教育上,高等教育必须以高质量为发展方向,实现教育现代化2035目标,将我国建设成为教育强国、人才强国;在国际影响上,我国高等教育必须与不断崛起的大国地位相称,输出教育标准、教育模式、教育治理思想等高质量教育产品,开展高质量来华留学生教育,参与国际教育规则制定。

(三) 变革思维

这种思维否定高校组织的固态化、永恒性,而是以旺盛的思维活力、进取心、创新力,把高校看作一种"活性组织""动态组织",把它放置于一个有规律演化的变动系统中。它反对僵化教条、封闭保守和墨守成规,勇于超越高校办学的传统模式、一般做法,突破高校的组织边界、要素边界、概念边界,通过空间置换、要素组合促进高校办学新形态、新方式的出现。它还勇于打破高校办学的原有结构,引进新的办学主体、权力主体和资本主体,期待在"打碎"中重建新的教育结构。

(四) 全球思维

我国高等教育在容闳、蔡元培时期曾经有过一段开放历史,而"学苏联"时期不能认为是开放办学。长久的封闭办学,让我国高校丧失了全球视野,直到最近20年才有了真正的全球思维。培育开放文化,需要高校把全球的高等教育整体性地看作一所"地球大学",把我国高等教育看作世界高等教育版图中的一部分。我国高校要认识全球高等教育的发展特征、趋势,从"跟随"走向"引领",角色上从"学习者""建设者"走向"领导者"。我国高校要把国际化办学看作参与全球教育贸易的一种形式,把教育输出看作参与全球教育治理的方式,思考如何输出中国教育智慧、中国教育方案、中国语言文化,能够面向全球办中国大学。作为一个负责任的大国,我国高校要对接"联合国2030议程",积极实施教育援助，推动儿童、妇女、乡村教育，在反贫困、促进教育均衡、弥补教育鸿沟和促进落后国家教育发展中，维护全球共同利益、共同人文价值，为人类命运共同体贡献教育智慧。

经过数十年的教育实践，我国高校已经初步沉淀出一种开放文化：从组织内部走向组织外部，通过空间开放、时间开放、权力开放、要素开放焕发自组织活力，推动组织形态的演变和新生。正如学者指出的：培育开放文化的目的是更好地推进改革开放进程，重在形成改革开放的文化氛围和社会文化基因，形成改革开放的价值理念和内在共识[①]。培育高校的开放文化绝不是孤立的、面子上的文化建设行为，而是高校开放办学的必需。高校开放办学最终必须落实在文化的开放上，只有以开放文化做文化基因的开放办学才有最为深层次的文化保障和内在动力。若没有开放文化，高校开放办学就只是为了被动达成上级政策的行政要求、为了谋求发展和利益的经济要求、完成称号与评优指标的评价要求。一句话，培育开放文化，是为高校的开放办学注入灵魂。

第二节　市场开放的底线

通过前面的论述可以看出，教育的社会开放与国际开放都隐含着一条市场开放的线索和一种市场化的机制，即高校必须面向市场需求办学，接受市场的选择和检验，在教育开放中试图通过私有化、资本开放、市场选择、自由竞争、自负盈亏等分散政府在高等教育领域中的权力集中，通过发挥市场的资源配置作用提高其办学活力和效率，因为"市场模式的主要优点是它可以不断地刺激学院和大学，使其适应不断变化的经济和社会状况"[②]。尽管中外学者都对高等教育市场化发出了反对声音，但不可改变的事实是，市场逻辑的引入是高等教育变革的推动力量，在我国教育实践中早已无处不在。然而，同样需要我们反思的是，高校办学的市场开放必须坚守底线，不忘高校的教育使命。

一、重申高等教育的人文价值

正如别敦荣等学者所言，教育市场化必然存在着精神价值与经济价值、教育理念与市场理念、人文导向与职业导向、公益目标与经营目标之间的矛盾[③]。市场主义的意识形态在高校开放办学中的渗透，使得高校中弥漫着功利主义、物质主义的氛围。教师要用市场原则衡量工资、津贴是否等价于自己的教育付出，高校用横向课题、到款金额来衡量社会服务水平，学生以消费者身份衡量学费是否等价于学校的教育服务。校长忙于筹集

---

① 迟福林.着力推进开放文化建设[J].开放导报，2010(5)：14.
② 伯顿·克拉克.高等教育新论：多学科的研究[M].王承绪，徐辉，郑继伟，等译.杭州：浙江教育出版社，2001.
③ 别敦荣，郭冬生.大学市场化矛盾解析[C]//戴晓霞，莫家豪，谢安邦.高等教育市场化.北京：北京大学出版社，2004：182-183.

资金,安抚各种赞助人,高等教育成为大学有限公司的控股公司①。教师像"老板",学生像"顾客",学校像"工厂",恰恰是市场原则全面规制高校开放办学的真实写照。

我们认为,即使在开放办学中,我们也必须坚持高校办学的"教育性",维护高等教育的人文价值。高等教育的文化属性,要求高校办学要传达普遍的人类自我关怀,关切人的尊严、价值、命运,传承人类遗留下来的优秀精神文化成果,塑造全面发展的理想人格。高校要以"社会服务""社会贡献"的价值观,来重新界定各种开放办学行为。减少"营利""创收"等商业化办学行为,在科研评价、教师评价中减少到款金额、课题经费等物质性指标。以科学研究的社会影响力、生产转化效益来评价学术贡献,以教学质量及毕业生的良好职业发展、社会贡献、幸福人生来评价教师的教学贡献,进一步激发教师的职业自豪感、归属感。

二、重申育人使命和学生中心

高校办学的市场开放强调绩效、创收、自负盈亏,增加了高校在经济方面的危机感,往往使高校深陷于"利益驱动"和"指标驱动"之中。前者使部分教师背离了育人职责而追求自身的利益最大化,使学校由"文化组织"变身为"经济组织";后者使学校的集团化办学、校企合作、产教融合、教育联盟、开展来华留学生教育等仅是为了冲刺"双一流""双高"的指标。高校在市场开放中的"外部忙乱",已经使校园失去了"内部宁静",也影响了潜心育人的"根本使命"。如何重回高校办学市场化开放的"育人"初心?

一是政府和教育评价机构要考察高校的每一个市场化办学行为是否促进了学生发展。所有的市场化行为本身都是为了激发高校的办学活力,提高高校的人才培养能力,由此拓展高等教育边界,为学生提供更加广阔的学习空间、更加多样的学习方式;使学生在市场化选择中获得更加优质的学习资源。为此,产教融合项目、集团化办学项目必须说明学生的受益情况,以及落实到人才培养上的具体举措。中外合作办学中引入的国外教育资源必须应用于实际课堂教学,国外教师必须更多地参与教学。

二是以平等的知识观服务学生的可持续发展。市场机制使高校在追逐利润中"嫌贫爱富",热衷于有利可图、增光添彩的项目,而冷淡不能产生即时效益的项目。市场前景、产业前景偕同就业前景使高校的专业设置功利性明显,新兴专业、热门专业受到更多的资金资助,传统专业迅速萎缩而被迫转型或被取缔;应用技术课程受到崇拜,而社会学科、人文学科类课程因不具有可见利润的迅速转化能力而被削减。这种急功近利的知识观不利于学生价值体系的形成和学生的全面发展、可持续发展。因此,要反思专业、课程的市场导向及其对"为党育人"的影响。

三、重申开放办学的公益性

美国学者大卫·科伯(David Kirp)在其名著《高等教育市场化的底线》(*Shake-*

---

① 大卫·科伯.高等教育市场化的底线[M].晓征,译.北京:北京大学出版社,2017:284.

speare, Einstein, and the Bottom Line)中,描述了美国大学在市场化后带来的变化:大学成为嫌贫爱富的获利中心,产业对科研进程横加干涉,学术活动遭遇利润盈亏,对学术超级明星开出天价工资,学术研究变成了有利可图的专利,在市场经营之下文科逐渐萎缩。营利性大学公益性的丧失,使大学发展成为一种商业性的"学习公司",导致了大学的退化[①]。

若想解决这些问题需要:(1)解绑高校办学与经济利益的紧密关联,重新联结教育与公益的关系。在学校评价中,取消营利性、物质性的高校办学评价指标,重点考查履行大学职能的情况。考查高校在服务人民群众的教育需求、社会的技术需求、精神文化的引领传承等方面所起的作用。(2)加强教育救助。高校要以深沉的"教育之爱"办学,积极资助困难学生,不让一个学生因经济困难而辍学。在社会服务方面,积极参与教育扶贫,实施文化、科技、卫生"三下乡",防止返贫。东部高校同中西部高校、"双一流"高校同非"双一流"普通高校结成扶助关系,促成更大范围的教育均衡发展。

在本书中,我们积极支持高校办学的市场开放。但我们在肯定它的优势的同时,也需要确立市场底线思维,牢牢把握高校办学的人文性、公益性及其立德树人的根本使命。高等教育市场同产业市场不同,是一种准市场和不完全竞争市场[②]。伦敦大学的西蒙·马金森教授的研究也回应了这一点。他发现,新自由主义市场模型在各个国家的高等教育实践中并没有真正运作起来,没有研究型大学的发展是被股东、利润、市场份额、配置效率或商品形式所驱动的,现有的高等教育市场充其量是一个受监管的准市场[③]。既然如此,不可弱化政府在高校办学中的管理权,应该通过重新检视、修订高校开放办学的指标评价体系,增加教育经费投入,加强教育评估与督导,最后托住高等教育市场化的底线。

第三节 教育趋同与个性的悖论

不必讳言,我国高等教育的对外开放是以发达国家及其成功大学的办学之道为蓝本的,其规范、观念、机制为我们提供了诸多有益的经验和框架。在这一过程中,高等教育国际化表现出明显的趋同特征,包括更具有系统价值和观念的趋同,教育机构特征和组织行为规范趋同,发展政策和活动方式趋同,学术评估、教育统计和质量认证的标准化、通用化[④],也就是消弭不同国家、民族、区域高等教育的差别,将整体的世界高等教育拉

[①] 大卫·科伯. 高等教育市场化的底线[M]. 晓征,译. 北京:北京大学出版社,2017:275-284.
[②] 蒋凯. 高等教育市场及其形成的基础[J]. 高等教育研究,2013,34(3):9-21.
[③] 西蒙·马金森. 为什么高等教育市场不遵循经济学教科书[J]. 孙梦格,覃文珍,译. 北京大学教育评论,2014,12(1):17-35+187-188.
[④] 梁绿琦,姜闽虹. 国际化教育的理论与探索[M]. 北京:中国社会科学出版社,2015:3-4.

平,使世界高等教育走向普遍化、均衡化。其中隐藏了教育趋同与国家个性之间的矛盾。

欧美国家的教育模式被奉为圭臬,其课程、教材、教学方法、专业设置和师资被发展中国家积极引进,作为一种先进教育资源、教育模式被广泛学习、研究和施行。教育发展中国家与发达国家的教育准则、法度、模式趋于统一、协同。二战后,联合国、欧盟、东盟、非盟、经济合作与发展组织等世界性、区域性的合作联盟成立。尽管这些联盟的主要合作领域是政治经济方面,但为了解决联盟内教育所面临的共同问题,也纷纷成立了教育合作组织。目前,影响最大的教育共同组织是联合国教科文组织和欧洲联盟(简称"欧盟")。这些组织经常性地发布指导性建议、宣言,作为指导联盟内国家高等教育发展的共同纲领,以期形成统一的教育价值观念、教育标准、教育规范、教育管理模式。教育组织还提出教育行动计划、教育发展框架,要求同盟内国家的教育实践能够协调一致,执行相对统一的教育政策。例如,欧盟设想2025年之前建成"欧洲教育区",目标是促成所有成员国采用更加统一的教育体系[①],达到欧盟内各国人才的自由流动。这些举措对联盟内国家的教育发展路线构成了一定的约束力,势必深刻影响其政策取向,在一定程度上抹平联盟内不同国家教育发展历史、发展道路的差异性,忽略特定国家教育发展的民族特色、国情特征。教育全球化将进一步加剧趋同倾向与个性发展之间的矛盾,而正式或非正式的教育合作组织、教育联盟的影响力将越来越大。

为此,我们需要做出如下努力:

一、以传统教育思想构筑中国教育模式

中国古代教育创造了书院制、科举考试、私学、游学等教育模式,《论语》《大学》《学记》等著作中也阐述了丰富的教育思想。在教育本体论、教育价值论、教学论、课程论、学校管理论等方面,都提出了十分可贵的真知灼见,完全可以成为我国21世纪建设中国教育思想体系、中国教育模式的思想资源。可喜的是,近10年来,学术界加强了对中国传统文化、传统教育思想的研究,开始有意识地构筑中国教育思想大厦。这应该是一味"学西""学苏"之后,中国教育的一场本体性回归。

二、实现国外教育资源的本土化和再创新

长时间以来,出于教育弱国的自卑心理,加上国外高校的强势教育出口,我国的中外合作办学注重引进而不注重消化、吸收。这使得我国高校所使用的教材、课程等教学资源很容易被国外把控,特别是在高职院校和应用型本科院校。因此,国内高校在引进国外教育资源时,要充分考虑其中的经济战略、自然条件、技术标准、管理方式、学生学习心理的适用性。更重要的是,要对这些资源进行本土化改造,剔除意识形态渗透的内容和不符合我国教育现实的内容,进行价值观改造之后,关联中国的课程教材体系、学情现实、实践条件,对照中国的课程教材规范进行教育资源本土化。然后,结合我国教育高质

[①] 刘海洋.欧盟拟在2025年前建成"欧洲教育区"[J].上海教育,2018(11):44-47.

量发展要求和教育教学改革的主方向,在把握其教育思想、体系、脉络、结构的基础上合理生发、延伸、创造,形成一套具有中国特色、世界水准的教育资源。国外教育资源引进,要坚持"学"大于"引"、"创"大于"学"的原则,坚持"需求导向",有选择、有要求地接纳国外资源。

三、在国际教育事务中保持相对独立

联合国教科文组织、经济合作和发展组织、世界银行、欧盟、北美、东盟、非盟等都不断发布教育报告、建议、决议、宣言、共识和指导性教育框架,组织学校、学生、教师发展质量的国际测评,试图以此影响成员国家的教育发展走向。我国在参与国际教育事务中,要能从我国教育现实状况和教育需求出发,有目的、有侧重、体系化地选择、执行。我国要代表发展中国家的教育利益,充分考虑其教育发展水平和文化习俗要求,对教育决议、宣言进行有选择的投票;要保持独立的立场,坚守自身的利益,在教育全球化中不迷失自己。

如何平衡一体化与多元化、同化与个性的关系,一直是教育全球化中的难题。欧盟为此专门设立了"辅助性"原则,即教育的决策应尽可能由各成员国及其内部自行制定,欧盟只能扮演"辅助"角色,但这种冲突依然存在[①]。对此,我国政府和高校需要有清醒的认识。

第四节 对外开放与教育主权

美国学者罗伯特·赖克(Robert Reich)的《国家的作用》(*The Work of Nations*)一书描绘了经济全球化中国家的境遇,那就是国家不再有国民经济了,因为地区经济被不具备国家忠诚的、超越国家控制的跨国公司所控制。英国伦敦大学教育学院教授安迪·格林(Andy Green)梳理了学者的忧虑:全球化正在削弱国家对其未来经济的控制能力和经济主权,政府正在失去内部控制和权威,甚至失去了保护人民生命财产安全的最基本职能、它在领土内的垄断特权和历史特权[②]。接下来,学者们担忧的正是全球化中的教育主权问题。

一、全球化中的教育主权问题

在过去几千年里,各国高等教育走着封闭式发展的道路,根据自身的历史、文化、政治态势发展出了各自的高等教育形态。20世纪中后期开始的教育全球化,将高等教育变成了一个相互依存与交融的巨大场域,国家的教育之门随之主动或被动地打开。高等教育全球化是不可逆转的发展趋势,推动了我国高等教育同世界高等教育之间的互动、交流、合作和影响,加速了我国高等教育的自我改革,对我国高等教育的发展是正向的、积极的。但是,我们还要对教育的国际化开放可能产生的问题保持高度的警惕性。因为,

---

① 欧阳光华. 一体与多元:欧盟教育政策述评[J]. 比较教育研究,2005,27(1):11-15.
② 安迪·格林. 教育、全球化与民族国家[M]. 朱旭东,徐卫红,译. 北京:教育科学出版社,2004:169.

"对各国来说,教育都是关系到国家主权与安全的社会事业"①,在 21 世纪,侵略或殖民或许以另一种新的形式发展起来。

(一) 教育殖民

在近现代高等教育发展史上,在强大国力和坚船利炮的护航下,欧洲、北美强国对亚洲、非洲、大洋洲、南美洲实施教育殖民,虽然不乏教育弱势国家主动开放、主动移植的案例,但不能否定欧美强国借助高等教育实行文化侵略的事实。从历史上看,因为教育具有同化土著居民、扰动本土文化的能力,所以其成了强国发起殖民主义的重要工具。

20 世纪中后期,全球化带动的教育开放仍然存在教育强国向弱国的文化价值理念输入的问题。这主要表现为:(1)国外强势教育机构可能进一步控制弱势力量,向教育弱国输入本国课程标准、教学标准、学者教授,并借助政治力量、资本力量使自身的教育资源主导弱国教育发展,谋得在弱国教育领域的话语权。(2)实施新的教育移民,向弱国输入本国的教师、学者、教育家,掌握弱国教育发展方向,占据教育发展高地,甚至可能发生教育歧视,凭借本国教育的优越感无视弱国师生的正当权益,压抑师生在教育领域谋求革新、谋求发展的热情,以达到长期控制该国教育发展的目的。(3)倾销课程、教材、教学设备、资源库等教育产品,以优质、低价打压本国同类产品,提高在输入国的市场占有率和竞争力,同其他商品的外贸出口一起扩大出口顺差。特别是 2012 年以来 MOOC 等以英语为主要语言的互联网课程将裹挟着西方价值观、意识形态,"自西向东、自北向南"席卷全球,直接或间接改变了世界各国的教育理念和学术观念,产生新的文化殖民主义②。在教育输入过程中,高等教育强国往往强行注入自身的教育理念、文化理念,无视文化发展对于本土环境的依赖性,否定本土文化的合理性,从而导致教育弱国民族文化的认同危机,构成更为深远的文化殖民。价值中立的教育交流是不存在的,反而,输入国的国家意识形态随着对外教育交流会愈益显现。总之,强势的高等教育区域不断向外延伸、扩张,逐渐将自身的教育理念、教学资源普遍化,其他国家的高等教育在被同化、被影响中,也可能沦为高等教育强势国的附庸,失去自我教育发展能力。

例如,美国教育国际化就注重将自身的文化价值观传播给国外,从而影响他国,进行文化渗透,以此增加其在国际上的影响力。其单向、强制性的国际化仅仅注重自身优秀文化,忽略其他文化,甚至压制其他文化③。正如后殖民评论家斯皮娃克(Gayatri Chakravorty Spivak)所言:"我们生活在一个后殖民的新殖民化的世界中。"④在教育领域对其他国家进行文化倾销和渗透等文化殖民活动,是殖民主义在教育领域的表现形式。

---

① 章新胜.加入世贸组织与我国高等教育[J].北京教育(高教版),2002(3):4-10.
② 李威,熊庆年,蔡樱华.试论"慕课"条件下高等教育国际化中的教育主权问题[J].高等教育研究,2015,36(2):22-26.
③ 李桂山,等.教育国际化与教学模式创新研究[M].北京:机械工业出版社,2013:13.
④ SPIVAK. The post-colonial critic: Interviews, strategies, dialogues[M]. London:Routledge, 1990:166.

（二）教育主权的丧失

这是与教育殖民密切相关的另一种需要警惕的可能性。《中华人民共和国教育法》第六十七条规定：教育对外交流与合作坚持独立自主、平等互利、相互尊重的原则，不得违反中国法律，不得损害国家主权、安全和社会公共利益。教育主权是国家主权的重要组成部分，捍卫教育主权，坚持在处理国内、国际教育事务中独立自主的原则，是我国教育对外开放中的底线。

国家一流大学、重点大学及其发展框架、教育思想、教授学者、核心课程、重点实验室、核心技术等都是国家的核心教育资产。教育全球化裹挟下的强势国家控制这些教育资产和资源，其实是对国家教育命脉、核心利益的控制，是对国家教育主权的威胁。世界教育一体化趋势，表现为一般教育合作到教育制度趋同，再到紧密的教育共同体的过程。教育全球化最终指向"超国家的全球体系"，试图建立超国家的国际性的、地区性的教育组织，这些组织往往挟持统一的教育标准、教育目标、发展框架，对相关国家的教育行为给予指导和干预。其普遍化、平均化的工作方式，对于缩小教育差距、提升弱势地区教育水平的意义是显明的。但是，带来的显著变化是，教育开放必然使国家教育主权和职能在主动和被动两种形式下向外部转移，国家交出部分决策权，让渡给国际协调机构行使[①]。国家在教育中的权责、管理方式等受到国际教育组织的规约，政府在高等教育领域的主权受到一定的削弱，国家利益受到一定的损害。严重的教育主权侵害，会出现国外组织、国外势力控制国家教育立法、司法，干扰国家教育事务的决策，掌握教育发展中的各项权力。事实上，世界各国在签署 WTO《服务贸易总协定》时，对开放教育服务贸易持不同程度的谨慎态度。其中，境外消费的学生留学是教育服务贸易最普遍的方式，92%的成员国不设门槛，完全放开。作为自然人流动的国外教师聘用也较为普遍，90%成员国不设门槛，全面开放。作为跨境交付的远程教育，有所顾虑的国家数量增加，81%的成员国承诺完全放开。作为商业性存在的跨国办学，有所保留的成员国更多，只有77%的成员国承诺完全放开。而所有教育领域完全开放的国家极少，164个成员国中仅有刚果、莱索托、牙买加、塞拉利昂等几个较落后的国家对高等教育做了完全开放的承诺。相对而言，最为开放的是非正式教育领域和留学生教育，其次是成人教育、高等教育领域，初等教育和中等教育各国大都较为谨慎。目前，承诺开放高等教育的国家为28个。设置教育服务贸易的各种门槛，"主要是出于维护教育主权的考虑，实质是防止外来意识形态的入侵"[②]。这也说明教育开放有着潜在的教育主权威胁。

这种教育霸权和文化霸权不同于之前的武力占领、殖民统治，是披着教育交流、教育

[①] 杨明.教育全球化对中国意味着什么[J].教育发展研究，2003，23(2)：44-47.
[②] 李威，熊庆年，蔡樱华.试论"慕课"条件下高等教育国际化中的教育主权问题[J].高等教育研究，2015，36(2)：22-26.

援助的美丽外衣,使强势教育模式被主动接受,不断传播、复制而成为一种具有统治力的教育话语权、控制权,从而在世界范围内获得广泛的影响力。在欧美国家借助全球化不断扩张自己的全球教育版图的情况下,保护教育主权是我国教育改革与对外开放的重要保证[①]。2020年6月出台的《教育部等八部门关于加快和扩大新时代教育对外开放的意见》中也提出,坚持稳中求进工作总基调,切实维护国家安全和教育主权,依法依规做好教育涉外活动监管,有效防范化解风险。

(三) 教育差距的拉大

教育开放将进一步加剧国家之间的教育发展差距,出现强者恒强的现象。优质生源进一步流向高等教育强国,成为建设留学生输入国的科技力量,扩大了国家间的科技、经济差距。美国、欧洲、澳大利亚等教育中心已经形成,向外发挥着巨大的辐射作用,深刻地影响着世界不发达国家的高等教育。它们还作为世界学习中心,从教育不发达国家吸纳大量人才成为本地区的留学生和经济社会的建设人才,强化了自身的教育优势、经济优势和国家综合竞争力。高等教育国际化趋势,看似是一个平均主义、消灭教育贫困的行为,实则增强了欧美国家的教育优势。发展中国家则扮演着被动的接受者、主动的传播者的角色,自身教育领域被外来教育话语占领,自身的教育模式处于弱而不彰的状态,或者接受外来教育价值、模式的改造而融入世界主义的潮流。这一过程实则扩大了教育发达国家与发展中国家之间的差距。

(四) 国家意识的松散

超越时空的网络、超国家组织,尤其在互联网的组建下,正取代"国家"这一社会组织。固有的文化历史、固有的地理空间在全球化中因人和资源的流动,逐渐在人们心灵中被淡化。人们在新的时空中,正在接受着新的习俗、历史和地理位置、空间结构。教育开放促进了新文化群落、新非国家组织的产生。全球化进程带来了多样、重叠和分离的结果,广泛的流动跨越了社会界限,让国家很难把既独立又相互联系的民族团结在共同的社会目标周围。这些结构上的变化削弱了社会在团结民众、统一管理、赋予民族认同感和协调一致等方面的力量[②]。这一文化现象同样需要警惕,因为流动人才的"世界公民"角色和心理,将影响国家社会凝聚力,动摇民众的国家归属感和认同感。

二、应对教育主权威胁

(一) 有意识地抵制国际教育组织的渗透

张民选教授认为,通过国际组织对别国教育的援助和支持,达到渗透甚至颠覆政府的目的,已经成为一些国家干涉别国内政的重要途径。他总结了四种情况:通过国际组

---

① 杨颖.高等教育国际化背景下教育主权问题研究[D].昆明:云南师范大学,2005:12.
② 皮特·斯科特.高等教育全球化:理论与政策[M].周倩,高耀丽,译.北京:北京大学出版社,2009:11-12.

织,宣扬宗教和特定的意识形态;通过举办学校和教育培训项目,培植亲西方势力;提供资金,直接扶植反政府领袖,影响和左右别国的教育与社会舆论;在国际组织中安插间谍,直接参与颠覆别国的行动。对此,他建议在教育对外开放中,要从思想上防微杜渐,自觉抵制西方敌对意识形态的影响;建立对国际非政府组织来华的审批及对其在华活动的规范管理,尽快建立起有效的监管制度[①]。要建立国外教育资源引进审查制度、来华学者的政治审查制度,增强高校管理层、教师的反渗透审查能力,加强学生学习境外教育资源、参与境外留学互访的前期思想政治教育和后期跟踪访问。

(二) 创建新型国际教育组织

我国除了参与已有的国际教育组织,还可以"以我为主"地主动组建适合发展中国家教育发展模式的新型国际教育组织。这是一条迅速、主动扩大我国国际影响力的捷径[②]。1992年,我国与缅甸、柬埔寨、老挝、泰国、越南五国共同组织了"大湄公河次区域经济合作计划"(Greater Mekong Subregion, GMS)。截至2007年年底,该计划已经在人力资源开放、旅游、贸易便利化等方面开展了180多个合作项目,共投入资金100亿美元。2000年我国与非洲共同组织了"中非合作论坛",截至2009年,我国已经向非洲50多个国家提供政府奖学金17 800多人次,向33个非洲国家派遣530名专业教师,还帮助25个非洲国家建立了先进的微生物、计算机、物理、分析化学、水产养殖、材料和汉语教学等专业实验室,这被美国媒体称为"教室外交"。显然,我国在创建新型国际教育组织方面有着丰富的经验,可以进一步借助"一带一路"、东盟RCEP协定、南南合作等国际经济、政治、文化、外交平台,搭建教育合作平台。

(三) 培养国际组织领袖和专家

相较于欧美、韩日,我国向国际教育组织输送的专家较少。目前,只输送了联合国教科文组织亚太地区教育局专家周南照博士等国际教育专家。我国要参与国际教育规则制定,传达我国的教育声音,讲好中国的教育故事,要从现在起建立国际教育组织人才储备的自觉意识。根据滕珺等人的研究,国际组织人才应具备5个方面的素养:在文化认同上,具有正直、尊重多样、崇尚专业的价值观;在基本工作方式上,具有结果取向、客户取向和团队取向的思维方式;在个人外交魅力上,具有灵活开放、抗压、外向、尽责、敏锐和注重细节的个性特质;在核心胜任力上,具有交流技能、人际交往与合作技能、计划与组织技能、科技技能、学习技能和管理技能的国际可迁移能力;在知识结构上,具有专业的个人知识和组织知识[③]。当然,国际教育领袖的成长不是无根之木、无源之水,需要中国教育的高质量发展、高国际影响力作为时代语境和生长土壤。

---

① 张民选. 国际组织与教育发展[M]. 上海:上海教育出版社,2010.
② 同①.
③ 滕珺,曲梅,朱晓玲,等. 国际组织需要什么样的人?:联合国专门机构专业人才聘用标准研究[J]. 比较教育研究, 2014,36(10):78-84.

后　记

　　本书是教育部人文社会科学研究规划基金项目"新常态下高职院校开放办学的机制创新研究"(项目批准号:16YJA880044)的研究成果。在数年的研究过程中,教育开放的实践、政策和全球化形势都发生了一些变化,自2019年年底延续至今的新冠疫情更是给教育的对外开放带来了新的挑战。所谓的"新常态",也出现了更新的"常态"。因此,相较于原先的研究计划,本书在研究的院校类型、开放办学机制的教育史考察、开放办学机制的内涵和外延、高校办学的社会开放与对外开放机制、开放文化建设、教育主权、开放性思维等方面做了较大延展,对上述"新常态"也做了理论和实践回应。整体名之为"教育开放"。

　　一般所言的"开放办学",常常单纯指的是高校的国际化。但本书把高等教育作为一个自组织,认为向外打破组织边界的办学行为都可视为开放办学;甚至进一步缩小范围,把以政府权力、校长权力为代表的高校控制权作为更内核的自组织,认为打破这种权力结构,将高校决策权、评价权向学生、教师、第三方评价机构、企业、资本方等新权力主体开放的行为也视为开放办学。我们从时间开放、空间开放、权力关系开放阐述了高校开放办学的主要维度。虽然本书主要从面向社会和面向世界的空间开放着手,但时间开放、权力关系开放也一直贯穿其中。

　　当然,本书的研究重点是"机制创新"。我们把高校及其外部的社会看作一个大的高等教育有机体,开放办学的机制指的就是在这个有机体中不同组织、结构、要素之间的互动及其因果关系,其中涉及运行、管理、程序、联结、流动、交换等动态过程。"机制创新"同现有机制之间构成了一种继承关系,也构成了一种紧张关系。本书探讨了高校办学的社会开放中的产业协同机制、权力开放机制、校园开放机制、社会招生机制、办学与评价主体的开放机制,探讨了高校办学的对外开放中的后疫情时代的发展机制、留学生教育机制、教育进口与中外合作办学的升级机制、对外教育输出机制、"一带一路"教育共同体建设机制,而政策机制、市场机制也始终贯穿其中。"创新"是本书的灵魂,也是研究的最大难度。"创新"意味着对现有机制、结构的突破、超越。因此,我们以大系统思维、鸟瞰思维、变革思维、全球思维,从时间纵轴上的高等教育史、人类开放史的视角去看待开放办学,从国家战略、社会变革、产业发展和全球化去考察开放办学。以面向未来、超越现有的创新勇气,力求提出新的概念、机制、路径。这使得本书提出来的诸多"机制创新"看起来更像一种面向未来的"设想",甚至具有一定的激进、冒险色彩。但我们认为,这是

"创新"所必需的成分和应有的宝贵特征。我们希望读者在阅读时,能够有眼前一亮之感,希望本书能够有更多的闪耀光芒之处。

自从事学术工作以来,我就认为,最好的研究成果应该是该议题的"终结者",其创新足够穷尽该议题的所有可能性,其思想能够具有相当长甚至永恒的启发性,而后来者无须再踏足寻觅。现在看这种"创新"宏愿是相当理想主义的。但是,我们还是自不量力地朝着这个方向去努力攀爬。我们希望本书兼具理论品格和实践品格,既要有创新性的理论阐扬,更要能够打破现有高校开放办学的机制壁垒,提供诸多可行性的开放性路线,指导我国高校开放办学的实践。

1918年,马克斯·韦伯在德国慕尼黑大学做了题为"学术作为一种志业"的演讲。他认为,学术研究乃是一场疯狂的冒险。的确,这场冒险令人兴奋、热切,又令人不安,因为不知道能否到达终点,也不知道何处是终点。即使把本书捧到诸君面前,我们的观点能否经受得住考验?每每想起这些,便十分惶恐。好在我们愿意以学术为志业,正是这种基于热爱、创造的大愉悦激励着我们前行。古之"立德立功立言"谓之"三不朽",此可谓"立言",亦可谓来过世间的证明。

虎年的早春时节,万物萌发,大地生机勃勃。本书终于完稿。眺望窗外,看着每一位奔跑在梦想之路上的勇士,我愿意祝福他们,也愿意祝福自己。

感谢我的导师、南京师范大学教育科学学院程晋宽教授的谆谆教诲,为我们启迪思维、开阔视野,点燃学术之火。课题组成员南京交通职业技术学院郭荣梅研究员、孙云志副研究员、吴秀玲助理研究员,为本课题贡献了宝贵的学术智慧,谨以致谢。感谢我的妻子,作为一个知识女性,在工作之外毅然承担起了家庭事务。没有她的支持、催促、建议,就不可能有此书,本成果应该有一半属于她。我想,我的孩子们也见证了整个研究过程,看到了学术研究的艰辛与欢乐。

囿于学术能力、视野,本书一定有诸多不完备之处。所谓的"创新",可能还有待更好的论证。我们深望读者不吝赐教,同我们一起继续深入思考该议题,共同推进教育开放,为我国高等教育的高质量发展贡献智慧。

王利平
2022年5月26日于南京江宁方山脚下